Minha vida na França

Julia Child
com Alex Prud'homme

Minha vida na França

Tradução
Celina C. Falck-Cook

Título original: *My life in France*

Copyright © 2006, Julia Child Foundation for Gastronomy and the Culinary Arts e Alex Prud'homme

Tradução autorizada mediante acordo com Alfred A. Knopf, uma divisão da Random House, Inc.

Todos os direitos reservados. Nenhuma parte deste livro pode ser reproduzida ou usada de qualquer forma ou por qualquer meio, eletrônico ou mecânico, inclusive fotocópias, gravações ou sistema de armazenamento em banco de dados, sem permissão por escrito, exceto nos casos de trechos curtos citados em resenhas críticas ou artigos de revistas.

A Editora Pensamento-Cultrix Ltda. não se responsabiliza por eventuais mudanças ocorridas nos endereços convencionais ou eletrônicos citados neste livro.

Coordenação editorial: Manoel Lauand

Capa e projeto gráfico: Gabriela Guenther / Estúdio Sambaqui

Dados Internacionais de Catalogação na Publicação (CIP)
(Câmara Brasileira do Livro, SP, Brasil)

Child, Julia, 1912-2004.
  Minha vida na França / Julia Child com Alex Prud'homme ; tradução Celina C. Falk-Cook. – São Paulo : Seoman, 2009.
  ISBN 978-85-98903-13-2

  1. Child, Julia, 1912-2004 2. Cozinha francesa
3. Culinaristas – Estados Unidos – Biografia
4. Culinaristas – França – Biografia I. Prud'homme, Alex. II. Título.

09-09142   CDD - 926.415

Índices para catálogo sistemático:
1. França : Culinaristas : Biografia   926.415

O primeiro número à esquerda indica a edição, ou reedição, desta obra. A primeira dezena à direita indica o ano em que esta edição, ou reedição, foi publicada.

Edição   Ano
1-2-3-4-5-6-7   09-10-11-12-13-14-15

Seoman é um selo editorial da Pensamento-Cultrix.

Copyright © 2009 da edição brasileira:
EDITORA PENSAMENTO-CULTRIX LTDA.
R. Dr. Mário Vicente, 368 - 04270-000 - São Paulo, SP
Tel. (11) 2066-9000 - Fax: (11) 2066-9008
E-mail: pensamento@cultrix.com.br
http://www.pensamento-cultrix.com.br
Foi feito depósito legal.

Ao Paul

Sumário

Prefácio 9

Introdução 13

Parte 1

1. La Belle France 21
2. Le Cordon Bleu 71
3. Três Amigas Gourmets 125
4. Bouillabaisse à la Marseillaise 177

Parte 2

5. Receitas Francesas para Cozinheiras Americanas 219
6. Dominando a Arte 253
7. O Filho do Dominando 285
8. The French Chef na França 313
9. Da Cozinha de Julia Child 329

Epílogo 341

Prefácio

Em agosto de 2004, Julia Child e eu estávamos sentados no pequeno e viçoso jardim dela em Montecito, na Califórnia, conversando sobre sua vida. Ela estava magra e ligeiramente corcunda, mas com mais energia do que vinha tendo há semanas. Estávamos em pleno processo de escrever este livro juntos. Quando lhe perguntei o que lembrava sobre a Paris nos anos 1950, ela lembrou-se de ter aprendido a cozinhar de tudo, desde lesmas até javalis na Cordon Bleu; de que fazer compras nas feiras e mercados da França havia lhe ensinado o valor das *"les human relations"*[1]; lamentou que, na sua época, a dona de casa americana tivesse que se virar para cozinhar a sopa e ferver as fraldas, tudo ao mesmo tempo, acrescentando: "se ela misturasse as duas coisas, imagine que beleza não seria o resultado!"

A ideia na qual se baseou o livro *Minha vida na França* já estava em gestação desde 1969, quando seu marido, Paul, estava separando e analisando centenas de cartas que ele e Julia tinham escrito para o irmão gêmeo dele, Charles Child (meu avô), da França, entre 1948 e 1954. Paul sugeriu que se transformassem as cartas em um livro, sobre os anos favoritos e formativos deles juntos. Porém, sabe-se lá por quê, o livro nunca chegou a ser escrito. Paul faleceu em 1994, aos noventa e dois anos. No entanto, Julia nunca desistiu da ideia, e várias vezes mencionou sua intenção de escrever "o livro sobre a França". Considerava-o um tributo a seu marido, antes de mais nada o homem que a havia levado a Paris.

Eu era escritor profissional e há muito tempo desejava trabalhar em colaboração com Julia; mas ela, muito independente, durante anos, opôs-se educadamente à ideia. Em dezembro de 2003, voltou a mencionar "o livro sobre

---

1 Relações humanas (N.T.)

a França" num tom que deixava entrever o quanto o desejava, e eu novamente me ofereci para ajudá-la. Ela estava com noventa e um anos de idade, e a saúde instável. Dessa vez, disse; "Está bem, meu querido, talvez *devêssemos mesmo trabalhar nele juntos*".

Meu trabalho foi apenas ajudar Julia a contar sua história, o que nem sempre foi fácil. Embora ela fosse uma apresentadora nata, era no fundo reservada, e não gostava de se revelar. Começamos devagar, passamos a trabalhar em sincronia e terminamos por estabelecer uma rotina maravilhosamente produtiva. Durante alguns dias por mês eu me sentava em sua sala de estar, fazendo perguntas, lendo cartas de família, e escutando suas histórias. A princípio, gravei nossas conversas, mas quando ela começou a cutucar o meu gravador com os seus longos dedos, compreendi que a estava distraindo, e passei a tomar notas. Quanto mais tempo falávamos sobre "a velha França", mais ela se lembrava das coisas, frequentemente com uma vívida intensidade – "Ahhh, aqueles frangos franceses dourados e amanteigados, com um gosto tão bom, tão *frangal!"*

Muitas das nossas melhores conversas aconteciam durante uma refeição, uma viagem de carro ou uma visita a uma feira-livre. Alguma coisa mexia com sua memória e, de repente, ela me contava como havia aprendido a fazer pão francês em Paris, ou *bouillabaisse* em Marselha, ou como se comportar em um jantar francês: "Basta falar bem alto e rápido, expondo seu ponto de vista com toda convicção, como os franceses fazem, que você vai se divertir muito!"

Quase todas as palavras nestas páginas são de Julia ou de Paul. Mas, como não se trata de um trabalho erudito, algumas vezes combinei os pontos de vista dos dois. Julia apoiou esta abordagem, salientando que ela e Paul frequentemente assinavam suas cartas como "PJ" ou "Pulia", como se fossem duas metades de uma só pessoa. Dei algumas explicações e falei das transições e, ao fazê-lo, tentei imitar as escolhas peculiares de palavras de Julia, como – "Plop!", "Meleca!", "Ui!", "Hurra!" Quando já havia conseguido juntar bastante material, escrevia uma vinheta; ela a lia avidamente, corrigia meu francês, e acrescentava coisas à medida que lhe ocorriam, numa letra pequena e inclinada. Adorava este processo, e era uma revisora exigente. "Este livro me energiza!", declarava.

Julia e eu tínhamos o mesmo senso de humor, o mesmo apetite, e ela achava que eu até parecia o Paul. Provavelmente isso foi positivo na colaboração. Quanto a mim, estava grato por ter tido a oportunidade de voltar a me relacionar com ela e fazer parte desse projeto tão interessante. Alguns escritores creem que quanto mais sabem sobre os seus co-autores, menos gostam deles, mas eu tive a experiência oposta: quanto mais ficava sabendo sobre a vida de Julia Child, mais a respeitava. O que mais me impressionou foi sua capacidade de trabalhar com afinco, o quanto se dedicava às "regras" da *cuisine française* apesar de permanecer aberta à exploração criativa, e sua determinação de perseverar sempre que enfrentava os reveses da vida. Julia jamais perdeu a capacidade de questionar-se, nem a curiosidade. Ela era, e ainda é, uma grande inspiração.

Outra grande inspiração foi nossa editora, Judith Jones, que trabalhou com Julia durante mais de quarenta anos. Com paciência e uma profunda compreensão de nosso assunto, ela foi indispensável na elaboração deste livro. O assistente de Judith, Ken Schneider, também nos prestou muita ajuda.

Em 13 de agosto de 2004, logo depois de nossa conversa em seu jardim, e apenas dois dias antes de seu nonagésimo segundo aniversário, Julia faleceu de falência renal, durante o sono. Durante o ano seguinte, terminei *Minha Vida na França*, mas todo dia desejava poder ligar para ela e lhe pedir para esclarecer uma história, ou partilhar alguma notícia, ou simplesmente conversar. Sinto saudades dela. Porém, através de suas palavras nestas páginas, a voz de Julia permanece tão vívida, sábia, e encorajadora como sempre, quando dizia: "Nós nos divertimos imensamente!"

Alex Prud'homme
Agosto de 2005

Minha vida na França

Eu, no meio, entre meu irmão John e minha irmã caçula, Dorothy.

Introdução

Este livro é sobre algumas das coisas que mais amei na vida: meu marido, Paul Child, *la belle France*, e os muitos prazeres de cozinhar e comer. Também é uma coisa nova para mim. Mais do que uma simples coleção de receitas, reuni uma série de histórias autobiográficas interligadas, a maioria concentrada nos anos de 1948 até 1954, quando vivemos em Paris e Marselha, e também umas poucas aventuras que tivemos mais tarde na Provença. Conto aqueles primeiros anos na França entre os melhores da minha vida. Marcaram um período crucial de transformação no qual encontrei minha verdadeira vocação, agucei meus sentidos, e me diverti tanto que mal parava para recuperar o fôlego.

Antes de me mudar para a França, nada na minha vida me preparou para o que eu descobriria lá. Cresci numa confortável família anglo-saxã protestante de classe média alta, na ensolarada e nada intelectual cidade de Pasadena, na Califórnia. Meu pai, John McWilliams, era um executivo conservador, administrador de imóveis residenciais; minha mãe, Carolyn, a quem chamávamos de Caro, era muito afetuosa e sociável. Porém, como a maioria de suas amigas, não passava muito tempo na cozinha. Ocasionalmente fazia incursões por lá para preparar biscoitos ou um prato com queijo, ou arenque defumado, mas não era cozinheira. Nem eu.

Como mulher, não sentia nenhum interesse pelo fogão. Sempre tive um apetite saudável, especialmente pelas deliciosas carnes e produtos agrícolas frescos da Califórnia, porém nunca me incentivaram a cozinhar, e também não via nenhum sentido nisso. Nossa família teve uma série de cozinheiras contratadas que produziam porções enormes da típica comida americana – frango assado gordo, acompanhado por purê de batatas com manteiga e creme de espinafre; bifes de filé mignon; ou pernil de cordeiro assado ao ponto (e não mal passado como fazem os franceses) acompa-

Minha vida na França

nhado de molho rôti temperado com hortelã. Os pratos eram deliciosos, mas não eram refinados. Paul, por sua vez, tinha sido criado em Boston por uma mãe bastante boêmia que tinha morado em Paris e era uma excelente cozinheira. Era um homem culto, dez anos mais velho do que eu, e quando nos conhecemos, durante a Segunda Guerra Mundial, ele já havia viajado pelo mundo. Paul vestia-se elegantemente, falava muito bem francês e adorava boa comida e vinho. Conhecia pratos como *moules marinières, boeuf bourguignon* e *canard à l'orange*[2], coisas que aos meus ouvidos e para a minha língua destreinada pareciam exóticas. Tive sorte em me casar com Paul. Ele foi uma grande inspiração, seu entusiasmo por vinho e comida me ajudaram a apurar meu paladar, e ele me incentivou e me ajudou a superar os momentos de desânimo. Minha carreira, sem Paul Child, jamais teria sido possível.

Conhecemo-nos no Ceilão (Sri Lanka), durante a II Guerra Mundial, e nos casamos em setembro de 1946. Preparando-me para viver com meu marido, com uma renda governamental limitada, decidi que era melhor aprender a cozinhar. Antes do nosso casamento, participei de um curso para noivas que duas inglesas davam em Los Angeles, e elas me ensinaram a fazer coisas como panquecas. Porém, a primeira refeição que fiz para o Paul foi um pouquinho mais ambiciosa: miolos cozidos lentamente no vinho tinto! Não sei bem por que escolhi exatamente esse prato, exceto pelo fato de que me pareceu exótico e seria um jeito divertido de impressionar meu marido, sendo nós dois recém-casados. Li a receita às pressas, e achei que não seria muito difícil fazer o prato. Mas para meu azar, ele ficou com uma aparência horrível, e um sabor não muito bom. Para dizer a verdade, aquele jantar foi desastroso. Paul riu, para dissipar o clima de decepção, e fomos revirar a despensa à procura de outra coisa para comer naquela noite. Porém, no íntimo, fiquei aborrecida comigo mesma e ainda mais determinada do que nunca a aprender a cozinhar bem.

No nosso primeiro ano de recém-casados, moramos em Georgetown, em Washington, capital, numa casinha branca de madeira na Olive Avenue. Enquanto Paul trabalhava organizando exposições para o Departamento de Estado, eu trabalhava como arquivista. À noite, com as melhores intenções, me aproximava do fogão com as revistas de culinária *Joy of Cooking* e *Gourmet* debaixo do braço, mas pouquíssimas noções de culinária. Minhas refeições eram satisfatórias, mas eu levava horas de in-

---

2 Mexilhões cozidos no vinho branco, carne marinada no vinho tinto e pato com laranja (N.T.)

tensos esforços para fazer aqueles pratos. Geralmente conseguia levar alguma coisa para a mesa lá pelas 10 da noite, beliscava a comida e caía morta de cansaço na cama. Paul comportou-se de maneira infalivelmente paciente, mas, anos mais tarde, admitiu para um entrevistador: "As primeiras tentativas dela não foram inteiramente bem sucedidas.... Fui corajoso, porque queria me casar com Julia. E creio que nunca deixei transparecer minha verdadeira opinião" (e não deixou mesmo).

No inverno de 1948, ofereceram a Paul um emprego de gerente do departamento de exposições do Serviço de Informações dos Estados Unidos (USIS) em Paris, e eu o acompanhei. Nunca havia estado na Europa, mas depois que nos instalamos em Paris, ficou claro que, por pura sorte, eu tinha ido parar em uma cidade mágica, que ainda é meu lugar favorito neste mundo. Começando devagar e depois com cada vez mais entusiasmo, comecei a aprender o idioma e os costumes da minha nova terra.

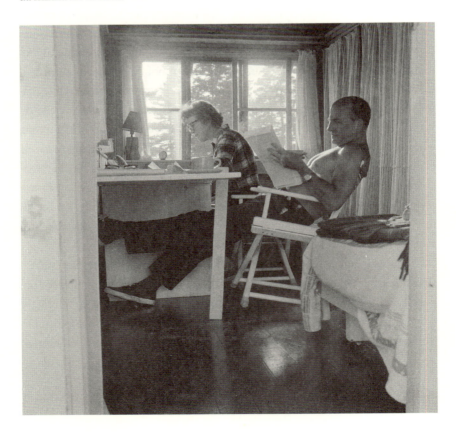

Em Paris e mais tarde em Marselha, vi-me cercada pela comida que está entre as melhores do mundo, e sendo o meu marido meu espectador entusiasmado, parecia lógico que eu começasse a aprender a cozinhar conforme os ditames de *la cuisine bourgeoise*, a boa e tradicional culinária doméstica francesa. Foi uma revelação. Simplesmente me apaixonei por aquela gloriosa forma de cozinhar e por aqueles *chefs* maravilhosos. Quanto mais tempo permanecíamos lá, mais profundo se tornava o meu comprometimento.

Durante nossa parceria para escrever este livro, Alex Prud'homme e eu passamos horas felizes juntos contando histórias, relembrando e pensando alto. A memória é seletiva, portanto não tentamos passar um conhecimento a nível enciclopédico, mas sim concentrar-nos nos grandes e pequenos momentos que já guardo na lembrança há mais de quarenta anos.

Alex nasceu em 1961, no ano em que nosso primeiro livro, *Mastering the Art of French Cooking*, que escrevi com Simone Beck e Louisette Bertholle, foi publicado. Nada mais apropriado, portanto, que ele e eu viéssemos a trabalhar juntos neste volume, que conta em detalhes como este livro foi feito.

Nossa pesquisa teve a ajuda imensurável de uma coleção de cartas de família e diários daquela época, que foram guardadas, bem como fotografias tiradas por Paul, desenhos, poemas e cartões do Dia de São Valentim[3]. Paul e seu irmão gêmeo, Charlie Child, um pintor que morava em Bucks County, na Pensilvânia, escreviam um para o outro quase semanalmente. Paul levava muito a sério o ato de escrever cartas, reservando tempo para isso e tentando documentar nossa vida diária de maneira jornalística; geralmente escrevia de três a seis páginas por semana, numa caligrafia fluente e bonita, com uma caneta-tinteiro especial; frequentemente incluía pequenos esboços dos lugares que tínhamos visitado ou fotos (algumas das quais usamos nestas páginas), ou fazia mini-colagens de canhotos de ingressos ou recortes de jornal. As minhas cartas em geral tinham uma ou duas páginas, eram datilografadas, cheias de erros ortográficos e gramaticais e de pontos de exclamação; eu tinha a tendência de me concentrar no que estava cozinhando no momento ou nos dramas que fervilhavam ao nosso redor. Escritas num fino papel de carta azul-claro ou branco, aquelas centenas de cartas resistiram à passagem dos anos muito bem, conservando-se praticamente perfeitas.

---

3 Nos EUA, o Valentine's Day não é apenas para namorados. Também é costume enviar cartões de amizade para colegas, parentes e professores (N.T.)

Quando as releio agora, recordo-me claramente dos eventos nelas descritos: Paul observando o brilho da luz outonal sobre o escuro rio Sena, suas batalhas diárias com os burocratas de Washington, os aromas de Montmartre ao crepúsculo, ou a noite em que vimos Colette[4], com aquele seus cabelos desgrenhados, comendo naquele maravilhoso restaurante do Velho Mundo, Le Grand Véfour. Nas minhas cartas me entusiasmo com o sabor de um apetitoso pato francês assado no espeto, com os mexericos da vendedora de hortaliças no mercado da Rue de Bourgogne, com a última travessura de nossa gata Minette ou com os fracassos e triunfos de nossos anos de trabalho em livros de culinária. Foi extraordinária a precaução que nossa família tomou de guardar essas cartas; parece até que sabiam que Alex e eu um dia iríamos nos sentar e escrever este livro juntos.

Agradecemos penhoradamente às muitas pessoas e instituições que nos ajudaram com *Minha vida na França*, especialmente à minha querida amiga e editora de longa data, Judith Jones, de olhar penetrante e suave toque editorial. E às minhas bem-amadas "irmãs" francesas, Simone Beck e Louisette Bertholle, com as quais colaborei; à minha irmã, Dorothy, minha entusiástica sobrinha Phila Cousins e seu irmão, Sam; à minha inestimável assistente, Stephanie Hersh, e a meu advogado, Bill Truslow. Também cantamos louvores à Biblioteca Schlesinger do Instituto Radcliffe, que vem fazendo a gentileza de preservar a maior parte de meus papéis e as fotos de Paul; o Museu de História Americana, do Instituto Smithsonian, que organizou uma mostra dos artefatos que usei na minha carreira, incluindo a cozinha completa de nossa casa, em Cambridge, Massachussetts; à WGBH, o canal de tevê público de Boston; à minha alma mater, Smith College; também a todos os muitos familiares e amigos que contribuíram com lembranças, fotos, boa companhia e ótimas refeições enquanto compúnhamos o presente volume.

Diverti-me muito e tive uma sorte imensa de ter morado na França com Paul e agora, com Alex, ao escrever sobre as nossas experiências. Espero que a leitura deste livro seja tão divertida para você como foi sua confecção para nós. E *bon appétit!*

Julia Child
Montecito, Califórnia
Agosto de 2004

---

4 Escritora francesa do fim do século XIX, conhecida por sua vida anticonvencional e boêmia (N.T.)

PARTE 1

Capítulo 1

La Belle France

I. Mudança Marítima

Às cinco e quarenta e cinco da manhã, Paul e eu levantamos de nosso beliche quentinho e olhamos pela pequena escotilha de nossa cabine a bordo do SS *America*. Não tínhamos dormido muito bem naquela noite, em parte por causa do tempo, mas também por causa da nossa crescente ansiedade. Esfregamos os olhos e, apertando-os, para olhar pelo vidro, pudemos ver que lá fora havia um nevoeiro. Porém, através do azul profundo do amanhecer e das trevas rodopiantes, conseguimos divisar fileiras de luzes brilhando ao longo da praia. Era quarta-feira, dia 3 de novembro de 1948, e tínhamos finalmente chegado a Le Havre, na França.

Eu nunca havia estado na Europa antes, e não fazia ideia do que ia encontrar. Estávamos navegando fazia uma semana, embora parecesse que a viagem já estava demorando muito mais do que isso, e eu estava mais do que pronta para pisar em terra firme. Assim que nossa família tinha se despedido de nós, no outono colorido de Nova York, o *America* tinha zarpado diretamente na direção de um vendaval do Atlântico Norte. Enquanto o grande navio corcoveava entre ondas da altura de edifícios, ouviam-se constantemente coisas batendo, colidindo, estalando, estremecendo, balançando e rangendo. Cordas de segurança foram estendidas ao longo dos corredores. O enorme transatlântico subia, subia, subia, toda a vida, e ao atingir o ápice, oscilava um momento e depois descia... descia, descia, deslizando até a proa mergulhar entre duas ondas com um imenso e trêmulo espadanar de água para todos os lados. Nossos músculos estavam doloridos, estávamos mentalmente esgotados, e viam-se cacos de louça espalhados pelo chão. A maioria dos passageiros e alguns tripulantes do navio estavam enjoados. Paul e eu tivemos sorte de ser bons marujos, de estômagos de ferro: certa manhã, estávamos entre os cinco únicos passageiros que se apresentaram para o desjejum.

Eu tinha passado pouco tempo no mar, indo e voltando da Ásia, durante a Segunda Guerra Mundial, e nunca tinha enfrentado uma borrasca como aquela antes. Paul, por outro lado, já tinha visto todo tipo de tempo imaginável. No começo de 1920, não podendo pagar uma faculdade, tinha viajado dos Estados Unidos para o Panamá num petroleiro, pedido carona numa pequena balsa para fazer a travessia de Marselha à África, atravessado o Mediterrâneo e o Atlântico de Trieste a Nova York, integrado a tripulação de uma escuna que navegou da Nova Escócia até a América do Sul, e depois serviu algum tempo a bordo de uma nau capitânia no Mar da China, durante a Segunda Guerra Mundial. Já tinha passado por trombas d'água, tempestades elétricas e muitas outras manifestações da "violência primordial da natureza", como ele mesmo dizia. Paul algumas vezes comportava-se como "homem macho", e outras vezes era calado, obstinado, estudioso. Sofria de vertigens terríveis, mas era o tipo que se obrigava a marinhar o cordame dos navios durante uma borrasca. Portanto, tinha sido normal ele ser, de nós dois, o que mais se preocupou a bordo do corcoveante *SS America*.

Haviam oferecido a Paul o cargo de gerente do departamento de exposições do Serviço de Informações dos Estados Unidos (USIS), na Embaixada Americana em Paris. Suas atribuições eram ajudar a promover as relações franco-americanas através das artes visuais. Era uma espécie de trabalho de cultura e propaganda para o qual ele estava muito bem preparado. Paul tinha morado e trabalhado na França na década de 20, falava maravilhosamente bem a língua do país e adorava a comida e o vinho franceses. A cidade predileta dele era Paris, entre todas no mundo. Portanto, quando o governo americano ofereceu-lhe um emprego lá, ele aceitou sem pestanejar. Eu só o acompanhei, como bagagem extra.

Viajar, concordamos, era o mesmo que fazer um teste de pH com papel de tornassol: se pudéssemos ver o lado bom do caos que inevitavelmente iríamos encontrar enquanto viajávamos e encontrar coisas positivas inesperadamente resultando das negativas, então, com certeza, seríamos capazes de navegar juntos, com sucesso, o resto de nossas vidas. Até ali, estávamos indo muito bem.

Tínhamos nos conhecido no Ceilão, no verão de 1944, quando ambos fomos designados para ir trabalhar lá pelo Escritório de Serviços Estratégicos (OSS), precursor da CIA. Paul era artista, e havia sido recrutado para criar salas de guerra onde o General Mountbatten pudesse examinar as informações que nossos agentes enviavam do campo de batalha. Eu era chefe do Protocolo, onde, entre outras coisas, arquivava e organizava os relatórios que os agentes enviavam do campo e outros papéis altamente confidenciais. Mais tarde, durante a guerra, Paul e eu fomos transferidos para Kunming, na China, onde trabalhamos para o General Wedemeyer e continuamos namorando, enquanto saboreávamos a deliciosa comida chinesa.

Embora tivéssemos nos conhecido no exterior, não contamos o tempo que passamos na Ásia durante a guerra como vida no exterior, pois lá trabalhávamos sete dias por semana, dormíamos em alojamentos coletivos e nos colocando à disposição dos militares a qualquer hora. Só que a guerra agora já havia acabado. Casamo-nos em 1946, moramos dois anos em Washington, na capital, e íamos nos mudar para Paris. Tínhamos estado tão ocupados desde o dia do nosso casamento, em 1º de setembro de 1946, que não tivemos uma lua-de-mel digna do nome. Talvez alguns anos em Paris pudessem compensar essa lamentável situação e nos proporcionar uma espécie de lua-de-mel, mesmo enquanto trabalhávamos. Pelo menos, *parecia* um bom plano.

Enquanto eu contemplava pela escotilha as luzes piscando no porto de Le Havre, cheguei à conclusão de que não tinha a mínima ideia do que era aquilo para o qual eu estava olhando. A França era uma abstração nebulosa para mim, uma terra muito imaginada mas sobre a qual eu não tinha a menor noção. E embora mal pudesse esperar para desembarcar, tinha meus motivos para suspeitar dela.

Em Pasadena, na Califórnia, onde me criei, a França não tinha uma reputação lá muito boa. Meu alto e taciturno pai, "Big John" McWilliams, gostava de dizer que todos os europeus, especialmente os franceses, eram "ignorantes" e "porcos", embora nunca tivesse estado na Europa e não conhecesse nenhum francês. Eu tinha conhecido um par de mal-humoradas professoras solteironas francesas. Apesar de estar "aprendendo" francês na base da decoreba havia anos, não sabia falar, nem compreendia sequer uma só palavra daquela língua. Além disso, graças a artigos da revista *Vogue* e dos espetáculos hollywoodianos, eu desconfiava que a França era um país de chatos onde todas as mulheres eram criaturinhas afetadas, de penteados caprichados, desagradáveis, e todos os homens eram iguais a Adolphe Menjou — almofadinhas que cofiavam o bigode, beliscavam as moças e conspiravam contra os simplórios americanos.

Eu era uma californiana de um metro e oitenta e oito de altura, trinta e seis anos de idade, que falava alto demais e não levava nada a sério. A visão da França, através da minha escotilha, era como um enorme ponto de interrogação.

O *America* entrou na baía de Le Havre devagar. Podíamos avistar guindastes gigantescos, pilhas de tijolos, espaços vazios onde bombas haviam caído e cascos de navio enferrujados meio submersos que haviam sobrado da guerra. Enquanto os rebocadores manobravam o transatlântico até o local de ancoragem, eu, da amurada, examinava a multidão lá embaixo, no cais. Meu olhar parou sobre um homem corpulento e rude, de rosto castigado pelo tempo e com um cigarro quase apagado no canto da boca. Suas enormes mãos agitavam-se em volta da cabeça, enquanto ele gritava alguma coisa para alguém. Era um carregador, e estava rindo e erguendo as malas como se fosse um urso feliz, completamente inconsciente de que eu o estava observando. Usava sobre a pança grande e os ombros musculosos um macacão azul-escuro, de uma tonalidade muito atraente, e aquela personalidade dele, descontraída e bem-humorada aliviou um pouco o meu nervosismo.

Então É ASSIM que é um verdadeiro francês, disse comigo mesma. *Não tem nada a ver com o Adolphe Menjou. Graças a Deus que existe gente mesmo de carne e osso neste país!*

Lá pelas sete da manhã, Paul e eu já havíamos desembarcado e nossas malas já tinham passado pela Alfândega. Nas duas horas seguintes, ficamos por ali, fumando e bocejando, com as golas erguidas, por causa da chuva fina. Finalmente, um guindaste retirou nossa grande caminhonete Buick azul-celeste, que tínhamos apelidado de "Blue Flash"[5]. O Buick balançou acima de nós, preso por cabos, e depois aterrissou com um solavanco. Uma equipe de *mécaniciens* imediatamente o cercou, homens de aventais brancos como açougueiros, boinas pretas e grandes botas de borracha. Encheram o Flash de *essence*, óleo e água, fixaram nossas placas diplomáticas e guardaram nossas quatorze malas, seis baús e cobertores, de uma forma completamente desorganizada. Paul deu-lhes uma gorjeta e tornou a arrumar as malas, para que pudesse enxergar pelo parabrisa traseiro. Era muito minucioso para organizar as coisas no carro, e também muito bom nisso, como um especialista em quebra-cabeças.

Quando ele acabou de arrumar tudo, a chuva diminuiu e trechos de céu azul apareceram entre as nuvens cinzentas levadas pelo vento. Sentamos no assento dianteiro, apertando-nos como pudemos, e manobramos a frente ampla e ruidosa do nosso carro para o sudeste, a caminho de Paris.

---

5 Relâmpago Azul (N.T.)

II. Sole Meunière

A ZONA RURAL NORMANDA me causou uma indefinível impressão de ser a quintessência francesa. As paisagens, os sons e os aromas verdadeiros daquele lugar eram muito mais característicos e interessantes do que filmes ou propagandas de revista sobre a França. Cada cidadezinha tinha suas próprias características, embora algumas delas, como Yvetot, ainda exibissem cicatrizes dos buracos feitos pelas bombas lançadas, além de restos de arame farpado. Quase não vimos outros carros, mas havia centenas de ciclistas, velhos dirigindo charretes, senhoras vestidas de preto e menininhos de tamancos. Os postes telefônicos eram de tamanho e forma diferentes dos da América. Os campos eram intensamente cultivados. Não havia *outdoors*. E uma ou outra casa de campo rosa-e-branco, de estuque, que surgisse ao final de uma *allée* de árvores era encantadora e, ao mesmo tempo, simples. Sem que esperássemos, algo nos aromas misturados de terra e fumaça, as curvas da paisagem e o intenso verde das plantações de repolhos nos recordou a China.

Ah, *la belle France* – sem saber, eu já estava me apaixonando por ela!

Às doze e trinta, passamos como um relâmpago por Ruão. Vimos a antiga e linda torre do relógio, e depois sua famosa catedral, ainda toda esburacada pela batalha, mas mesmo assim magnífica, com seus vitrôs coloridos. Paramos na Place du Vieux Marché, a praça onde Joana D'Arc foi executada na fogueira. Consultamos o *Guia Michelin* e fomos para o restaurante La Couronne ("A Coroa"), que tinha sido construído em 1345 numa casa de vigas de seção quadrada medieval. Paul foi na frente, cheio de expectativa, mas eu fiquei para trás, preocupada, imaginando se estaria bem-vestida o suficiente, se iria ou não conseguir me comunicar, e se os garçons iriam me olhar de cima para baixo, erguendo os narizes gaélicos, fazendo pouco de nós, turistas ianques.

Estava quente lá dentro e o salão de jantar era um espaço confortável e fora de moda, marrom e branco, nem humilde, nem luxuoso. Na parede oposta via-se uma enorme lareira com um espeto rotativo, no qual algo estava sendo assado, exalando um aroma divino. Fomos saudados pelo *maître*, um homem magro, de cabelos castanho-escuros, com jeito de ser gentil mas sério. Paul falou com ele, o *maître* sorriu, e respondeu de um jeito familiar, como se os dois fossem velhos amigos. Depois conduziu-nos até uma boa mesa, não muito distante da lareira. Os outros clientes

Minha vida na França

Fotos de Paul tiradas no interior da França.

eram todos franceses, e notei que estavam sendo tratados com a mesma cortesia que nos fora dispensada, sem tirar nem pôr. Ninguém nos olhou de soslaio, nem empinou o nariz. Aliás, os empregados pareceram felizes por nos ver.

Quando nos sentamos, ouvi dois executivos de terno cinza na mesa ao lado perguntando alguma coisa ao garçom, que era mais velho e respeitável, e que, gesticulando com o cardápio, ia respondendo.

— Do que estão falando? — sussurrei para Paul.

— O garçom está lhe dando informações sobre o frango que eles pediram — respondeu ele. — Como foi criado, como vai ser cozido, quais os acompanhamentos e que vinhos combinariam melhor com ele.

— *Vinho?* — eu disse. — No *almoço?* — Eu nunca tinha bebido vinho a não ser um pouco do Borgonha da Califórnia, que custava um dólar e dezenove centavos, e certamente não tinha sido no meio do dia.

Na França, Paul explicou, a boa cozinha era considerada uma combinação de esporte nacional com talento artístico, sendo que sempre se servia vinho com os pratos, tanto no almoço quanto no jantar.

— O negócio é saber beber — disse.

De repente, o salão de jantar foi invadido por aromas maravilhosamente combinados entre si, que me deram a impressão de ser familiares, mas que não soube identificar. O primeiro era de alguma coisa cebolífera – "chalotas", Paul identificou – sendo fritas em manteiga fresca.

— O que é chalota? — perguntei, humildemente.

— Já vai ver — respondeu ele.

Depois veio uma fragrância de vinho aquecido da cozinha, o que provavelmente era a de um delicioso molho sendo reduzido no fogão. Isso foi seguido de uma lufada de alguma coisa adstringente: a salada sendo misturada numa grande vasilha de cerâmica com limão, vinagre de vinho, azeite de oliva e pitadas de sal e pimenta.

Meu estômago já estava roncando de tanta fome.

Não pude deixar de notar que os garçons tinham uma postura de discreta alegria, como se sua única missão nesta vida fosse a de fazer seus clientes se sentirem confortáveis e bem atendidos. Um deles aproximou-se discretamente de mim. Dando uma olhada no cardápio, Paul fez-lhe perguntas, num francês rapidíssimo. O garçom pareceu gostar do jogo de perguntas e respostas rápidas com meu marido. Ih, como fiquei ansiosa para também participar da conversa! Em vez disso, sorri e balancei a cabeça sem entender nada, embora estivesse tentando prestar atenção em tudo o que estava acontecendo ao meu redor.

Começamos o nosso almoço com uma meia-dúzia de ostras servidas em uma metade de concha. Eu estava acostumada com as ostras sem graça de Washington e Massachussets, das quais não gostava muito. Mas aquele prato de *portugaises* tinha um sabor de maresia e uma textura lisa inteiramente novos e surpreendentes. As ostras foram servidas com rodadas de *pain de seigle*, um pão clarinho, de centeio, com manteiga sem sal. Paul explicou que, como também é o caso do vinho, os franceses têm "crus" de manteiga, regiões especiais que produzem manteigas com sabores específicos. *Beurre de Charentes* é uma manteiga encorpada, geralmente recomendada para massas de torta ou para culinária em geral; *beurre d'Isigny* é uma manteiga fina, leve, de mesa. Foi essa deliciosa *Isigny* que nós passamos nas nossas fatias de pão de centeio.

Ruão é famosa por seus pratos de pato, mas depois de consultar o garçom, Paul decidiu pedir *sole meunière*. O peixe chegou inteiro: um linguado de Dover, grande, achatado, perfeitamente dourado, num molho crepitante de manteiga, com um pouco de salsinha picada por cima. O garçom cuidadosamente colocou a travessa diante de nós, afastou-se e disse:

– *Bon appétit!*

Fechei os olhos e inalei o aroma que exalava do peixe, depois levei uma garfada à boca, provei a carne do peixe e mastiguei devagarinho. Era delicada, com um gosto leve mas diferente de oceano, que se mesclava maravilhosamente bem com a manteiga dourada. Mastiguei devagar e engoli. Era um pedacinho de perfeição.

Em Pasadena, costumávamos comer cavala grelhada nos jantares de sexta-feira, bolinhos de bacalhau com molho de ovo, salmão "fervido" (escaldado) no dia 4 de julho, e, de vez em quando, truta frita, quando estávamos acampando nas Sierras. Porém, no La Couronne, experimentei um peixe e um jantar de primeira ordem, como nunca havia experimentado antes.

Durante nossa refeição, felizes, acabamos com uma garrafa inteira de Pouilly-Fumé, um vinho branco rascante do vale do Loire. Outra revelação!

Depois, veio a *salade verte*, temperada com um vinagrete ligeiramente ácido. E provei a minha primeira baguete autêntica, de casca crocante e, por dentro, amarela-pálida, com textura ligeiramente pegajosa e fofa, e gosto e um aroma que lembravam de longe o trigo e o fermento. Uma gostosura!

Continuamos a refeição com uma sobremesa de *fromage blanc*, saboreado devagar, arrematada com *café filtre* preto e forte. O garçom colocou à nossa frente uma caneca com um recipiente de metal em cima, contendo pó de café e água fervendo. Estimulada pela nossa impaciente torcida, aflitos que estávamos para beber, a água finalmente começou a filtrar o café, que caiu dentro da xícara sob a cafeteira. Foi divertido, produzindo uma bebida bem escura, de gosto especial.

Paul pagou a conta e ficou conversando com o *maître*, contando como tinha esperado ansiosamente voltar a Paris após dezoito anos. O *maître* sorriu enquanto escrevia alguma coisa no verso de um cartão.

– *Tiens* – disse, dando-me o cartão. A família Dorin, que era dona do La Couronne, também tinha um restaurante em Paris, chamado La Truite, explicou, enquanto Paul traduzia. Ele havia escrito uma nota no cartão, nos apresentando.

– *Mierci, monser* – disse eu, num acesso de coragem, com um sotaque que, até aos meus ouvidos, soou ruim. O garçom balançou a cabeça, como se não fosse nada, e afastou-se para atender novos clientes.

Paul e eu saímos do restaurante nas nuvens, ao sol brilhante e ao ar fresco. Nosso primeiro almoço juntos na França tinha sido de uma perfeição absoluta. Foi a refeição mais emocionante da minha vida.

Entrando de novo no Flash, continuamos a viagem para Paris por uma estrada construída pelo Corpo de Engenharia americano. Com pistas duplas de ambos os lados, separadas por uma divisória com gramado, viadutos e passagens subterrâneas bem idealizadas, ela nos lembrou a Hutchinson River Parkway, na periferia da cidade de Nova York. Essa impressão desapareceu ao escurecer, quando a inconfundível silhueta da Torre Eiffel agigantou-se diante de nós, contornada por luzes vermelhas faiscantes.

Paris!

Ao cair da noite, entramos na cidade pela Porte de Saint-Cloud. Dirigir ali era estranho e perigoso. A intensidade das luzes havia sido reduzida e, sabe-se lá por quê (hábito do tempo da guerra?) os parisienses dirigiam somente com farol baixo. Era quase impossível ver os pedestres ou os sinais da estrada, e o tráfego intenso se deslocava vagarosamente. Ao contrário da China ou da Índia, onde as pessoas também dirigiam com faróis baixos, os parisienses constantemente piscavam os faróis altos por apenas um momento, quando achavam que havia alguma coisa na estrada.

Atravessamos a Pont Royal, subimos a Rue du Bac, quase até o Boulevard Saint-Germain e depois paramos no número 7 da Rue Montalembert, em frente ao Hôtel Pont Royal. Estávamos exaustos, mas empolgados.

Paul tirou as malas do Flash e foi, naquela escuridão quase total, procurar uma garagem que diziam ficar a cinco minutos de distância. Tinham-nos dito que não era seguro deixar o carro na rua à noite. Nossa caminhonete Buick era consideravelmente maior do que os Citroëns e Peugeots locais, e Paul estava ansioso por encontrar um abrigo seguro para o nosso carro, que os *garagistes* chamavam de *"autobus américain."* Acompanhei nossas malas até o quarto, mas notei que parecia que o hotel estava jogando para um lado e para outro, exatamente como o *America*: eu ainda não tinha me acostumado à terra firme.

Passou-se uma hora, e nem sinal do Paul. Eu já estava com fome e começando a me preocupar. Finalmente, ele apareceu, espumando de raiva, dizendo:

— Foi um inferno. Em vez de descer o Boulevard Raspail, eu subi, depois voltei pela Saint-Germain pensando que era o Raspail, e acabei perdido numa rua sem saída. Aí estacionei o carro e vim a pé. Acabei encontrando a garagem, mas depois não consegui encontrar o carro. Pensei que tinha deixado a caminhonete no Raspail, mas foi na Saint-Germain! Ninguém sabia onde era a garagem, nem o hotel. Finalmente consegui colocar o carro na garagem, e vim aqui para o hotel... Vamos comer!

Fomos a um lugarzinho em Saint-Germain onde a comida era boa, embora não se comparasse à do La Couronne (que seria o padrão pelo qual eu passaria a avaliar todos os restaurantes dali por diante). Só que, para nossa decepção, estava lotado de turistas. Fazia apenas algumas horas que havia chegado a Paris, e já estava me considerando uma francesa!

O trabalho de Paul na USIS era de "passar ao povo francês, por meios visuais, informações sobre os aspectos da vida americana que o governo (dos Estados Unidos) considerava importantes."A ideia era estimular um bom intercâmbio entre nossas nações, reforçar a noção de que os Estados Unidos eram um aliado forte e confiável, de que o Plano Marshall destinava-se a ajudar a França a se levantar (sem impor a Paris como dirigir seus negócios), insinuando que não se poderia confiar na ávida Rússia. Parecia bem direto.

No seu primeiro dia de trabalho, Paul descobriu que o escritório de exposições da USIS já estava sem chefe havia meses, e por isso a bagunça era geral. Ele ia chefiar uma equipe de oito pessoas, todas francesas – cinco fotógrafos, dois artistas e

Eu contemplando Paris do Hôtel Pont Royal.

uma secretária – que estavam desmoralizados, sobrecarregados de trabalho, mal pagos, divididos por ciúmes mesquinhos, e prejudicados por falta dos mais básicos suprimentos. Filmes fotográficos, papel, revelador, lâmpadas de flash ou tinham acabado ou estavam quase no fim. Faltavam até coisas essenciais como tesouras, vidros de tinta e bancos. As luzes do escritório se apagavam três ou quatro vezes por dia. Por falta de arquivos apropriados ou prateleiras, a maior parte das cinquenta mil fotos e negativos de sua unidade estava guardada em envelopes amassados de papel-manilha ou em caixas velhas de embalagem, no chão.

Enquanto isso, a Administração de Cooperação Econômica (ECA), que administrava o Plano Marshall, estava enviando ordens incongruentes e impensadas: "Prepare centenas de materiais para exposição para uma feira comercial em Lyon! Apresente-se a todos os políticos e jornalistas locais! Envie cartazes a Marselha, Bordeaux, e Estrasburgo! Receba a todos com fineza na recepção do embaixador com champanhe para trezentos convidados VIP! Monte uma mostra de arte para um clube de senhoras americanas! E daí por diante. O Paul tinha aturado coisas muito piores durante a guerra, mas, com raiva, desabafou que tais condições de trabalho eram "ridículas, ingênuas, burras e inacreditáveis!"

Comecei a perambular pela cidade, me perdi, me achei novamente. Entabulei uma conversa comprida, embora não muito compreensível, com o garagista sobre como retardar o centelhamento do carro para ele não "bater mais pino". Fui a uma grande loja de departamentos e comprei um par de chinelos. Fui a uma butique e comprei um chapéu chique com penas verdes. Me saí "*assez bien*."[6]

Na Embaixada Americana, recebi nossos cupons de alimentos racionados, holerite, tíquetes para o armazém, *vouchers* para viagens, formulários de férias, *cartes d'identité*, e cartões de visita. A Senhora Embaixatriz Caffrey havia dito que o protocolo estava decaindo na embaixada e insistia que pessoas como nós – na parte de baixo da pirâmide diplomática – devíamos entregar nossos cartões de visita para todos de igual ou superior hierarquia: e isso significava que eu tinha que distribuir mais de duzentos cartões. Credo!

No dia 5 de novembro, uma manchete no *International Herald Tribune*, proclamava que Harry S. Truman tinha sido eleito presidente, derrotando Thomas Dewey em

---

6 Muito bem (N.T.)

cima da risca. Paul e eu, democratas devotos, ficamos exultantes. Meu pai, "Big John" McWilliams, um leal e conservador republicano, ficou horrorizado.

Papai era um homem maravilhoso sob vários aspectos, porém meu modo de ver o mundo era diferente do dele, e isso era uma fonte de tensão que fazia com que as visitas familiares se tornassem desconfortáveis para mim e infelizes para Paul. Minha mãe, Caro, que morreu dos efeitos da pressão alta, e agora minha madrasta, Philadelphia McWilliams, conhecida como Phila, eram neutras, mas concordavam com tudo que papai dizia para manter a harmonia doméstica. John, meu irmão do meio, era um republicano moderado; minha irmã mais nova, Dorothy, era mais de esquerda do que eu. Meu pai ficava sentido pelas tendências liberais de suas filhas. Ele achava que eu iria me casar com um banqueiro republicano, morar em Pasadena, e levar uma vida convencional. Mas se eu tivesse feito isso, provavelmente teria me transformado em uma alcoólatra, como um bom número de minhas amigas. Ao invés disso, me casei com Paul Child, um pintor, fotógrafo, poeta e diplomata de nível médio, que tinha me levado para viver na suja e muito temida França. Não poderia ser mais feliz!

Lendo sobre a vitória eleitoral de Truman, ficava imaginando a desolação e o abatimento que estaria havendo em Pasadena: deve ter sido quase como o Fim da Picada, conforme o modo de pensar do Big John. *"Eh bien, tant pis"*[7], como os parisienses costumavam dizer.

Paris cheirava a fumaça, como se estivesse pegando fogo. Quando se espirrava, saía sujeira no lenço. Isso era em parte devido ao nevoeiro mais cerrado de que se tinha notícia. Era tão denso, diziam os jornais, que os aviões não podiam decolar e os transatlânticos permaneciam nos portos durante dias. Todos ao se encontrarem tinham uma "história do nevoeiro" para contar. Algumas pessoas ficavam com tanto medo de se perderem que passavam a noite inteira dentro dos carros, outras não caíam no Sena por um triz, e muita gente seguia durante horas na direção errada, acabava parando numa estação do metrô, na periferia da cidade, abandonando o carro e pegando o trem para casa. Entretanto, ao sair do metrô, essas pessoas se

---

7 Que se vai fazer, não é? (N.T.)

perdiam, e se perderam andando a pé a esmo. O nevoeiro invadia todos os lugares, inclusive o interior das casas. Era desconcertante ver nuvens dentro dos cômodos, o que dava a sensação vaga de sufocação.

Porém, no nosso primeiro sábado em Paris, o céu estava claro e brilhante ao acordarmos. Foi emocionante, como se alguém tivesse aberto uma cortina e atrás dela houvesse um monte de joias. Paul mal podia esperar para mostrar-me a sua cidade.

Começamos no café Deux Magots, onde pedimos *café complet*. Paul divertiu-se ao ver que nada tinha mudado desde sua última visita, por volta de 1928. Lá dentro, as cadeiras ainda eram forradas de pelúcia cor de laranja, os metais dos lustres continuavam sem brilho, os garçons e provavelmente até a poeira acumulada nos cantos ainda eram os mesmos. Sentamos ao ar livre, em cadeiras de vime, saboreando *croissants* e observando o sol da manhã iluminar os capelos das chaminés. Repentinamente, o café foi invadido por uma multidão de câmeras, técnicos de som, assistentes de continuidade e atores, incluindo Burgess (Buzz) Meredith e Franchot Tone, com trajes típicos e pintados com graxa, como se fossem os "artistas da Rive Gauche"[8]. Paul, que já tinha trabalhado como ajudante de garçom/pintor de cenários em Hollywood, conversou com Meredith sobre seu filme e comentou como o pessoal que trabalhava no cinema era sempre simpático, em Paris, Londres ou Los Angeles.

Perambulamos pela rua, Paul, de estatura média, calvo, de bigode e com óculos, vestido com uma capa impermeável, boina e sapatos de sola grossa, caminhava na frente, alerta, observando tudo, sua fiel câmera Graflex a tiracolo. Eu o seguia com os olhos arregalados, quase o tempo todo calada, o coração descompassado de emoção.

Na Place Saint-Sulpice, convidados de um casamento, vestidos de preto, beijavam-se em ambas as faces, perto da fonte, e o prédio em que a mãe de Paul tinha morado vinte anos atrás era o mesmo. Olhando para uma sacada, lá no alto, ele avistou uma floreira que ela havia plantado e que agora estava cheia de cravos-de-defunto. Mas um velho prédio favorito seu, que antes ficava na esquina, tinha desaparecido. Não muito longe, a casa onde o irmão gêmeo de Paul, Charlie, e sua mulher, Fredericka, conhecida como Freddie, tinham morado, não passava de um terreno cheio de entulhos (será que teria sido despedaçada pelas bombas?). Perto

---

8 A margem esquerda do Sena (N.T.)

do teatro, na Place de l'Odeon, notamos uma pequena placa de mármore que dizia: "Em memória de Jean Bares, morto neste lugar em defesa de seu país, em 10 de junho de 1944." Havia muitos desses lembretes sombrios espalhados pela cidade.

Atravessamos o Sena lentamente, passeando pelos verdejantes jardins das Tulherias, pelas úmidas transversais que cheiravam a comida estragada, madeira queimada, esgoto, reboco velho e suor humano. Depois subimos para Montmartre e Sacré-Coeur, e então obtivemos "Aquela Vista", que abrangia a cidade toda. Depois, descemos e voltamos, atravessando o Sena e, via Rue Bonaparte, fomos almoçar num antigo e maravilhoso restaurante chamado Michaud.

Os restaurantes parisienses eram muito diferentes dos americanos. Era muito divertido entrar num pequeno bistrô e encontrar gatos nas cadeiras, *poodles* embaixo das mesas ou aparecendo de dentro das bolsas das mulheres e passarinhos cantando na esquina. Eu adorava as bancas de crustáceos na frente dos cafés, e comecei a fazer pedidos ousados. *Moules marinières* era um prato novo para mim; as barbas dos mexilhões tinham sido retiradas e a carne tinha um sabor delicioso, que eu não esperava. Havia também muitas outras surpresas, tais como as enormes peras cultivadas ali mesmo, em Paris, tão suculentas que se podia comê-las com uma colher. E as uvas! Na América, as uvas me entediavam, mas as parisienses eram excelentes, com um sabor delicado, fugaz, doce, ambrosíaco e irresistível.

Já que estávamos explorando a cidade, resolvemos experimentar toda espécie de culinária, desde a mais sofisticada até as de pés-sujos. Em geral, quanto mais caro o estabelecimento, menos simpáticos os garçons eram ao nos receber, talvez percebendo que estávamos contando nossos centavos. O *Guia Michelin*, com sua capa vermelha, se tornou a nossa bíblia, e decidimos que preferíamos os restaurantes cotados com dois garfos cruzados, que representavam qualidade e preço médio. Uma refeição para dois nesse tipo de estabelecimento custaria cerca de cinco dólares, o que incluía uma garrafa de *vin ordinaire*.

Durante algum tempo, o restaurante Michaud foi o nosso preferido. Paul tinha ouvido falar nele por amigos da embaixada e ficava bem perto da esquina da Rue du Bac, onde a Rue d'Université passava a ser Rue Jacob. Era um restaurante de dois garfos, descontraído e íntimo. A proprietária, conhecida simplesmente como Madame, tinha um metro e trinta e um de altura, tinha um corpinho elegante de francesa, cabelos ruivos e uma personalidade gaulesa típica, sempre pensando em "economizar em tudo". O garçom tomava nota do pedido do freguês e o levava

Minha vida na França

Fotos tiradas por Paul em Paris.

para o centro de operações da Madame, no bar. Ela dava uma olhadela na nota e ato contínuo mergulhava dentro de uma pequena geladeira, saindo com a porção proporcional ao pedido (de carne, peixe ou ovos), colocava tudo num prato e mandava para a cozinha, para que fosse preparado. Despejava o vinho nas garrafas. Fazia troco na caixa registradora. Se o açúcar estivesse no fim, ela subia depressa ao seu apartamento para ir buscar mais numa caixa de papelão marrom; depois, media só a quantidade necessária, despejando-a num pote sem desperdiçar um grão sequer.

A despeito de sua frugalidade, Madame tinha um charme sutil e íntimo. Numa noite normal, ela sempre apertava três vezes a mão da gente; quando entrávamos, à mesa no meio da refeição e à porta na hora da saída. Gostava de sentar-se ao lado dos fregueses com uma xícara de café, para conversar, mas somente por um instante. Vinha participar de comemorações com uma taça de champanhe na mão, mas sem demorar-se muito. Os garçons do Michaud tinham todos por volta de sessenta anos e se portavam da mesma maneira, simpáticos, porém reservados, como Madame. A clientela se constituía de parisienses do *quartier* e estrangeiros que tinham poucas noções de francês e tinham descoberto aquela preciosidade e guardado bem o segredo.

Naquela tarde, Paul pediu *rognons sautés au beurre* (guisado de rim), com agrião e batatas fritas. Senti a tentação de pedir várias coisas, mas acabei sucumbindo novamente e fui de *sole meunière*. Simplesmente não conseguia deixar de lembrar como era gostoso o linguado, crocante e crispado pelo fogo. Com uma garrafa de *vin compris* e uma fatia perfeita e macia de queijo Brie, o almoço todo ficou em 970 francos, ou cerca de US$ 3,15.

Calcular *l'addition* dependia apenas da taxa de câmbio que fosse usada. Nós, o pessoal da Embaixada, só tínhamos permissão de trocar dólares por francos pelo câmbio oficial, mais ou menos 313 francos para cada dólar. Porém, no mercado paralelo, o câmbio era de 450 francos para cada dólar, uma diferença de mais de 43%. Embora o dinheiro extra fosse ser excelente para nós, o paralelo era ilegal, e não ousávamos arriscar nosso orgulho nem nosso cargo só para economizar alguns dólares.

Depois de perambular um pouco mais, jantamos muito mal, mas terminamos a noite bem, com a sobremesa na Brasserie Lipp. Estava me sentindo animada, e Paul também. Discutimos o estereótipo do Francês Grosseirão. Paul declarou que, na Paris de 1920, 80 por cento das pessoas eram antipáticas e 20 por cento eram encantadoras; agora, era o contrário, 80 por cento dos parisienses eram encantadores e somente 20 por cento eram antipáticos... ele achou que isso provavelmente tinha sido por causa do pós-guerra. Mas também poderia ter sido devido à nova perspectiva de vida *dele*.

— Agora sou menos amargo do que costumava ser – admitiu – e é por sua causa, Julie. — Nós nos analisamos e concluímos que o casamento e a maturidade estavam de acordo conosco. Acima de tudo, Paris estava nos deixando tontos.

"Batom no meu umbigo e música no ar, iiiisso sim é Paris, meu filho" Paul escreveu para seu irmão, Charlie. "Que cidade encantadora! Que *grenouilles à la provençale*.⁹ Que Châteauneuf-du-Pape, que *poodles* brancos e chaminés cinzas, que garçons encantadores, mulheres elegantes e adoráveis *maîtres d'hôtel*, que jardins, pontes e ruas! Que multidões fascinantes diante de sua mesa de café, que pitorescos e encantadores são os pequenos pátios escondidos, com seus poços e estátuas. Aqueles cílios com rímel! Aqueles interruptores elétricos e correntinhas de toalete que nunca funcionam! *Holà! Dites donc! Bouillabaisse! Au revoir!*"

III. Roo de Loo

— É fácil sentir que se sabe a língua só porque quando pedimos uma cerveja eles não nos trazem ostras – dizia o Paul. Mas, depois de assistir ao filme sobre um palhaço que chorava dando gargalhadas, ou que dava gargalhadas enquanto chorava (não sabíamos qual), até o Paul ficou confuso. — É, parece que meus conhecimentos linguísticos não eram tão grandes como eu pensava – lamentou-se.

Pelo menos ele podia se comunicar. Quanto mais tempo eu passava em Paris, pior o meu francês parecia ficar. Consegui me habituar com o deslumbramento que sentia quando alguém entendia qualquer coisa que eu dizia. Mas detestava meu sotaque ruim, minhas frases de pé quebrado, minha falta de capacidade de me comunicar além do rudimentar. Os meus "u"s franceses só eram piores do que os "o"s.

---

9 Pernas de rã à provençal (N.T.)

Senti isso quando fomos a um coquetel no Dia de Ação de Graças, no apartamento de Paul e Hadley Mowrer. Ele escrevia uma coluna para o *New York Post* e era locutor de rádio para a Voz da América. Ela tinha sido casada com Ernest Hemingway, que Paul havia conhecido em Paris, em 1920. Hadley era extremamente afetuosa, não muito intelectual, e mãe de Jack Hemingway, que tinha trabalhado no OSS durante a guerra e que era conhecido como Bumby. Na festa do Dia de Graças dos Mowrer, mais da metade dos convidados era francesa, mas eu quase não podia dizer nada interessante a eles. Eu gosto de conversar, e minha falta de capacidade de me comunicar deixou-me profundamente frustrada. Quando voltamos para o hotel naquela noite, declarei:

— Já chega! Vou aprender esse idioma, custe o que custar!

Alguns dias mais tarde, matriculei-me num curso Berlitz: duas horas de aula particular três vezes por semana, mais o dever de casa. Paul, que adorava jogos de palavras, inventava frases para ajudar-me a aprender a pronunciar os "rr"s guturais e os "uu"s alongados franceses, fazendo-me repetir a frase "Le *serrurier sur la Rue de Rivoli*" (O serralheiro na Rue de Rivoli) várias vezes.

Nesse ínterim tinha descoberto, no centro, um apartamento grande e um tanto esquisito para alugar. Ocupava dois andares de um velho *hôtel particulier*, no número 81 da Rue de l'Université. Um clássico prédio parisiense, com fachada de cimento, porta da frente majestosa de quase dois metros e meio de altura, um pequeno pátio interno, e um elevador sem teto. Situava-se no Sétimo Distrito Administrativo da Rive Gauche (margem esquerda), local ideal, a um quarteirão do Sena, entre a Assembleia Nacional e o Ministério da Defesa. O escritório da Embaixada dos Estados Unidos era do outro lado do rio. Dia e noite, os sinos da Igreja de Santa Clotilde, ali perto, anunciavam a hora, um som muito bonito, que adorava ouvir.

No dia 4 de dezembro nos mudamos do Hôtel Pont Royal para a Rue d'Université, 81. Nossa senhoria morava no primeiro andar, a ilustre Madame Perrier. Com setenta e oito anos de idade, era magra, tinha cabelos grisalhos e um rosto francês animado; vestia-se de preto e usava uma gargantilha no pescoço. Com ela moravam sua filha, Madame de Couédic, o genro, Hervé du Couédic e dois netos. No andar térreo, uma zeladora, que eu imaginava ser uma velha infeliz, ocupava um pequeno apartamento.

Madame Perrier era uma mulher culta, encadernadora e fotógrafa amadora. Era viúva de um general da Primeira Guerra Mundial e também havia perdido um filho e uma filha, em um intervalo de três meses. Entretanto, brilhava como uma velha coifa de cobre lustrada a mão. Eu sentia um grande prazer em ver alguém tão inteiramente madura, afável e ao mesmo tempo tão animada. Madame Perrier se tornou o modelo em que eu queria me transformar quando envelhecesse. Sua filha, Madame de Couédic, tinha a aparência de uma típica francesa de boa família, magra, cabelos escuros, e com costumes um tanto formais. O marido dela também era agradável, porém tinha um ar de uma distante formalidade; era dono de uma loja de tintas. Por um consenso geral, fomos nos conhecendo aos poucos e eventualmente passamos a nos considerar amigos queridos.

Paul e eu alugamos o segundo e terceiro andares. Ao abrir-se o elevador, via-se um grande e escuro *salon*, no segundo andar. O gosto de Madame Perrier era do século passado, e o *salon* parecia ligeiramente ridículo, decorado em estilo Luís XVI, com um teto alto, paredes cinzentas, quatro camadas de frisos dourados, painéis embutidos, uma feia tapeçaria; cortinas pesadas numa janela, arandelas falsas, interruptores quebrados e luz fraca. Algumas vezes só ligar o ferro elétrico já era motivo para o fusível queimar, me fazendo soltar um palavrão. No entanto, as proporções do *salon* eram boas, e nós melhoramos um pouco a aparência dele, removendo a maior parte das cadeiras e mesas.

Transformamos um quarto adjacente em nosso quarto de dormir. Lá, as paredes eram forradas de tecido verde e havia tantos pratos, placas, esculturas e não sei mais o quê, que parecia um bolo de ameixa que tinha acabado de ser cortado. Removemos a maioria do que havia pendurado na parede, bem como um monte de cadeiras, mesas, conjuntos de bancos e banquetas, todos aglomerados, e os guardamos num quarto vazio em cima, ao qual demos o nome de *oubliette* (masmorra). Compreendendo os sentimentos de Madame Perrier, Paul, que era super organizado, desenhou um diagrama, mostrando onde cada artefato tinha estado pendurado, para que, quando chegasse a hora de irmos embora, pudéssemos recriar exatamente sua decoração.

A cozinha era no terceiro andar e estava ligada ao *salon* por um monta-carga que funcionava só de vez em quando. A cozinha era grande e arejada, com janelas ao longo de um dos lados, e um fogão imenso (de uns três metros de comprimento) que consumia cinco toneladas de carvão a cada seis meses. Por cima desse

monstro havia uma geringonça com dois bicos de gás, um forno de 30cm², onde mal se podiam esquentar pratos ou fazer torradas. Havia também uma pia rasa de pedra sabão, com 1,20m², sem água quente. (Descobrimos que não podíamos usá-la, porque, no inverno, a água congelava dentro dos canos, que ficavam fora do prédio.)

O prédio não tinha aquecimento central, era frio e úmido como o sepulcro de Lázaro. Nossa respiração transformava-se em vapor dentro de casa. Portanto, como verdadeiros parisienses, instalamos uma estufa pequena e bem feia no *salon*, e fechávamos todas as portas e janelas hermeticamente para enfrentar o inverno. Atiçávamos aquela maldita estufa o dia inteiro e ela só fornecia um leve calorzinho, soltando um forte cheiro de gás de carvão. Aconchegados ali, nós formávamos uma dupla e tanto. Paul, de blusão chinês de inverno, sentava-se entre a estufa e a lâmpada de 45 watts, para ler. Eu, finamente vestida com casaco acolchoado, várias roupas de baixo compridas, umas por cima das outras, e uns sapatos de couro vermelho horrivelmente grandes, me sentava junto a uma mesa folheada a ouro, tentando escrever cartas, com os dedos duros. Ah, como Paris era glamourosa!

Não me importei de viver em condições primitivas com Charlie e Freddie Child na cabana que haviam construído nas florestas do Maine, mas não tinha nenhum sentido morar em condições ainda *mais* primitivas no "centro cultural do mundo". Portanto, improvisei um sistema de aquecimento de água (ou seja, uma tina de água colocada sobre um aquecedor a gás), uma pia e latas de lixo com tampas. Depois, pendurei uma fila de utensílios de cozinha na parede, inclusive meu abridor de latas Daisy e um pendurador de utensílios magnético Magnagrip, o que me fez sentir em casa.

Dizer "81, Rue de l'Université" exigia esforço demais, de modo que logo apelidamos nosso novo lar de "Roo de Loo", ou simplesmente, "81".

O aluguel da Roo de Loo incluía uma *femme de ménage* (empregada) chamada Frieda. Com mais ou menos vinte e dois anos de idade, criada em fazenda, maltratada pela vida, tinha uma encantadora filha ilegítima de nove anos de idade, que ela insistia que morasse no campo. Frieda morava no quarto andar da Roo de Loo, em condições precariamente primitivas. Não tinha banheiro nem água quente, então ofereci um canto de nosso banheiro no terceiro andar a ela.

Eu não estava acostumada a ter empregada, de modo que Frieda e eu levamos algum tempo para nos acostumarmos uma com a outra. Ela fazia uma sopa razoável, mas não era boa cozinheira, além de ter o irritante hábito de jogar os talheres na mesa todos juntos, fazendo um barulhão. Uma noite, pedi a ela que se sentasse antes do jantar para termos uma conversa. No meu francês de pé quebrado, tentei explicar-lhe como devia arrumar a mesa, como servir pela esquerda, como devia demorar-se nas tarefas, e cumpri-las com todo o cuidado para fazer tudo direito. Nem bem tinha começado a dar minhas bem intencionadas instruções, ela começou a fungar, resfolegar, e soluçar, subindo depressa as escadas e fazendo um dramalhão em francês. Eu a segui e tentei novamente. Usando o meu subjuntivo caprichado do Berlitz, expliquei como queria que ela aproveitasse a vida, trabalhasse bem, mas não demais, e assim por diante. Isso só causou mais soluços, lágrimas e olhares de incompreensão. Mas no fim, depois de mais alguns altos e baixos, acabamos nos entendendo.

Pela lei francesa, o patrão tinha que pagar previdência social para o empregado, o que, para nós, saía por cerca de seis a nove dólares a cada três meses; também pagávamos o seguro-saúde para a Frieda. Era um sistema justo, e ficamos felizes por podermos ajudá-la. Porém, continuei convivendo com meus sentimentos desencontrados em relação a ter empregada. Em parte era porque adorava fazer minhas próprias compras e tarefas domésticas.

Com um sentimento de quem está construindo um ninho, fui ao Le Bazar de l'Hôtel de Ville, conhecido como "Le B.H.V.," um mercado enorme, cheio de corredores e mais corredores de mercadorias baratas. Levei duas horas andando por ali, até me situar. Depois comprei baldes, bacias para louça, vassouras, porta-sabão, funil, tomadas, fios, lâmpadas e latas de lixo. Pus todas essas preciosidades no compartimento de bagagem do Flash, fui para o 81, e voltei ao Le B.H.V. para buscar mais coisas. Até comprei um fogão novo por noventa dólares, para a cozinha. Numa outra excursão, voltei com uma frigideira, três caçarolas grandes e um vaso de flor.

Paris ainda estava se recuperando da guerra, de modo que as rações de café se esgotavam rapidamente, os cosméticos eram caros e um azeite de oliva decente era uma joia preciosa. Não tínhamos geladeira e, como a maioria dos parisienses, colocávamos nossas garrafas de leite fora da janela para mantê-las geladas. Felizmente, tínhamos trazido, dos Estados Unidos, pratos, talheres, roupas de cama, cobertores e cinzeiros, e podíamos fazer compras de produtos americanos no supermercado da Embaixada.

Minha vida na França

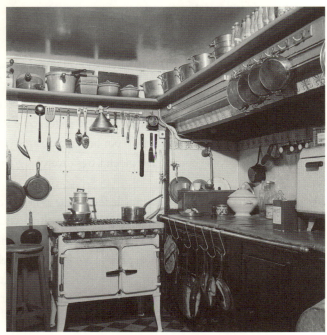

Organizei um orçamento, mas fiquei deprimida imediatamente. O salário de Paul era de US$ 95,00 por semana. Depois de ter dividido nossas despesas fixas em envelopes separados – $4 para cigarros, $9 para consertos do carro e combustível, $10 para o seguro, revistas e doações a instituições beneficentes, e assim por diante – ficávamos com cerca de $15 para roupas, viagens e divertimento. Não era muito. Estávamos tentando viver como pessoas civilizadas com um salário do governo; o que simplesmente não era possível. Felizmente, eu tinha uma pequena quantia que tinha herdado de parentes, a qual me dava um rendimento modesto, embora estivéssemos determinados a não usá-lo.

A primeira exposição de Paul para o USIS – uma série de fotografias, mapas e textos explicando a Berlin Airlift – que estava na vitrine da agência da TWA na Champs-Élysées, foi muito bem-sucedida, atraindo bastante gente. Nesse meio tempo ele estava tranquilo, se inteirando da burocracia da embaixada, tomando cuidado para não pisar nos calos nem nos calcanhares de Aquiles de ninguém.

Sua equipe cresceu, sendo agora de dez pessoas, as quais, ao que parecia, adoravam "M'sieur Scheeld." No entanto, seus colegas americanos não estavam bem certos do que pensar de meu marido. Paul era bastante competente em organizar exposições, orgulhava-se de fazer um trabalho bem feito, sabia da importância de se estabelecer canais de comunicação confiáveis, ("os canais, os *canais,*" insistia). Mas não era profissionalmente ambicioso. Para aqueles que pretendiam subir a escada da carreira profissional, almoçar e se socializar com as pessoas certas era muitíssimo importante. Paul frequentemente comia um sanduíche sozinho, com sua câmera, às margens do Sena. Ou então vinha para casa comer as sobras do jantar comigo – canja de galinha, linguiça, arenque e pão quente – seguidos de uma soneca rápida. Este hábito provavelmente não era muito bom para sua carreira, mas não era isso o que importava. Estávamos curtindo a vida em Paris juntos.

Paul era ambicioso quanto à sua pintura e suas fotos, às quais ele se dedicava à noite ou nos finais de semana, mas até mesmo essas ambições eram mais estéticas do que comerciais. Ele era uma pessoa que gostava de se empenhar fisicamente, era faixa preta em judô, um homem que amava fazer nós complicados ou entalhes em madeira. Naturalmente, teria adorado ser reconhecido como um Artista Importante.

Porém, sua motivação para a pintura e a fotografia não era a fama ou a riqueza: seu prazer no ato de criar, "a coisa em si mesma", já era recompensa o bastante.

Com uma equipe pequena, pouco filme, e enfrentando uma grande quantidade de promessas não cumpridas pelo Departamento de Estado, Paul foi forçado a cancelar as férias de começo de inverno para trabalhar pelos outros na embaixada. Nesse ínterim, eu tinha me oferecido para criar um sistema de catalogação para as cinquenta mil fotografias abandonadas da USIS. Já havia feito arquivamento parecido durante a guerra, mas esse foi uma barra. Consistiu não só de criar referência cruzada entre todas as fotos, o que era quase impossível, como idealizar um sistema à prova de ignorantes para outras pessoas (os franceses) poderem utilizar.

Na esperança de encontrar um sistema de catalogação já padronizado, visitei cinco grandes bibliotecas de fotografias, e acabei descobrindo que não existia tal padrão. A catalogação de fotos na França era, em geral, feita por senhoras que já vinham fazendo isso havia trinta anos e eram capazes de reconhecer cada foto pelo cheiro ou coisa assim.

Nossa família se completou quando fomos adotados por uma *poussiequette* à qual demos o nome de Minette (que quer dizer "gatinha"). Achamos que ela era vira-lata, talvez uma gata de beco arrependida – uma coisinha esperta, alegre, cor de lama e creme. Eu nunca tinha sido muito ligada em animais, embora tivéssemos cãezinhos em Pasadena. Porém Paul e Charlie gostavam de gatos e tinham muita estimação por um *briard*, um cão-pastor francês, com um pelo maravilhoso, carinhoso, a quem se referiam como "a Mais Nobre das Raças." (Tínhamos tido um em Washington – Maquis – que, tragicamente, tinha morrido ainda novo, engasgando-se com uma meia.)

"Mini" logo se tornou uma parte importante de nossas vidas. Gostava de ficar no colo de Paul durante as refeições e, com a patinha, tirava bocadinhos do prato, quando achava que ele estava distraído. Passava um bom tempo brincando com uma couve-de-bruxelas amarrada num barbante, a mexer o rabo espasmodicamente de um lado para o outro. De vez em quando, nos presenteava com um rato. Ela foi a minha primeira gata, e eu a achava maravilhosa. Logo comecei a notar que havia gatos em toda parte, espreitando em vielas, tomando sol em muros ou olhando para a gente das janelas. Eram criaturas muito interessantes e independentes. Para mim, eram iguais a Paris.

Julia Child

IV. Ali-Bab

Paul e eu estávamos resolvidos a conhecer os franceses, mas isso não era tão fácil como se poderia imaginar. Para começar, Paris estava cheia de americanos, a maioria jovens, e eles gostavam de ficar juntos, em grandes bandos. Conhecíamos alguns desses ianques e gostávamos bastante deles, mas, com o passar do tempo, comecei a achar que estava me interessando cada vez menos por eles, e eles, tenho certeza, por mim. Havia duas senhoras de Los Angeles, por exemplo, que assim que conheci considerei "maravilhosas" e que moravam não muito longe de nós, na Rive Gauche, mas que foram desaparecendo da minha vida em alguns meses. Esse não era um processo de me separar intencionalmente do meu passado, mas apenas uma evolução natural das coisas.

Quando saímos dos Estados Unidos, todos nos deram muitas cartas de apresentação para amigos – aqueles amigos, que, simplesmente "deveríamos conhecer." Mas estávamos tão ocupados e tão animados que um bom tempo se passou até nos lembrarmos de usar a lista. Além do mais, não tínhamos telefone.

A gente se esquece de quanto depende de alguma coisa tão simples como um telefone quando não se tem um. Depois que nos mudamos para o 81, requisitamos a linha e ficamos esperando. Primeiro, apareceu um homem para confirmar o endereço. Depois, dois homens vieram fazer um "estudo" da nossa situação. E então, um terceiro apareceu para verificar se nós *realmente* queríamos um telefone. Foi um processo tipicamente francês, que me fez rir, principalmente quando lembrei como uma transação dessas teria sido rápida nos Estados Unidos. Enquanto isso, ia telefonar no correio, no PTT ("Postes, Télégraphes et Téléphones"[10]), onde havia apenas dois telefones públicos e se podia comprar apenas um *jeton*, ou ficha, de cada vez. Uma chamada de três minutos demorava horas para ser feita, mas eu gostava de ir lá porque podia praticar o meu francês com as duas senhoras que atendiam no balcão. Elas estavam curiosas para saber como se faziam as coisas nos Estados Unidos, e me punham a par de todos os mexericos locais, sobre quem tinha feito o quê durante a guerra, como *la grippe* (a gripe) estava se espalhando como um incêndio, e como encontrar os melhores preços no *quartier*.

Quando finalmente começamos a nos comunicar com nossos amigos-dos-

---

10 Correios, Telégrafos e Telefones (N.T.)

amigos, um dos primeiros casais que conhecemos foram Hélène e Jurgis Baltrusaitis. Ele era um lituano taciturno, introspectivo, historiador de arte, que havia acabado de passar seu ano de licença nas Universidades de Yale e de Nova York e tinha regressado recentemente. Hélène era extrovertida e entusiasmada, enteada de Henri Focillon, um famoso historiador de arte que tinha sido orientador de Jurgis. Tinham um menino de quatorze anos chamado Jean, que gostava de contrariar seus pais mascando furiosamente chiclete de bola americano. Demo-nos muito bem logo de saída, especialmente com a querida Hélène, que era o tipo de pessoa "que sorvia a vida em grandes goles". Enquanto Jurgis via o domingo como uma oportunidade para enfurnar-se com seus livros, Hélène mal podia esperar para se juntar a Paul e a mim e dar um passeio pelo campo.

Num domingo de dezembro, nós três saímos de carro para ir à Floresta de Fontainebleau. O céu, carregado de nuvens, ficou azul, o ar estava de um frio revigorante, e o sol brilhava esplendoroso. Depois de caminharmos durante uma hora, abrimos uma cesta de piquenique, cheia de linguiças, ovos cozidos, baguetes, tortas, e uma garrafa de vinho Moselle. Comemos recostados em pedras cinzentas cheias de saliências, cobertas de musgo verde-esmeralda. Fora os gritos dos corvos que piavam nas faias, éramos os únicos naquele lugar encantado. Na volta para casa, paramos na pequena cidade de Étampes. Num café, perto de uma igreja do século doze, uma multidão de moradores, com os rostos vermelhos de tanto tomar vinho, estavam comemorando alguma coisa, cantando entusiasmados, as vozes roucas e trêmulas. Foi uma cena encantadora.

Quanto mais eu ficava na França, mais forte e mais extáticos se tornavam os meus sentimentos por ela. Claro que sentia saudades da minha família, e coisas como certos cosméticos ou de um café realmente gostoso. Porém, os Estados Unidos pareciam-se cada vez mais com um lugar distante e onírico.

Os Baltrusaitis – ou Baltrus – nos apresentaram ao *le groupe Focillon;* quinze ou vinte historiadores de arte, muitos dos quais tinham sido discípulos do padrasto de Hélène. Encontravam-se uma vez por semana *chez* Baltru para beber vinho, beliscar alguma coisa, e para debater animadamente, por exemplo, se era verdade ou não que um transepto falso de uma certa igreja foi construído *antes* ou *depois* do ano de 1133. Sempre presentes nessas reuniões, Louis Grodecki, um polonês que expressava suas opiniões de maneira insistente e agressiva, e Verdier, um calmo e sagaz francês, viviam se atacando e contra-atacando a respeito dos mistérios medievais; Jean Asche, um herói alto e forte da antiga Resistência, que havia sido capturado e mandado para Buchenwald pelos nazistas, cuja mulher, Thérèse, se tornou amiga muito querida minha; e Bony, professor universitário. Era um círculo social intelectualmente vigoroso e muito francês – exatamente a espécie de amigos que Paul e eu tínhamos esperado encontrar, mas que nunca teríamos descoberto sozinhos.

Entre todos esses historiadores de arte altamente competentes, Paul era o único artista praticante. Tinha aprendido a fazer vitrais durante a década de 1920, quando havia trabalhado nas janelas da Igreja Americana em Paris. Embora sofrendo de vertigens horríveis, havia se obrigado a subir em beirais para trabalhar em algumas das janelas mais complicadas, e foi aí que ganhou o apelido de "Tarzan das Absides". Para demonstrar sua amizade pelo *groupe Focillon*, Paul desenhou um vitral em formato de medalhão, com cerca de vinte e cinco centímetros de diâmetro, mostrando cada um dos membros do grupo numa pose simbólica. Foi um gesto característico, que nos ajudou a ganhar um rápido reconhecimento dentro deste grupo inusitado.

Cercada por comidas esplêndidas, maravilhosos restaurantes, com uma cozinha em casa, e tendo como ávido espectador o meu próprio marido, comecei a cozinhar cada vez mais. No fim da tarde, caminhava ao longo do cais que ia da Câmara dos Deputados até Notre Dame, metendo o nariz nas lojas e fazendo perguntas aos vendedores sobre tudo. Trazia para casa ostras e garrafas de Montlouis-Perle de la Touraine, dirigindo-me depois à minha *cuisine* do terceiro andar, onde, assobiando, trabalhava ao fogão, experimentando receitas ambiciosas, tais como vitela com nabos, em molho especial.

No entanto, tinha muito a aprender, não somente sobre como cozinhar, como também como comprar, comer e saborear todas as muitas comidas novas (para mim). Tinha fome de mais informações.

E elas vieram, primeiro de Hélène, minha guia local e professora particular. Ela era uma instrutora bem informada, e logo comecei a usar sua gíria francesa e a ver Paris pelos seus olhos. Embora não se interessasse muito por culinária, Hélène adorava comer e sabia muito sobre restaurantes. Um dia, me emprestou um livro, grosso e antigo, sobre culinária, escrito pelo famoso *chef* Ali-Bab. Era realmente um *livrão*: tinha o tamanho de um volume de enciclopédia, impresso em papel grosso, e devia pesar mais de três quilos. Estava escrito em francês antigo, e não era mais publicado, porém estava repleto das mais suculentas receitas que eu jamais tinha visto, além de ser escrito de forma muito divertida, com pequenas anotações ao lado sobre como cozinhar em terras estrangeiras, além de um apêndice, informando porque os *gourmets* eram gordos. Até mesmo em dias ensolarados, eu ia para a minha cama e lia Ali-Bab – "com a dedicação apaixonada de um menino de quatorze anos, lendo contos da *True Detective,* Paul observou, bem apropriadamente.

Apliquei-me diligentemente nas lições de francês, já era capaz de ler melhor e, a cada dia, falar mais. A princípio, minhas comunicações no mercado tinham consistido em pouco mais do que apontar o dedo e coisas simples como: *"Bon! Ça! Bon!"* Agora, quando ia na l'Olivier, a loja de azeites da Rue de Rivoli (uma lojinha cheia de potes de azeitonas e garrafas de azeite), já conseguia manter uma longa conversa com o alegre vendedor.

Meus gostos também iam ficando mais ousados. Por exemplo, as lesmas. Jamais havia pensado em comer uma "lesma" antes, mas, nossa, *escargots* tenros borbulhando em manteiga com alho foram uma das minhas mais felizes descobertas! E as trufas, que vinham numa lata, e eram tão deliciosamente almiscaradas e perfumadas com o cheiro de terra, que se tornaram rapidamente uma obsessão para mim.

Eu fazia minhas compras na feira do bairro, na Rue de Bourgogne, logo na esquina do 81. A minha vendedora favorita era a de hortaliças, que era conhecida como Marie des Quatre Saisons, porque seu carrinho estava sempre cheio com os produtos mais frescos de cada estação. Marie era uma encantadora senhora de idade, rechonchuda e vigorosa, de rosto enrugado e olhos brilhantes e expressivos. Conhecia tudo e todo mundo, e logo percebeu que eu seria uma discípula disposta a tudo para aprender. Várias vezes por semana eu comprava dela cogumelos, nabos ou abobrinhas; ela me ensinou tudo sobre chalotas e sobre como distinguir batatas boas das ruins. Tinha grande prazer em me instruir sobre quais as melhores verduras para se comer, quando comê-las e como prepará-las corretamente. E ao mesmo tempo, punha-me a par da experiência de guerra de Fulano e Sicrano, de onde mandar consertar uma pulseira de relógio ou como o tempo ficaria no dia seguinte. Essas conversas informais me ajudaram imensamente a melhorar o meu francês e também me fizeram sentir parte da comunidade.

Nós tínhamos uma excelente *crémerie*, localizada na *place* que conduzia à Rue de Bourgogne. Era uma loja pequena e estreita, com espaço para apenas cinco ou seis clientes ficarem de pé, em fila. Era tão popular que frequentemente a fila ia até à rua. Madame la Proprietress era robusta, com bochechas rosadas e espessos cabelos louros presos no alto da cabeça, e atendia atrás de um balcão com alegre eficiência. Na prateleira larga de madeira atrás dela ficava um monte de manteiga recém-preparada, adocicada e de cor amarelo-clara, esperando para ser cortada, conforme os pedidos. Perto do monte, havia uma vasilha grande de leite fresco, que ela servia com a concha. Nos balcões das paredes laterais da loja ficavam os queijos – caixas de Camembert, grandes pedaços de Cantal e rodas de Brie, em vários estágios de maturação – alguns novos em folha e quase duros, outros moles a ponto de escorrer soro.

Era preciso esperar pacientemente na fila até chegar a vez e então, fazer o pedido de forma clara e breve. Madame era craque em avaliar a maturação dos queijos. Se eu pedisse Camembert, ela levantava uma sobrancelha e perguntava a que horas iríamos servi-lo, se íamos comê-lo no almoço ou jantar de hoje; ou se o degustaríamos dentro de alguns dias. De acordo com a resposta, ela abria várias caixas, apertava cada queijo com os polegares com muita atenção, farejava-os profundamente e – *voilà!* – nos dava exatamente o queijo certo. Eu ficava maravilhada com a sua capacidade de julgar quando o queijo estava no ponto, e até mesmo chegava a pedir queijo quando não precisava, só para vê-la em ação. Nunca ouvi dizer que ela se enganou.

A vizinhança comprava lá, e acabei conhecendo todas as pessoas que costumavam ir sempre. Uma delas era uma empregada vestida com as roupas próprias de criada, que fazia compras acompanhada de um orgulhoso e saltitante *poodle* preto. Eu a via regularmente, sempre vestida com roupas folgadas, de cor cinza ou marrom. Porém, um dia notei que tinha chegado sem o *poodle*, com um costume preto elegante e justo. Pude ver os olhos de todos que estavam na fila se voltando para ela. Assim que Madame notou a roupa nova, mandou a empregada ir para o começo da fila e serviu-a com grande cortesia. Quando ela passou por mim e saiu pela porta com um ligeiro sorriso de Mona Lisa nos lábios, perguntei à minha vizinha de fila porque a empregada tinha recebido tratamento diferenciado.

– Conseguiu outro emprego – explicou ela, com cara de quem está por dentro das coisas. – Agora trabalha para *la comtesse*. Viu como está vestida hoje? Praticamente está que é a própria *comtesse!*[11]

Eu ri, e quando me aproximei de Madame para fazer o meu pedido, pensei: "De que valeu a revolução francesa..."

Em meados de dezembro, pequenos flocos de neve cobriram como açúcar as pedras arredondadas da rua e Paul e eu ficamos quase que totalmente sem o comércio das ruas. Ocasionalmente, se via um homem arrastando um pinheiro através da Place de la Concorde, um ramo de azevinho por cima da entrada de uma casa, ou uma fila de crianças em frente de uma loja de departamentos vendo bonecos animados. Mas em comparação com a confusão de Natal em Washington ou Los Angeles, Paris estava maravilhosamente calma e pitoresca.

---

11 Condessa (N.T.)

Passamos o Dia de Natal com os Mowrers. Eles eram bem mais velhos e sábios do que eu, e os considerava como se representassem figuras paternas. A grande notícia deles era que Bumby Hemingway estava noivo de uma moça alta de Idaho chamada Byra "Puck" Whitlock.

Era maravilhoso andar em Paris. Não havia muito tráfego de carros, e se podia facilmente caminhar desde a Place de la Concorde até o alto de Montmartre em meia hora. Carregávamos um mapa de bolso de capa marrom chamado *Paris par Arrondissement*, e de propósito nos afastávamos dos caminhos costumeiros. Paul, o fotógrafo maluco, sempre carregava sua fiel câmera a tiracolo e levava um bloquinho de desenho no bolso. Descobri que, quando se acompanha o olhar do artista, consegue-se ver tesouros inesperados nas cenas aparentemente mais comuns. Paul adorava fotografar detalhes de esculturas, cenas de cafés, roupas penduradas para secar, feirantes e os artistas ao longo do Sena. Minha tarefa era a de usar a minha estatura para bloquear o sol que batesse sobre as lentes da câmera, enquanto ele compunha cuidadosamente a foto e acionava o obturador.

Em nossos passeios havíamos descoberto o La Truite, restaurante de propriedade dos primos dos Dorins, que eram donos do La Couronne, em Ruão. O La Truite era um lugar acolhedor, ficava na rua Faubourg Saint-Honoré, atrás da Embaixada Americana. O *chef* era o ilustre Marcel Dorin, da velha-guarda, ajudado por seu filho. Eles faziam um frango assado espetacular, suspenso por um barbante; a ave girava diante de uma grelha elétrica de brilho avermelhado; de tempos em tempos, passava um garçom e a regava com os caldos que ficavam pingando dentro de uma panela cheia de batatas assadas e cogumelos. Ah, as aves excelentes e saborosíssimas de Bresse – depois de uma prova, cheguei à conclusão que há muito já havia me esquecido de como era o *verdadeiro* gosto de uma galinha! No entanto, a verdadeira glória do La Truite era o *sole à la normande*, um prato poético, de filés de linguado escaldados e temperados, cercados de ostras e mariscos, marinados num maravilhoso molho de vinho, creme e manteiga e cobertos com cogumelos estriados. "Voluptuoso" era a palavra que o descrevia. Nunca havia imaginado que peixe poderia ser levado tão a sério ou ter um gosto tão celestial.

Numa tarde gelada, um pouco antes do Ano Novo, Paul e eu fomos passear no parque Buttes-Chaumont. No alto da colina, perto do pequeno templo grego, olhamos na direção da igreja de Sacré-Coeur em Montmartre, cuja silhueta aparecia

Minha vida na França

entre as camadas de névoa e o sol que se punha. Num pequeno bistrô, nos aquecemos com café e olhamos para a cidade através das janelas sujas. Atrás da cabeça de Paul, um gordo gato branco dormia sobre uma pilha de livros de contabilidade. Ao meu lado, um cachorro grande, resultado da mistura de muitas raças, soltou um latido alto, depois acomodou-se, caindo num sono profundo. Dois macaquinhos engoliam com pressa amendoins e brigavam furiosamente em cima de uma cadeira dobrável, enchendo o ar de algazarra e gritinhos. Três meninos jogavam dados numa mesa próxima. Um velho escrevia uma carta. No bar, uma loura desmazelada tagarelava com um homem de boina e óculos de armação de chifre. Um cachorro branco e gordo vestido com uma blusa de gola olímpica passou bamboleando, e a loura disse, com carinho: "*Ah, qu'il est joli, le p'tit chou.*"[12]

V. Provence

— ACHO QUE É MINHA RESPONSABILIDADE lhe mostrar o *resto* da França — disse Paul um dia. E assim, no fim de fevereiro de 1949, ele, Hélène e eu saímos de carro da fria e cinzenta Paris para a clara e quente Cannes.

O tom da nossa viagem foi dado pelo almoço em Pouilly, quatro horas depois que saímos de Paris. Paul tinha escrito antes para Monsieur Pierrat, um *chef* muito conceituado, pedindo-lhe para nos preparar "uma boa refeição." E ele o fez. Levamos três horas para degustarmos todas as terrinas, patês, *saucissons*, presunto defumado, peixe em *sauce américaine, coq-sang, salade verte, fromages, crêpes flambées* — tudo acompanhado por um encantador Pouilly-Fumé, 1942. Finalizamos com uma rica e cremosa sobremesa chamada *prune*, na qual o alegre *chef* nos acompanhou. Foi uma refeição tão extraordinária que, quando ela chegou ao fim, já nos sentíamos invadidos por um prazer suave, cálido, ardente.

Passamos a noite em Vienne, e ainda estávamos tão cheios do almoço do *Chef* Pierrat, que só conseguimos engolir com esforço um leve jantar. Nossos corpos cantarolavam de contentamento. Até o Flash parecia ronronar.

---

12 Ah, que cachorrinho bonitinho! (N.T.)

— *Incroyable! Ravissant!* — entoamos em uníssono no dia seguinte, à medida que os encantadores panoramas se revelavam, um atrás do outro. Cada campo era uma explosão de fragrantes e coloridas buganvílias, giestas, mimosas ou margaridas. Uma brisa morna e impregnada de maresia soprava do Mediterrâneo. Havia rochedos dramáticos ao longo da costa, e os picos nevados dos Alpes se projetavam ao fundo. O ar estava fresco e o céu brilhante. Tudo era tão bonito e perfumado que quase chegava a ser demais para os meus sentidos.

Hélène estava tão alegre como um passarinho, sendo uma fonte divertida de informações sobre a história da arte. Paul — com uma câmera grande e uma pequena e um monóculo a tiracolo — parecia o próprio turista americano, enquanto, todo feliz, tirava fotos a torto e a direito. Se não era uma de um lindo castelo em cima de uma colina, então era outra do sol que se filtrava por entre a névoa que baixava sobre as plantações de pessegueiros lá embaixo. Se não era a de uma ponte perfeita do século quatorze, era a de um vale com um regato cujas águas ligeiras brilhavam como mercúrio. Comemos *nougat de Montélimar*. Inspiramos o perfume da sálvia. Cantamos "Sur le Pont d'Avignon", enquanto o Flash passava como um relâmpago por baixo da ponte, em Avignon. Sentamos no topo de uma colina, na periferia de Aix, bebendo Poully. Em Miramar, juntamos braçadas de mimosas com os Mowrer, com quem nos encontramos lá. À noite, ficamos olhando as luzes de Cannes piscando sobre as águas que iam escurecendo.

Esta foi a minha primeira experiência na famosa Côte d'Azur, uma área que tocava muito de perto o coração de Paul. Também a mim ela encantou profundamente, em parte porque me fazia lembrar do sul da Califórnia, e em parte por causa da sua própria vitalidade rústica.

Na viagem de volta para Paris, atravessamos as montanhas, e o cenário mudou dramaticamente. Grasse, uma estufa cheia de flores, deu lugar a grandes e estéreis espinhaços de calcário, que pareciam caramelos duros, e rios que, formados pelo degelo das geleiras glaciais, tinham águas brilhantes e azuis. Aninhadas nas encostas viam-se pequenas cidades cujos prédios eram feitos de pedras locais e que datavam de centenas de anos atrás. Depois do café e dos aperitivos em Castellane, num profundo vale de montanhas, começamos a subir cada vez mais ao encontro do ar frio e estimulante, e o sol começou a esquentar. Atravessando desfiladeiros alpinos, entramos num mundo de vegetação perene e neve, com cidades amontoadas nas fendas das montanhas como se fossem cracas. Em Grenoble encontramos uma dramática nuvem de névoa gelada e passamos a noite em um aconchegante hotel em Les Abrets.

Quando atravessamos a Borgonha, na manhã seguinte, os Mowrer ficaram cansados de nos verem perder tempo e voltaram correndo para Paris. Ficamos satisfeitos com nossa falta de pressa. Passamos por cidades nos vales cujos nomes tinham um som semelhante ao de um carrilhão: Montrachet, Pommard, Vougeot, Volnay, Mersault, Nuits-Saint-Georges, Beaune. As freiras, o vinho, os belos pátios – tantas coisas extraordinárias para se ver, que, ao final do dia, nossas taças já estavam cheias até a borda. Lá pelas oito e meia, naquela noite, estávamos de volta à Roo de Loo, descarregando braçadas de mimosas.

Era primavera em Paris. No parque, na Île de la Cité, o gramado era de um verde brilhante, repleto de bebês, vovós corujas e babás preocupadas. Ao longo do rio, barcaças estavam amarradas lado a lado tendo os cabos decorados com lençóis brancos e meias postas para secar. As mulheres tomavam sol e costuravam roupas de baixo cor-de-rosa. Os pescadores, com os pés balançando na água, comiam de lanche *moules*. Minette começou a sentir os efeitos da primavera: pulava da janela para o telhado, gorgolejando, corria para cima e para baixo nas escadas, saltava no meu colo e saía, e depois ficava no meio do tapete gorgolejando um pouco mais. O veterinário havia me informado que ela não era gata vira-lata coisa nenhuma, mas sim uma raça rara de gato espanhol chamada *le tricolaire*, o que muito me agradou. Quando ela começou a comer as mimosas que havíamos colhido, nós lhe demos o nome de Minette Mimosa McWilliams Child.

No começo de abril, minha irmã mais nova, Dorothy, veio nos visitar. Tinha um metro e noventa e um, o que superava a minha altura de um metro e oitenta e oito, e era conhecida na família como Dort, apelido que tinha desde criança. Ela era Dort-the-Wort, ou Wortesia, e eu era a Julia Pulia, ou, em momentos menos caridosos, Juke-the-Puke.[13] (Nosso irmão, John, não se sabe porquê, escapou do apelido). Dort tinha acabado de se formar pela Bennington, era solteira, e não tinha a menor ideia do que queria fazer na vida. Portanto a incentivei a vir passar uns tempos conosco em Paris, sem pagar aluguel. Era uma oferta que aqueceria o coração de qualquer moça americana que se prezasse, de modo que ela logo embarcou no navio seguinte.

---

13 Que seria, mais ou menos, "A Pentelhinha" (N.T.)

Nem um pouquinho acanhada por não saber falar francês, Dort causou uma ótima impressão em seu primeiro dia no 81, quando, de brincadeira, pegou o telefone e começou a telefonar para as lojas:

— Bong-juur! — arrulhava. — *Quelle heure êtes-vous fermé?. Mércii!*

Dort era cinco anos mais jovem do que eu e quinze anos mais nova do que Paul. Ela e eu não tínhamos muita intimidade, e, para ser honesta, quando ela chegou, senti como se conhecesse melhor Hélène Baltru do que minha própria carne e sangue. Mas, a medida que Dort permanecia conosco, íamos nos tornando mais íntimas.

Os parisienses simpatizaram com aquela "americana alta" e com a sua maneira extrovertida de fazer o que fosse preciso para se comunicar. O resultado de seus esforços, ocasionalmente, eram hilários. Por exemplo, um dia ela foi ao cabeleireiro para lavá-los e cortá-los, e perguntou docemente:

— *Monsieur, voulez-vous couper mes chevaux avant ou après le champignon?*

O cabeleireiro olhou-a com estranheza, enquanto as senhoras que estavam nos secadores começaram a rir. O que Dort tinha querido perguntar, fazendo todo aquele esforço, tinha sido: "O senhor vai cortar os meus cabelos antes ou depois do xampu?" No entanto, o que disse foi: "O senhor vai cortar os meus cavalos antes ou depois do cogumelo?"

Ela comprou um Citröen pequeno e elegante por mil e cem dólares. Era preto, com quatro lugares e um minúsculo motor. Ela o adorou, mas no dia seguinte ao da compra, o carro teve um curto-circuito às 6 horas da tarde, no meio da hora do *rush* e bem no meio da Place de la Concorde, engarrafando todo o trânsito no centro da cidade. Quando finalmente chegou em casa naquela noite, a pobre Dort começou a chorar de raiva. Nós a acalmamos e lhe garantimos que tudo iria ficar bem. Nossos *garagistes* cuidaram do carro, e logo Dorothy estava disparando pela cidade, procurando trabalho e ficando acordada até tarde com um grupo jovem de estrangeiros.

No dia 25 de junho, Bumby Hemingway se casou com Puck Whitlock.

Bumby tinha vinte e cinco anos, era baixo, com um corpo atarracado e musculoso, cabelos loiros encaracolados, e a boa aparência de quem gostava da vida ao ar livre. Durante a guerra havia saltado de paraquedas atrás das linhas inimigas trabalhando para a OSS com o objetivo de formar equipes de agentes, e, embora os alemães o tivessem capturado algumas vezes, sempre tinha conseguido escapar. Agora estava em Berlim, trabalhando para o serviço de informações do Exército Americano. O

casamento foi celebrado em Paris, porque ele não tinha tempo de licença suficiente para voar para casa. Além disso, sua mãe e seu padrasto moravam lá. E lá era Paris.

Puck era alta, morena e magra, uma moça forte e atraente de Idaho, que já havia trabalhado na United Airlines. Tinha sido casada com o Tenente-Coronel Whitlock, um piloto que foi morto em ação sobrevoando a Alemanha. Ela e Bumby tinham se conhecido em Sun Valley, Idaho, em 1946, e, desde essa época ele a vinha acompanhando. Quase não conheciam ninguém em Paris, e assim sendo, fui sua madrinha, enquanto Paul e Dort indicavam às pessoas os seus lugares.

O casamento foi celebrado na Igreja Americana, na Rue de Berri, onde Paul tinha conseguido a reputação de Tarzan das Absides. O oficiante foi Joseph Wilson Cochran, um americano que havia celebrado o casamento de Charlie e Freddie naquele mesmo lugar, em abril de 1926. Foi uma cerimônia perfeitamente natural e sem pompa, exatamente como eram os Mowrer. Havia um bom número de pessoas na recepção, incluindo a escritora Alice B. Toklas — muito esquisita, de vestido de musselina e um chapelão com abas caídas — e Sylvia Beach, dona da livraria Shakespeare & Co. ("Papa" Hemingway não compareceu). O tempo estava maravilhoso: céu claro e azul, com poucas nuvens, a paisagem de um amarelo e de um verde brilhantes, rosas desabrochando no jardim das Tulherias. No fim da tarde eu já havia feito uma mistura de morangos e cerejas, champanhe, conhaque, Monbazillac, Montrachet e Calvados, e estava toda salpicada de pedacinhos de folhas de grama.

VI. Le grand véfour

Quando Frieda, nossa dramática *femme de ménage*, arranjou um emprego de zeladora em outro prédio, Marie des Quatre Saisons ajudou-nos a encontrar uma substituta. A nova empregada, Coquette, tirava o pó e fazia reluzir nossos objetos dourados em meio período, das oito às onze, toda manhã. Porém, seu verdadeiro emprego era na residência de um príncipe e uma princesa que moravam na esquina.

Coquette era muito boazinha, mas meio doidivanas, e, quando estávamos a sós, nos referíamos a ela como Coquette "Cuca Louca". Como a Frieda, era de origem humilde e não era de admirar que estivesse deslumbrada com os glamourosos príncipe e princesa. *La princesse* não era uma princesa comum, informava-me a Cuca Louca, arquejante, mas uma "princesa em dobro", e era inglesa! O príncipe, Philippe de B.... (um nome cuja pronúncia certa era "bói"), tinha um castelo e era filho de um cientista famoso. Tinham quatro cachorros pequineses, tão especiais e tão engraçadinhos, que, como ela afirmava, "pareciam até gente." "Ah, madame!" — suspirava, o príncipe e a princesa eram nobilíssimos, chiquérrimos, uma parte super integrante do fabuloso grupo do café "tout Paris". No entanto, ninguém levava os cachorros para passear, e eles mijavam por todo o apartamento. Em consequência disso, a residência fedia como uma *poubelle* (lata de lixo). E qual era a reação da princesa? Bem, ela simplesmente pegava qualquer coisa que estivesse à mão – uma das camisas do príncipe, um guardanapo da mesa, uma camisola ou até mesmo um de seus vestidos de seda – para limpar a sujeira.

Em agosto, a princesa e seus cachorros saíram de férias, viajando para a Normandia e deixando o príncipe sozinho em Paris. E isso não foi muito bom, porque ele era *"un peu difficile."* A Cuca Louca lhe preparava um almoço delicioso mas o príncipe só aparecia às 3 horas da tarde, depois de beber *apéritifs* com seus amigos vulgares, num café, a manhã inteira. Queixava-se do preço das batatas. Recusou-se a pagar os quatrocentos francos que devia à velha senhora que costurava seu casaco. E, quando finalmente conseguiu escapar para o castelo, deixou de pagar a previdência social e os dois mil francos que devia à Cuca. Ela ficou arrasada. Mas ele era um *príncipe*. O que ela podia fazer?

Bem, não levou muito tempo para a vizinhança se inteirar do dilema da Cuca Louca. E aí, a horrível verdade foi revelada: o príncipe e a princesa deviam dinheiro a todo mundo da Rue de Bourgnone. *Alors*, todo mundo, desde a senhora da carrocinha de hortaliças, até o *tripier,*[14] os odiavam e erguiam as mãos horrorizados quando alguém pronunciava o nome deles!

Quando o príncipe e a princesa voltaram de suas *vacances*, a situação não melhorou. O príncipe arranjava um pouco de dinheiro e gastava tudo nas corridas de cavalos ou em bebida. A princesa "comprava" um vestido de uma loja de modas importante, usava-o em uma grande ocasião e o devolvia para receber o dinheiro de volta. Era um *scandale!*

Finalmente, a Cuca não aguentou mais e rebelou-se. Ela sugeriu ao príncipe que, se ele não tivesse dinheiro para comprar batatas, ou para pagá-la, devia vender

---

14 Vendedor de tripas (N.T.)

o seu título, ou talvez o castelo, para conseguir equilibrar o orçamento. Ele fingiu não ter ouvido. E quando a princesa a tratou com insensibilidade demasiada, Cuca informou que iria pedir demissão do emprego. Mas não pediu. No final das contas, significava muito para "*les gens*"[15] o fato dela estar trabalhando para um príncipe e uma princesa, mesmo que eles fossem muquiranas e preguiçosos. E eles lhe deviam um bocado de salários atrasados, dos quais ela ainda tinha esperança de receber ao menos uma parte. Achei tudo isso profundamente fascinante.

Um dia, Paul e eu estávamos explorando o parque do Palais Royal, quando demos uma espiada pelas janelas de um lindo restaurante antigo, encolhido num canto sob a colunata em arco, bem no fim do parque. O salão de jantar resplandecia de tantas decorações douradas, o teto pintado, vidro facetado e espelhos, tapetes adornados e finos tecidos. Era chamado de Le Grand Véfour. Sem querer, havíamos encontrado um dos mais famosos e antigos restaurantes parisienses, que vinha funcionando desde mais ou menos 1750. O *maître* notou o nosso interesse e acenou para que entrássemos. Estava perto da hora do almoço e, embora não estivéssemos acostumados com tal elegância, olhamos um para o outro e dissemos: "Por que não?"

Ainda não havia muitos clientes, e fomos levados a sentar em suntuosos bancos semicirculares. O *maître* colocou os menus diante de nós e depois, o garçom encarregado dos vinhos, um especialista de uns cinquenta anos, com uma figura bondosa e imponente, chegou. Apresentou-se com um cumprimento de cabeça: "Monsieur Hénocq". O restaurante começou a encher-se e, durante as próximas duas horas, comemos à vontade, um almoço quase perfeito. A refeição começou com pequenas conchas cheias de vieiras e cogumelos, cobertos com um belo e clássico molho cremoso de vinho. Depois, comemos um maravilhoso pato, queijos e uma saborosa sobremesa, seguidos de café. Quando saímos, radiantes de felicidade, apertamos as mãos de todo mundo e prometemos, quase chorando, que iríamos voltar.

O que ficou mais vividamente gravado em mim, enquanto nos afastávamos andando, foi a bondade com que nos receberam, e o profundo prazer que eu havia experimentado, sentada naquele lindo ambiente. Aqui estávamos nós, dois jovens ob-

---

15 As pessoas (N.T.)

viamente de condições modestas e, no entanto, tínhamos sido tratados com a maior cordialidade, como se fôssemos clientes especiais. O serviço foi rápido e competente e a comida espetacular. O jantar saiu caro, mas, como Paul disse, "fica-se tão hipnotizado por tudo que eles têm, que a gente se sente agradecido quando paga a conta."

Depois disso, passamos a frequentar o Véfour mais ou menos uma vez por mês, especialmente depois que aprendemos como ser convidados para ir lá por amigos ricos que sabiam das coisas. Porque eu era alta e extrovertida e Paul conhecia tanto sobre vinhos e comidas, Monsieur Hénocq e toda a equipe de garçons do Véfour sempre nos davam um tratamento de realeza. E foi lá que vimos pela primeira vez a Grande Dama Colette. A famosa romancista vivia em um apartamento no Palais Royal, e o Véfour mantinha um lugar especial reservado no nome dela em um banco estofado no fundo do salão. Era baixa, de aparência impressionante, quase feroz, e uma massa desgrenhada de cabelos grisalhos. Enquanto desfilava como uma rainha pelo salão, ela evitava nossos olhos, mas observava o que estava no prato de todo mundo, torcendo a boca.

VII. La morte-saison

Os jornais anunciavam que o verão de 1949 era a pior *sécheresse*, ou seca, desde 1909. Os leitos dos rios estavam cheios de pedras, os campos torrados a ponto de ficar dourados, com o capim quebradiço sob os pés. As folhas secavam nas árvores, as colheitas de hortaliças destruídas, as uvas murchavam nas parreiras. Quase sem água para gerar energia hidrelétrica, as pessoas começaram a se preocupar com o preço da comida para o próximo inverno. Não havia ar condicionado.

Nos finais de semana, todo mundo saía da cidade para se refrescar e fazer piquenique num lugar preferido e reservado. Muitos casais usavam bicicletas de dois assentos. Os homens sentavam-se no banco na frente e as mulheres atrás, os dois geralmente vestidos com roupas que combinavam, como *shorts* azuis, camisa vermelha e chapéu branco. Pedalavam furiosamente ao longo das estradas, algumas vezes com um bebê dentro de uma caixa sobre o guidão, ou um cachorrinho dentro de uma caixa, sacudindo-se em cima do paralamas traseiro.

No dia quatro de julho, houve uma recepção para milhares de pessoas na Embaixada Americana, e parecia que todos os americanos de Paris estavam lá, todos falando ao mesmo tempo. Ficamos surpresos ao encontrar cinco pessoas que não sabíamos que estavam morando na cidade, incluindo nossos velhos amigos Alice e Dick, que estavam se comportando de um modo muito estranho. Achei que Alice, principalmente, estava nos esnobando, e não sabia porquê. Talvez estivesse se sentindo mal. Mas aí, ela de repente deixou escapar que detestava os parisienses, que considerava completamente abomináveis, mesquinhos, ambiciosos e nada amistosos. Mal podia esperar para deixar a França, e nunca mais voltar, informou.

As palavras de Alice ainda estavam ecoando aos meus ouvidos na manhã seguinte, quando fui à feira e meu pneu furou, quebrei uma garrafa e esqueci de levar uma cesta para os meus morangos. No entanto, todas as pessoas que encontrei portaram-se de maneira solícita e gentil, e a minha bondosa velhinha da peixaria até me deu uma cabeça de peixe para a Minette, de graça.

Estava pasma e aborrecida por causa de Alice. Ela era alguém que antes eu considerava uma amiga boa e compreensiva, mas já não podia compreendê-la mais. Contrastando com o que sentia por ela, um sentimento de pura felicidade me invadia toda vez que eu olhava pela janela. Cheguei à conclusão de que eu deveria *ser* francesa, só que ninguém jamais me informou deste fato. Eu amava as pessoas, a comida, a localização do país, o clima civilizado e o generoso modo de vida.

Agosto em Paris era um mês conhecido como *la morte-saison*, "a estação morta", porque todo mundo que pudesse tirar férias tirava, o mais rápido possível. A cidade se transformava num grande vazio à medida que as multidões migravam para as montanhas e o litoral, e em consequência disso aconteciam engarrafamentos de trânsito e acidentes. Nossos restaurantes favoritos, a loja de laticínios, o açougueiro, a vendedora de flores, a de jornais e os tintureiros, todos desapareciam durante três semanas. Uma tarde, fui ao Nicolas, a adega de vinhos, fazer compras, e descobri que todo mundo, exceto o entregador, tinha abandonado a cidade. Ele estava tomando conta da loja e, nos intervalos, estudava canto, na esperança de conseguir um papel na ópera. Sentada perto dele estava uma zeladora idosa que, vinte e cinco

Eu à janela da Roo de Loo.

anos antes, tinha sido costureira, trabalhando para um dos grandes estilistas da Place Vendôme. Ela e o entregador ficavam relembrando os anos dourados de Racine e Molière e da Opéra Comique. Fiquei encantada de ter encontrado estes dois. Parecia que, em Paris, se podia discutir literatura clássica, arquitetura ou música erudita com todo mundo, desde o gari até o prefeito.

No dia 15 de agosto, completei trinta e sete anos de vida. Paul comprou para mim o *Larousse Gastronomique*, um livro maravilhoso de 1.087 páginas de pura culinária e alimentação, com milhares de desenhos, dezesseis ilustrações coloridas, toda espécie de definições, receitas, informações, histórias e conhecimento gastronômico. Devorei suas páginas ainda mais depressa e furiosamente do que tinha feito com o livro do Ali-Bab.

Minha vida na França

Nesse ponto, já sabia que minha paixão era a culinária francesa. Não podia deixar de considerá-la a gostosura das gostosuras. Entretanto, meus amigos, tanto franceses como americanos, me achavam maluca: a culinária estava longe de ser um passatempo da classe média e eles não compreendiam como eu poderia achar prazer em fazer todas aquelas compras, cozinhar e servir, tudo sozinha. Mas acontece que eu achava! E Paul me incentivou a não lhes dar ouvidos e a perseguir a minha paixão.

Eu vinha cozinhando com a máxima dedicação na Roo de Loo, mas faltava alguma coisa. Já não era suficiente para mim ficar com água na boca olhando as receitas do *Larousse Gastronomique*, bater papo com Marie des Quatre Saisons ou provar os menus de restaurantes maravilhosos. Eu queria arregaçar as mangas e mergulhar nas receitas da culinária francesa. Mas, como?

Só por curiosidade, dei um pulo na L'École du Cordon Bleu, a famosa escola de culinária de Paris. Lá, *chefs* profissionais ensinavam culinária tradicional francesa a estudantes interessados de todo o mundo. Uma tarde, depois de assistir uma demonstração, saí encantada.

A próxima turma começaria a ter aulas em outubro. Inscrevi-me em um curso intensivo de seis meses, e estalei os lábios, na expectativa do grande dia.

Capítulo 2

Le Cordon Bleu

I. O Chef Bugnard

ÀS NOVE HORAS DA MANHÃ DA TERÇA, 4 de outubro de 1949, cheguei à École du Cordon Bleu sentindo uma fraqueza nos joelhos e espirrando por causa de um resfriado. Foi aí que descobri que tinha me matriculado em um *Année Scolaire* (por um ano letivo), em vez de um curso intensivo de seis semanas. O Année custava 450 dólares, o que era um comprometimento sério. Mas depois de muita discussão sobre o assunto, Paul e eu concordamos que o curso seria essencial para meu bem-estar, e que eu iria em frente.

Minha primeira aula de culinária foi em uma cozinha ensolarada no último andar do prédio. Meus colegas eram uma moça inglesa e uma francesa, mais ou menos da minha idade, nenhuma das quais tinha antes tido qualquer experiência de cozinha. (Para minha grande surpresa, eu havia descoberto que muitas francesas não sabiam cozinhar melhor do que eu, e muitas nem mesmo se interessavam pelo assunto, embora a maioria fosse perita em comer em restaurantes.) Esse curso para "donas de casa" era tão elementar que depois de dois dias percebi que não tinha nada a ver com o que eu tinha em mente.

Sentei-me com a Madame Élizabeth Brassart, a diretora baixa, magra e consideravelmente antipática da escola (ela substituiu Marthe Distel, que tinha administrado a escola durante cinquenta anos), e expliquei que tinha pensado em fazer um curso bem mais rigoroso. Discutimos meu nível de conhecimento de culinária, e suas aulas de *haute cuisine* (culinária profissional avançada), e *moyenne cuisine* (culinária de nível médio). Ela deixou bem claro que não gostava de mim, nem de americanos em geral: "Eles não sabem cozinhar!" disse ela, como se eu não estivesse sentada bem ali na frente dela. Mas, no fim das contas, Madame Brassart decretou que eu não estava à altura de fazer um curso de *haute cuisine*, de seis semanas, só para especialistas, porém poderia fazer o curso de um ano para *"restaurateurs*[16] profissionais" que tinha acabado de começar. O professor era o *chef* Max Bugnard, um profissional do ramo, com anos de experiência.

— *Oui!* — respondi, sem hesitar nem um instante.

Nesse ponto comecei a sentir saudades da minha cunhada, Freddie Child. Tínhamos ficado tão amigas em Washington, que quando diziam: "Aí vêm as gêmeas", estavam se referindo a Freddie e a mim, não a Paul e Charlie. Ela era uma cozinheira excelente, intuitiva, e, para amedrontar nossos maridos, tínhamos dito de brincadeira que íamos abrir um restaurante chamado "Sra. Child e Sra. Child, da Cordon Bleu."

Aprendendo a cortar um frango com o *chef* Bugnard.

---

16 Gerentes ou donos de restaurante (N.T.)

Secretamente, eu levava essa ideia um tanto a sério, e estava tentando convencê-la a ir tomar aulas comigo na Cordon Bleu. Mas ela não queria se afastar do marido e dos três filhos na Pensilvânia. *Eh bien*, então eu iria ter que me virar sozinha.

Acontece que a aula de gerência de restaurantes era composta de onze veteranos da guerra que estavam estudando culinária sob os auspícios da Carta de Direitos dos Militares[17]. Eu nunca soube se a Madame Brassart me matriculou na turma deles para me passar um trote, ou só porque estava tentando me arrancar mais alguns dólares, mas quando entrei na sala os recrutas me fizeram sentir como se eu tivesse invadido o clube do Bolinha deles. Felizmente eu tinha passado a maior parte da guerra em ambientes onde a presença masculina predominava, e não me deixei perturbar nem um pouco pela presença deles.

Os onze veteranos eram muito "veteranos" mesmo, como nos personagens de filmes de guerra: simpáticos, sérios, durões, básicos. A maioria deles tinha trabalhado como cozinheiro no exército durante a guerra, ou em carrocinhas de cachorro-quente nos Estados Unidos, ou seus pais tinham sido padeiros e açougueiros. Eles pareciam querer aprender a cozinhar de verdade, mas só que como se estivessem em uma escola técnica de nível colegial. Viviam expressando ideias de montar campos de golfe com restaurantes ou churrascarias à beira da estrada ou algum outro tipo de negócio em um lugar agradável nos Estados Unidos. Depois de alguns dias juntos na cozinha, nós nos tornamos uma turma entusiasmada, embora, olhando friamente, não houvesse nenhum artista naquele grupo.

Contrastando com a sala ensolarada do curso de cozinha para donas de casa no último andar, as aulas do curso de *restaurateurs* eram no subsolo da Cordon Bleu. A cozinha era de tamanho médio, equipada com duas tábuas compridas de cortar carne, três fogões com quatro bocas cada, seis fornos elétricos pequenos em uma das extremidades, e uma geladeira na outra. Com doze alunos e um professor, o lugar ficava apinhado e quente.

Nosso professor, *chef* Bugnard, era quem fazia tudo aquilo valer a pena. Ele era uma joia de pessoa! De estatura média a pequena, rechonchudo, com óculos de armação redonda e grossa, e um bigode de pontas caídas, Bugnard tinha quase oitenta anos. Tinha passado a maior parte da vida naquele *métier*: começou criança, no restaurante da família, no campo, fazendo vários estágios em bons restaurantes de Paris,

---

17 A Carta de Direitos dos Militares (ou GI Bill em inglês) oferecia estudos vocacionais ou de nível superior aos veteranos da II Guerra, bem como um ano de seguro desemprego (N.T.)

e trabalhando nas cozinhas de vapores transatlânticos, refinando sua técnica sob a orientação do grande Escoffier em Londres, durante três anos. Antes da II Guerra, ele possuía um restaurante, Le Petit Vatel, em Bruxelas. A guerra lhe tirou o Le Petit Vatel, mas ele recebeu um convite para trabalhar na Cordon Bleu feito pela Madame Brassart, e obviamente adorava esse papel de eminência parda que desempenhava lá. E quem não adoraria? Eles lhe permitiam trabalhar em um horário fixo e passar os dias ensinando estudantes que veneravam cada gesto e palavra dele.

Como havia tantas informações novas para assimilar todos os dias, a princípio as aulas foram meio confusas. Nós éramos doze alunos que cortavam legumes, mexiam panelas e faziam perguntas ao mesmo tempo. A maioria dos veteranos tinha dificuldade de acompanhar as explicações em francês de Bugnard, o que me deixou feliz de ter aprendido bem a língua antes de começar a cozinhar. Mesmo assim eu precisava prestar muita atenção e não deixar de fazer perguntas, mesmo que fossem burras, quando não entendia alguma coisa.

Bugnard começou nos ensinando coisas básicas. Começamos fazendo bases para molhos: *soubise, fond brun, demi-glace* e *madère*. Depois, para demonstrar várias técnicas em uma aula, Bugnard preparava uma refeição completa, desde o antepasto até a sobremesa. Então aprendíamos sobre, digamos, como preparar corretamente crudités, um fricassê de vitela, cebolas caramelizadas, *salade verte,* e vários tipos de crepe Suzette. Tudo que cozinhávamos era consumido na escola ou vendido.

Apesar de estar sempre estressado, Bugnard era infinitamente bondoso, um verdadeiro artista, natural, embora discreto, e incansável em dar explicações. Ensinou-nos a fazer tudo "direito", seguindo seus cuidadosos padrões de preparação dos alimentos. Dividia as receitas em etapas, simplificando-as. E fazia isso com uma autoridade silenciosa, insistindo para analisarmos a textura e o sabor completamente:

— Mas gostou do sabor, Madame *Childe?*

Certa manhã, perguntou:

— Quem vai fazer *oeufs brouillés* hoje?

Os veteranos nada responderam, portanto eu me ofereci para executar a tarefa de preparar os ovos mexidos. Bugnard assistiu com toda a atenção enquanto eu batia alguns ovos até o líquido ficar espumoso, esquentava bem a frigideira e colocava nela um pouco de manteiga, que chiou e ficou marrom na hora.

— *Non!* — disse ele, horrorizado, antes que eu pudesse despejar os ovos mexidos na frigideira. — Está fazendo tudo totalmente errado!

Os veteranos arregalaram os olhos.

Com um sorriso, o *chef* Bugnard quebrou dois ovos e acrescentou uma pitada de sal e pimenta.

– Faça assim – ensinou ele, misturando levemente as gemas e claras com um garfo. – Não misture demais.

E depois untou com manteiga o fundo e os lados de uma frigideira, delicadamente acrescentando os ovos. Mantendo o fogo baixo, ele fitava a frigideira com grande atenção. Nada aconteceu. Depois de três minutos intermináveis, os ovos começaram a espessar-se, formando grumos. Mexendo a mistura depressa com o garfo, tirando e recolocando a frigideira sobre a boca do fogão, Bugnard empurrou os grumos com toda a delicadeza uns contra os outros. – Deixem-nos um pouco soltos, é muito importante – instruiu. – Só *agora* podem adicionar manteiga – disse, olhando para mim, com as sobrancelhas erguidas. – Isso vai fazer os ovos pararem de cozinhar, viu? – Concordei, ele colocou os ovos mexidos em um prato, salpicou um pouquinho de salsa em torno deles, e disse: – *Voilà!*

Seus ovos sempre saíam perfeitos, e embora ele devesse ter feito aquele prato milhares de vezes, sempre sentia grande orgulho e prazer ao prepará-lo. Bugnard insistia que se prestasse atenção, se aprendesse a técnica correta, e que a pessoa gostasse de cozinhar:

– Sim, Madame *Chiilde*, divirta-se! – dizia. – Trabalhe com alegria!

Foi uma lição inesquecível. Nenhum prato, nem mesmo o humilde ovo mexido, era difícil para ele.

– A gente nunca se esquece de uma coisa bonita que tenha feito – disse ele. – Mesmo depois de comê-la, ela continua sempre presente em nós.

Fiquei maravilhada com o entusiasmo e a gentileza do Bugnard. E comecei a memorizar essas coisas. Como era a única mulher do subsolo, tomava muito cuidado para demonstrar bom humor e simpatia perto dos "rapazes", mas por dentro mantinha a cabeça fria e me concentrava em absorver tantas informações quanto fosse possível.

À medida que as aulas iam sendo dadas, fui desenvolvendo uma rotina inflexível.

Toda manhã acordava às seis e meia, jogava água no rosto inchado, vestia-me depressa, quase no escuro, e tomava uma lata de suco de tomate. Por volta das seis e cinquenta já estava à porta, e Paul estava começando a acordar. Eu andava sete quarteirões até a garagem, entrava no Blue Flash e subia a rua até a Faubourg Saint-Honoré. Ali encontrava uma vaga e comprava um jornal francês e um americano.

Bebia um café quente, e lia os jornais com um dos olhos e monitorava a rua com o outro, enquanto tomava café com leite e comia *croissants* quentinhos.

Às sete e vinte andava dois quarteirões até a escola e vestia o meu "uniforme", um vestido branco de caimento ruim e um avental de *chef* de cozinha azul com uma toalha de pratos limpa metida no cordão em torno da cintura. Depois escolhia uma faca para descascar legumes e começava a descascar cebolas enquanto batia papo com os veteranos.

Às 7h30 o *chef* Bugnard chegava e todos cozinhávamos apressadamente até às 9h30. Fazia uma compra rápida e corria para casa. Ali voltava a cozinhar outra vez, experimentando fazer pratos relativamente simples, como quiche de queijo, *coquilles* Saint-Jacques e coisas do gênero. Às 12h30 Paul voltava para casa para almoçar, e comíamos juntos, comentando o que tínhamos feito naquele dia. Ele às vezes tirava uma soneca rápida, mas quase sempre atravessava o Sena depressa para apagar o incêndio mais recente na embaixada.

Às 14h30 começavam as aulas de demonstração. Em geral, um *chef* vinha visitar a escola e, auxiliado por dois aprendizes, cozinhava e explicava três ou quatro pratos, demonstrando como fazer, por exemplo, um suflê de queijo, decorar um *galantine de volaille*[18] ou preparar *épinards à la crème* e terminar com uma *charlotte* de maçãs. Os *chefs* da demonstração eram muito profissionais e não perdiam muito tempo "aquecendo" a turma. Começavam exatamente às duas e meia, dando os ingredientes e proporções e nos ensinando a preparar os alimentos passo a passo. Terminávamos às cinco em ponto.

As demonstrações eram em uma sala grande e quadrada com cadeiras dispostas como em um auditório, de frente para uma cozinha de demonstrações em um palco bem-iluminado. Era como um hospital de universidade, onde os internos se sentavam em um anfiteatro para assistir um cirurgião famoso demonstrando como amputar uma perna, ou, no nosso caso, um *chef* de cozinha ensinando como fazer um molho cremoso no palco. Era uma forma eficaz de transmitir um grande volume de informações rapidamente, e os *chefs* demonstravam a técnica e respondiam as perguntas enquanto trabalhavam. As aulas da tarde eram abertas para qualquer um que quisesse pagar trezentos francos para assistir a elas. Portanto, além dos estudantes normais da Cordon Bleu, viam-se no auditório também donas de casa, jovens cozinheiros, gente idosa e um ou dois *gourmets*.

---

18 Galantina, iguaria da culinária francesa, feita de frango, trufas, toucinho, fígado e pistache (N.T.)

Aprendíamos todos os tipos de pratos, *chartreuse* de perdiz (perdizes assadas em uma forma guarnecidas com couve crespa, feijões, e cenouras e nabos cortados à *julienne*); *boeuf bourguignon*[19]; peixinhos *en lorgnette* (um prato muito bonitinho, feito com peixes cuja espinha foi extraída, enrolados até a cabeça e fritos em gordura fervendo; sorvete de chocolate (feito com gemas de ovos); e glacê de bolo (feito com açúcar fervido até ficar viscoso, batido com clara de ovos e depois com manteiga mole e sabores, para obter-se um glacê maravilhosamente espesso).

Todos os professores das demonstrações eram bons, mas dois se destacavam.

Pierre Mangelatte, o *chef* do Restaurant des Artistes, na Rue Lepic, dava aulas maravilhosamente elegantes e emocionantes sobre culinária tradicional: quiches, linguado à *belle meunière*, *pâté en croûte*, truta em *aspic*, *ratatouille*[20], *boeuf en daube*[21], e daí por diante. Suas receitas eram explícitas e eu as considerava fáceis de reproduzir quando experimentei fazer os pratos em casa.

O outro astro das aulas de demonstração era Claude Thilmont, ex-*chef* de confeitaria no Café de Paris, que tinha treinado sob a supervisão da Madame Saint-Ange, autora da obra seminal para o cozinheiro doméstico francês, *La Bonne Cuisine de Madame E. Saint-Ange*. Com grande autoridade, e uma atenção com os detalhes característica dos *chefs* de confeitaria, Thilmont demonstrava como fazer massa folhada, massa de torta, brioches e *croissants*. Mas seu forte mesmo eram as sobremesas especiais: maravilhosas tortas de fruta, bolos em camadas ou quitutes de parar o trânsito como a charlote Malakoff.

Eu me sentia no pleno e puro paraíso dos sabores lá na Cordon Bleu. Como já tinha adquirido conhecimentos básicos sólidos de culinária por conta própria, as aulas funcionavam como catalisadores para novas ideias, e quase imediatamente passei a cozinhar melhor. Antes de ter começado a ter aulas na Cordon Bleu, costumava usar ervas e temperos demais nos pratos. Mas agora estava aprendendo a tradição francesa de extrair os sabores integrais e essenciais dos alimentos, ou seja, como fazer um frango assado ter um sabor verdadeiramente *frangal!*

Quando aprendi a caramelizar cenouras e cebolas ao mesmo tempo em que assava um pombo, e como usar os caldos de legumes concentrados para intensificar o sabor do pombo, foi uma verdadeira revelação. E me senti tão inspirada pela

---

19 Cozido de carne guisada no vinho tinto, preferivelmente o Borgonha (N.T.)
20 Prato provençal feito com berinjela, pimentão e abobrinha (N.T.)
21 Carne de panela com legumes (N.T.)

demonstração vespertina sobre o *boeuf bourguignon* que fui direto para casa e fiz uma réplica deliciosa desse prato que jamais havia comido, modéstia à parte.

Mas nem tudo eram rosas. Madame Brassart tinha colocado alunos demais na classe, e Bugnard não conseguia me dar a atenção individual que eu desejava. Havia horas em que tinha uma pergunta sagaz a fazer, ou alguma coisa que estava me deixando inquieta e simplesmente não tinha como me fazer ouvir. Tudo isso estava produzindo o efeito de me fazer trabalhar ainda com mais afinco.

Eu sempre tinha me contentado em viver a vida como uma borboleta, me divertindo, sem me preocupar com nada neste mundo. Mas na Cordon Bleu e nos mercados e restaurantes de Paris de repente descobri que a culinária era um assunto complexo, multifacetado e fascinante. A melhor forma de descrever a coisa é dizer que me apaixonei pela comida francesa, pelos sabores, pelos processos, pela história, pelas infindáveis variações, a rigorosa disciplina, a criatividade, as pessoas maravilhosas, o equipamento, os rituais.

Jamais tinha levado nada tão a sério na minha vida, com exceção do meu marido e da minha gata. E mal conseguia suportar ficar longe da cozinha.

Como me divertia ali! Que revelação foi isso para mim! Que catástrofe não seria se nosso apartamento da Roo de Loo tivesse um bom cozinheiro ou cozinheira! Como era magnífico descobrir por fim qual era minha vocação na vida!

"A Julia está de fato cozinhando melhor", disse Paul a Charlie em uma carta. "Não acreditava muito que daria certo no início, cá entre nós, mas está mesmo melhor. Está fazendo pratos mais simples, mais clássicos... Invejo-a por ter tido essa oportunidade. Seria tão divertido se pudesse fazer isso junto com ela."

O apoio do meu marido foi fundamental para que eu continuasse a me aprimorar com o mesmo entusiasmo, mas como "Viúvo da Cordon Bleu", ele costumava ficar ao Deus dará. Paul entrou para o Clube Americano de Paris, um grupo de negociantes e funcionários públicos que almoçavam juntos semanalmente. Ali conheceu um engenheiro hidráulico que o apresentou a outro grupo menor de homens americanos que eram aficionados do vinho. Frustrado porque a maioria dos nossos compatriotas não se incomodava em aprender nem uma fração das boas safras francesas, os componentes deste grupo fizeram uma vaquinha entre si e contrataram o Monsieur Pierre Andrieu, um *commandeur* da Confraria dos Cavaleiros du Tastevin[22]

---

22 A *Confrérie* foi fundada em 1934, nos moldes das velhas ordens de cavaleiros, e sua sede é o castelo Clos de Vougeot (N.T.)

(importante grupo de apreciadores dos pratos e vinhos franceses) e autor da *Chronologie Anecdotique du Vignoble Français*, para dar a eles explicações sobre os vinhos de cada região, responder a perguntas enológicas e dar-lhes conselhos sobre como combinar certas safras com certos pratos.

A cada seis semanas, mais ou menos, os homens se reuniam em um restaurante famoso, o Lapérouse, a Rôtisserie de la Reine Pédauque, La Crémaillère, Prunier, para comer bem e beber cinco ou seis vinhos de uma certa região. Ocasionalmente eles saíam, como na vez em que foram ao *château* Clos de Vougeot, na Borgonha, e percorreram todas as caves da Côte d'Or. Paul gostava desse grupo em particular porque não era uma sociedade formal, não havia líder, nem nome, nem funções. Cada refeição custava seis dólares, incluindo vinho, comida e gorjeta, e isso deve ter sido um dos melhores negócios de toda a história da gastronomia.

II. Nunca Peça Desculpas

Por volta de novembro de 1949, as sarjetas estavam repletas de folhas marrons molhadas, o ar havia ficado gelado, e, quando já era tarde demais para que isso ajudasse os pobres fazendeiros vítimas da seca, chovia quase todos os dias. Depois o frio chegou para valer. Felizmente o Paul tinha acabado de comprar um novo aquecedor a gás para nossa casa. Ligávamos o aquecedor no máximo e nos sentávamos praticamente em cima dele para nos aquecermos no nosso *salon* maluco, como se fôssemos um casal de monarcas congelados.

Paris estava explodindo de tantas mostras, exposições e feiras de todos os tipos imagináveis, o Salon d'Automne, o salão do Automóvel, o Balé Russo, a Feira de Artes, a mostra de Frutas e Flores, e daí por diante. Thérèse Asche e eu demos um passeio pela mostra anual de arte no Palais de Chaillot, e depois de quarenta minutos andando naquele piso de cimento, percorrendo as galerias cheias de correntes de ar, nossos lábios já estavam azulados e nossos dentes estavam batendo. Saímos correndo de lá e fomos tomar uns *drinks* para nos descongelar.

Depois a Hélène Baltru reforçou nossas suspeitas de que o frio úmido de Paris congelava as pessoas literalmente até os ossos. Durante a ocupação alemã, segundo ela disse, os parisienses classificavam assim o seu desconforto: a primeira e a mais desconfortável coisa era a Gestapo; em segundo lugar, vinha o frio; depois, a fome constante.

A história que Hélène contou sobre a época da guerra me fez pensar sobre os franceses e sua fome profunda, algo que parecia estar se escondendo por trás do seu amor pela culinária como arte e pelo ato de cozinhar como "esporte". Perguntei-me se aquela mania de gastronomia dos franceses não teria raízes, em vez da luz solar da arte, nas profundas trevas das privações que a França tinha sofrido ao longo dos séculos.

Paul e eu não passávamos fome, mas estávamos economizando para os meses seguintes. Depois de eu ter escrito duas cartas politicamente provocadoras ao meu pai, ele não havia respondido. Em vez disso, tinha depositado quinhentos dólares no banco, para que eu pudesse comprar agasalhos decentes para o inverno. Isso causou um dilema. Fiquei grata pela ajuda dele, é claro, mas será que devia mesmo aceitar o dinheiro? Acabei aceitando. Só que quando o papai se ofereceu para ajudar a lançar o Paul "no mercado em grande estilo" nós recusamos com educação, porém com firmeza.

No dia 3 de novembro de 1949, fez um ano que tínhamos vindo morar em Paris. Naquele dia caiu uma tempestade tremenda, exatamente como tinha caído um ano antes. Mas para mim o ano tinha sido frutífero. A personalidade de Paul tinha se desenvolvido, ele tinha conseguido aprender mais, embora não ganhasse muito, e tinha continuado a expandir e refinar sua visão artística. Eu tinha aprendido a falar francês com certo sucesso, embora não fosse fluente ainda, e estava progredindo na cozinha. A brandura, generosidade, educação, bondade e humanidade dos franceses haviam me mostrado como a vida podia ser bela se as pessoas se propuserem a ser amistosas.

Porém, estava me sentindo incomodada com a falta de desenvolvimento emocional e intelectual. Não era tão rápida e desenvolta na comunicação como gostaria de ser. Isso ficou óbvio na noite em que jantamos com nossos amigos americanos Winnie e Ed Riley. Winnie era uma pessoa naturalmente calorosa; Ed era atraente de um jeito rústico, um empresário bem-sucedido que tinha opiniões bastante conservadoras. Quando começamos a discutir sobre a economia global, meti os pés pelas mãos e terminei me sentindo confusa e defensiva. Sob pressão de Ed, revelei que minhas "posições" sobre questões importantes, como "Será que o Plano Marshall está mesmo revivendo a França? Deveria mesmo existir uma

Paris no tempo frio.

União Europeia? Será que o socialismo vai vingar na Grã-Bretanha?" eram mais emoções disfarçadas de ideias. E isso eu não podia admitir!

Depois de refletir sobre o assunto, decidi que tinha três pontos fracos principais: era confusa (o que se evidenciava por uma ausência de apresentação de fatos, incapacidade de coordenar meus pensamentos e de verbalizar minhas ideias); não era autoconfiante, o que me fazia recuar diante de opiniões expostas de maneira categórica; e em vez de apresentar as ideias de forma cuidadosa e "científica" eu me comportava de forma evidentemente emocional. Com 37 anos, ainda estava descobrindo quem eu era.

Certo dia, minha irmã e eu estávamos praticando como falar francês sem sotaque ao telefone, para ninguém poder adivinhar que éramos nós. Dort apertou as narinas com o polegar e o indicador e, numa voz bem fininha e alta disse: "Oui, oui, J'ÉCOUTE!", exatamente como os franceses sempre faziam. Minette, que estava dormindo em um vaso de flores, de repente saiu correndo, pulou no colo de Dort, e lhe mordiscou de leve a mão. Achamos isso um barato, portanto experimentei dizer: "Oui, oui, J'ÉCOUTE!" e obtive a mesma reação fantástica da Mini. Houve mais risadas, mais "J'ÉCOUTE" e mais mordidinhas carinhosas. A nossa entonação altíssima é que devia ter despertado na gata aquela reação carinhosa.

Dort tinha feito amizades bem depressa na comunidade dos expatriados, e conseguiu emprego no escritório do Clube de Teatro Americano de Paris. Era uma trupe amadora, cuja empresária era uma mulher durona de Nova York. Eles se apresentavam no Théâtre Monceau, onde cabiam 150 espectadores. Como os atores eram bastante sensíveis e emocionais, Dort encarava muitas situações estressantes, bem como um expediente longo e um salário baixo. Paul não gostava da trupe, porque os componentes tinham mania de aparecer na Roo de Loo tarde da noite, fazendo um barulhão e bebendo rios de bebidas alcoólicas.

Dort, porém, continuou a nos surpreender e divertir. Certa noite, sua amiga Annie apareceu no nosso apartamento com jeito de estar muito nervosa.

— Eu estava no metrô quando um homem chegou perto de mim e me beliscou o traseiro — disse ela. — Eu não sabia o que fazer. O que você faria?

— Eu diria: *"PardonNEZ, m'sieur!"* — sugeriu o Paul.

— Eu lhe daria um chute no saco — disse o namorado da Annie, o Peter.

E Dort também deu um palpite:

— Eu diria, *"Pardonnez, m'sieur"*, e depois eu lhe dava um chute no saco!

Um dia, minha irmã estava dirigindo seu Citroën pela Place de la Concorde quando um francês bateu no seu para-choques. Não foi lá uma batida feia, e o homem fugiu sem nem ver se tinha causado algum prejuízo. Dort ficou furiosa com aquela falta de consideração do sujeito. Piscando os faróis, buzinando, acelerando o motor e cantando os pneus, ela o perseguiu. Finalmente, depois de dez quarteirões, conseguiu encurralar o homem em frente a um *flic* (policial). Ela ficou de pé, com o tronco aparecendo através do teto solar do Citroën, que tinha aberto, com quase um metro e noventa, faces afogueadas, e apontou com o dedo trêmulo para o culpado e, indignada ao extremo, gritou: *"Ce merde monsieur a justement craché dans ma derrière!"* Era óbvio o que ela estava querendo dizer, mas o que disse mesmo foi: "Aquele merda acabou de cuspir dentro da minha bunda!"

Paul adorava vinho mas, sendo um artista pobre na década de 1920, não tinha ainda conseguido comprar o que havia de melhor. Agora tinha descoberto o comerciante de vinhos Nicolas, que tinha acesso a uma seleção de safras extraordinariamente ampla e profunda, algumas das quais tinham sido enterradas durante a guerra, escondidas dos odiados boches. Nicolas tinha colocado um cartaz na sua loja, com uma advertência severa: "Devido à raridade dos vinhos desta lista, aceitamos pedidos apenas para uso imediato, e não para estocar em uma cave. Reduziremos a quantidade nos pedidos que acharmos excessivos." Nicolas classificava suas safras de "muito boas" (tais como uma garrafa de Clos-Haut-Peyraguey de 1926, por 400 francos), "ótimas" (uma garrafa de 1928 de La Mission Haut-Brion, por 600 francos), e "excelentes" (uma garrafa de 1929 de Chambertin Clos de Bèze, por 700 francos). Achei engraçadas as observações adicionais do Nicolas sobre "garrafas excepcionais" (um Château La Lagune de 1899 por 800 francos) e *bouteilles prestigieuses* (um Mouton Rothschild 1870, por mil e quinhentos francos). O próprio Nicolas entregava as melhores garrafas em uma cesta uma hora antes de se servir o vinho.

Paul admirava essa atenção para com os detalhes. Um organizador inveterado ele mesmo, usava as listas do Nicolas como modelo para criar suas próprias cartas de vinhos rebuscadas, suas safras e preços, que ele e seus amigos estudavam durante horas.

Lá pelo final de novembro, fiquei chocada ao perceber que já estava estudando na Cordon Bleu fazia sete meses. Estava me divertindo tanto lá que o tempo tinha voado, parecendo que tinham sido apenas alguns dias. A essa altura eu era capaz de preparar uma boa torta e fazer uma pizza inteira, desde um monte de farinha até tirá-la do forno quente e pronta para servir, em trinta minutos, cravados. Mas quanto mais se aprende, mais se percebe o quanto há ainda para se aprender, e eu me sentia como se tivesse acabado de pôr o pé na cozinha. Que tragédia teria sido se eu tivesse preferido o meu plano anterior de fazer um curso intensivo de seis semanas! Não teria aprendido praticamente nada.

Uma das melhores lições que tive lá foi como fazer as coisas de maneira simples. Por exemplo, vitela assada. Sob a orientação do *chef* Bugnard, simplesmente temperava a vitela com sal e pimenta, envolvia-a em uma fina camada de bacon, acrescentava cenouras e cebolas cortadas em tiras finas *(julienne)* à panela, com uma colher de manteiga por cima, e regava a carne com caldo como se estivesse sendo assada no forno. Não podia ser mais simples. Quando terminava de assar a vitela, tirava a gordura do líquido, acrescentava um pouco de caldo de carne, um tanto de manteiga, um pouquinho de água, e reduzia o molho durante alguns minutos; depois passava o molho na peneira e o despejava sobre a carne. O resultado: uma refeição absolutamente sublime.

Aquilo me dava um grande senso de realização derivado de ter aprendido como cozinhar um prato delicioso e ser capaz de reproduzi-lo exatamente do jeito que eu gostava, sempre, sem ter que consultar um livro ou pensar demais.

O *chef* Bugnard era maravilhoso nos molhos, e um dos preferidos entre os que aprendi foi o linguado à moda normanda. Coloque 250g de filés de linguado em uma panela untada com manteiga, deixe as espinhas do peixe para cima, salpique com sal e pimenta e chalota picada. Encha a panela com líquido apenas o suficiente para cobrir os filés, metade vinho branco, metade água, além de caldo de mexilhões e ostras. Escalfar durante algum tempo. Quando terminar de cozinhar os filés, mantenha-os quentes enquanto faz um creme para engrossar o caldo, com farinha e manteiga. Acrescente metade do líquido da cozedura e esquente. Reduza o resto do líquido a quase nada, mais ou menos um terço de xícara. Acrescente o líquido reduzido ao molho e mexa enquanto ainda no fogo. Depois vem o toque de gênio do Bugnard: retire a panela do fogo e acrescente uma xícara de creme de leite e três gemas de ovo, mexendo sempre; em seguida, mais 280g de manteiga. Eu nunca tinha ouvido falar de alguém que tivesse acrescentado gemas de ovo, mexendo-as, a um molho tão comum, mas que diferença enorme elas fizeram!

Ai, *crise de foie*[23], mas como ficou gostoso aquele linguado francês!

Uma vez por semana, a maior parte dos *quartiers* de Paris ficava no escuro durante algumas horas. Paul e eu tínhamos sorte de morar perto da Câmara dos Deputados, e portanto sermos poupados dos apagões por algum tipo de dispensa política especial. Mas na maioria das quartas-feiras, não havia energia elétrica no quarteirão da Cordon Bleu. Essas quartas sem energia obrigavam o *chef* Bugnard a ser criativo durante nossas aulas. Em geral ele nos levava a feiras e mercados, uma experiência que deveria, por si só, ser objeto de um curso de graduação.

Na verdade, comprar alimentos em Paris era uma experiência revolucionária na minha vida. Era através de excursões diárias a minha feira local na Rue de Bourgogne ou na maior, da Rue Cler, ou, melhor de tudo, no caos organizado do Les Halles, o famoso mercado no centro de Paris, que aprendi uma das lições mais importantes da minha vida: o valor das relações humanas.

Os franceses são muito sensíveis à dinâmica pessoal, e acreditam que é preciso ser digno das recompensas. Se um turista chegar perto de uma barraca de comida pensando que vai ser enganado, o vendedor vai perceber e se sentir na obrigação de enganá-lo. Mas se um francês perceber que um visitante ficou encantado ao entrar na sua loja, e está genuinamente interessado no que está à venda, vai se abrir como uma flor. Os comerciantes parisienses insistiam que eu interagisse pessoalmente com eles: se não estivesse disposta a perder tempo conhecendo-os e conhecendo suas mercadorias, então não iria levar para casa os legumes mais frescos nem a melhor carne na minha sacola. Eles certamente me obrigavam a ter trabalho para compor meu jantar, mas os jantares eram um espetáculo!

Numa certa quarta-feira, o *chef* Bugnard nos levou ao Les Halles para procurar provisões para as aulas seguintes: fígado, frangos, carne, legumes e violetas açucaradas. Passamos através de um maravilhoso conjunto de prédios os mais variados, cada qual cheio de bancas de alimentos e vendedores de equipamentos para cozinha. Era possível encontrar praticamente qualquer coisa do mundo ali. Enquanto nos desviávamos de coelhos recém-abatidos e pés de porco, ou homenzarrões abrindo engradados de mexilhões preto-azulados e brilhantes e mulheres enérgi-

---

23 Literalmente "crise de fígado", quer dizer que o peixe estava tão bom que a pessoa pode exagerar e comer demais (N.T.)

cas anunciando seus maravilhosos cogumelos, eu avidamente anotava quem estava vendendo o quê e onde ficavam as bancas, preocupada por nunca ser capaz de encontrá-las de novo naquele labirinto barulhento.

Por fim, chegamos à Dehillerin. Fiquei deslumbrada. A Dehillerin era a melhor loja de equipamentos de cozinha do mundo, um estabelecimento de suprimentos para restaurantes com um sem número de maravilhosas geringonças, ferramentas, implementos e quinquilharias, chaleiras de cobre imensas e brilhantes, *turbotières*[24], panelas para escalfar peixes e frangos, frigideiras de formatos excêntricos, colherinhas de pau minúsculas e gigantescas espátulas para misturar ingredientes, cestas para salada tamanho família, todos os formatos e tamanhos de facas, cutelos, formas, travessas, batedores, bacias, espátulas para passar manteiga, e espremedores mastodônticos.

Vendo o brilho de obsessão nos meus olhos, o *chef* Bugnard me levou para um canto e me apresentou ao dono, Monsieur Dehillerin. Fiz-lhe toda espécie de perguntas, e em questão de alguns minutos nos tornamos amigos. Ele até me emprestou dinheiro uma vez, quando fiquei sem um tostão furado depois das compras no Les Halles e os bancos todos já haviam fechado. Ele sabia que eu ia lhe devolver o dinheiro, pois era uma de suas freguesas mais assíduas. Eu havia me transformado em uma fanática por facas, frigideiras, geringonças e principalmente por cobre!

"Todos os tipos de gostosuras estão saltando das pontas dos dedos [da Julia] como se fossem fagulhas de um fogo de artifício giratório", gabou-se o Paul para o Charlie. "Uma noite dessas, para alguns convidados, ela experimentou fazer uma sobremesa que tinha visto numa demonstração... uma espécie de pudim de pão francês... que saiu bem gostosa..."

Apesar das críticas favoráveis aos meus pratos, continuei bem longe de ser uma mestra da culinária. Isso ficou bem claro no dia em que convidei minha amiga Winnie para o almoço e consegui lhe servir os ovos florentinos mais horríveis que era possível imaginar fora da Inglaterra. Creio que eu estava autoconfiante demais, e em vez de medir a farinha, calculei mais ou menos as proporções, e o resultado foi um molho Mornay pegajoso. Incapaz de encontrar espinafre no mercado, eu tinha comprado chicória para substituí-lo; e também ficou horrorosa. Comemos

---

24 Grandes panelas para se cozinhar inteiro o turbot, ou rodovalho, uma espécie de linguado, uma vez que tem o formato do peixe (N.T.)

aquele almoço apenas por educação, a duras penas, e evitamos falar do sabor. Fiz de tudo para não me desculpar pelo meu erro. Essa era uma regra minha.

Não acredito que se deva ficar pedindo desculpas e dando explicações sobre a comida feita. Quando a anfitriã de alguém começa a se autodepreciar, dizendo coisas como "Ai, eu não sei cozinhar...", ou "coitadinha de mim..." ou "Isso deve estar horrível...", é uma chatice se sentir na obrigação de tranquilizá-la dizendo que está tudo bem, uma gostosura, quando não está. Além do mais, essas admissões só atraem a atenção para as falhas cometidas (ou imaginadas) pela pessoa, e fazem o convidado pensar: "É, tem razão, essa comida está mesmo um horror! Quem sabe o gato não caiu no cozido... ou a alface estava congelada, ou o bolo ficou encruado... *eh bien, tant pis!*[25]

Em geral a comida da gente é melhor do que pensamos que é. E se sair ruim, como meu sucedâneo de ovos florentinos certamente saíram, então o cozinheiro precisa simplesmente cerrar os dentes e aturar tudo com um sorriso... aprendendo com os equívocos cometidos.

III. A Cientista Maluca

No final de 1949, os jornais nos informaram de que uma coisa chamada "televisão" estava varrendo os Estados Unidos como uma tempestade de granizo. As pessoas em todo o país, diziam os jornais, estavam construindo "salas de recreação com tevê", completas, com bares embutidos na parede e bancos de plástico para se sentar e assistir a essa nova caixa mágica durante horas. Até mesmo diziam que havia televisões em ônibus e bondes, e anúncios transmitidos por tevê em todas as estações de metrô. Isso era difícil de imaginar. Pelo que sabíamos, não existia televisão em Paris; nós estávamos achando complicado encontrar música decente no rádio (a maioria das estações tocava coisas contemporâneas, que pareciam música de fundo para as charnecas do filme *O Cão dos Baskervilles*).

Quando lemos um artigo sobre os efeitos apavorantes da tevê sobre a vida doméstica americana, perguntamos a Charlie e Freddie se eles já haviam comprado

---

25 Que se há de fazer, é uma pena! (N.T.)

uma televisão, ou se conheciam alguém que tinha comprado. Foram duas respostas negativas. Será que nossas sobrinhas e nosso sobrinho estavam se sentindo relegados por não terem esse aparelho?

"Por enquanto não..."

Em meados de dezembro, Paul escreveu para o seu irmão gêmeo:

Ver Julie diante do fogão cheio de panelas com água fervendo, fritando e cozinhando alimentos em fogo brando é, para mim, tão fascinante quanto assistir à apresentação de um timpanista da Sinfônica. (Se eu não me sentar e assistir fico sem ver a Julie um tempão...) Tente imaginar o seguinte: Julie, com um avental de brim azul, uma toalha de pratos metida no cinto, uma colher em cada mão, mexendo duas panelas ao mesmo tempo. Campainhas de alarmes soam como os sinais de um maestro, e um vapor com cheiro de alho satura o ar com um leitmotiv odorífero. A porta do forno se abre e se fecha tão depressa que mal se nota a destreza com que ela brandiu uma colher, a qual, mergulhada em uma caçarola e levada à boca, serviu para verificar o sabor, como uma batida perfeitamente sincronizada nos tambores. Ela está ali de pé cercada por uma bateria de instrumentos, ostentando um ar de autoconfiança e autoridade...

Está se tornando uma especialista em depenar, escorchar e desossar animais. É maravilhoso vê-la arrancando as entranhas de um frango através de um buraquinho no pescoço dele, e depois, partindo do mesmo orifício minúsculo, soltando a pele da carne para meter sob ela uma infinidade de manchas de leopardo feitas de trufas. Ou observá-la remover todos os ossos de um ganso sem romper a pele. E devia ver como [ela] escorcha uma lebre selvagem... Parece até uma pioneira com uma faca de caça na mão.

Paul pegou a mania de chamar o frango de minha "águia alquímica", e me apelidou de "Jackdaw Julie", aquele bicho ligeiramente maluco que coleciona todo tipo de tranqueira para colocar no seu ninho[26]. O fato é que eu andava indo de vez em quando à Dehillerin para estocar todo tipo de artefatos e máquinas para culinária. Agora nossa cozinha tinha facas suficientes para encher um navio pirata. Tínhamos panelas de cobre e estanho, panelas esmaltadas, panelas de barro, porcelana e terracota. Também tínhamos hastes de medição, balanças, termômetros, cronômetros, abridores, frascos, caixas, sacos, pesos, raladores, rolos de massa, tá-

---

26 *Jackdaw* é a gralha de nuca cinzenta, um pássaro europeu (N.T.)

buas de mármore e extratores exóticos. De um lado da cozinha, enfileirados como soldados gordos, estavam sete ânforas de óleo estilo Ali Babá, cheias de molhos básicos. Do outro lado estavam medidas, de um litro, meio-litro, quarto de litro, decilitros e meios decilitros, penduradas em ganchos. Enfiadas em torno de tudo estavam minhas ferramentas especiais: um tacho de cobre, longas agulhas para regar assados; um implemento de casca de tartaruga oval usado para raspar tamis[27]; uma peneira cônica para peneiramento fino, chamada *chinois*; pequenas frigideiras usadas só para crepes; anéis para formas de torta; espátulas para mexer esculpidas em madeira de bordo; e inúmeras tampas de panelas de cobre pesadas com longos pegadores de ferro. Minha cozinha positivamente brilhava, tantos eram os utensílios. Mas eu nunca achava que tinha o suficiente.

Certo domingo fomos ao Marché aux Puces, o famoso Mercado das Pulgas nos subúrbios de Paris, em busca de algo especial: um pilão grande, usado para preparar aqueles lindos e levíssimos *quenelles de brochet* (um bolinho bastante trabalhoso feito cortando-se filés de peixe, moendo-se os filés no pilão, e passando-os pela peneira de seda, depois batendo tudo em uma tigela juntamente com ovos). O Marché aux Puces era um mercado imenso, ocupando uma área enorme, onde se podia comprar qualquer coisa. Depois de várias horas procurando em becos escuros entre barracos em cantos distantes, consegui, por meio de um instinto especial de *chien-de-cuisine*[28], encontrar o tão cobiçado objeto. O pilão era de mármore cinza-escuro, mais ou menos do tamanho de uma pia batismal, e também pesava tanto quanto uma. O almofariz parecia uma clava medieval, feito de um galho de macieira silvestre cortado a machado. Paul olhou para mim como se eu estivesse maluca. Mas sabia quando eu cismava com algo especial, e dando de ombros e sorrindo, tirou a carteira do bolso. Depois deu um profundo suspiro, agachou-se e, usando toda a força e engenhosidade de que dispunha, ergueu minha aquisição para levá-la no ombro. Cambaleou de volta ao Flash com os joelhos trêmulos e os pulmões doendo, percorrendo quilômetros de corredores estreitos, apinhados, infestados de pulgas. Quando colocou o pilão no carro, o velho Flash literalmente arriou e chiou.

---

27 Peneira de seda (N.T.)
28 Cão de cozinha (N.T.)

Minha vida na França

Paul ficou orgulhoso, e com razão, do seu "trabalho escravo", e, uma semana depois, foi recompensado provando meus primeiros *quenelles de brochet*, colheradas delicadas e leves como pluma que tinham sido cozidas em um caldo bem temperado. Servidos com um delicioso molho cremoso, foi um sucesso total. Apesar de sua cuidadosa atenção com sua dieta, Paul literalmente devorou os *quenelles*.

Eu estava mesmo começando a engrenar naquela fase. Durante um período de seis semanas, fiz os seguintes pratos: *terrine* de coelho de Garenne, *quiche Lorraine, galantine de volaille,* nhoque florentino, *vol-au-vent financière,* chucrute *garni à l'Alsacienne,* creme chantili, charlote de maçã, suflê Grand Marnier, risoto de frutos do mar, *coquilles Saint-Jacques, merlan en lorgnette*[29]*, rouget au safron*[30]*,* frango à Marengo, *canard à l'orange,* e *turbot farci braisé au champagne.*[31]

Ufa!

O cinto preferido do Paul era um velho, de couro, que tinha comprado na Ásia durante a guerra. Em agosto estava no segundo buraco, e ele pesava 86 quilos, o que era para ele um recorde em termos de peso. Com grande dificuldade ele se obrigou a não consumir tantos carboidratos, e, principalmente, não tomar tanto álcool. Também começou a frequentar aulas de ginástica, onde jogava bolas medicinais pesadas com homens que tinham a metade da idade dele. Por volta de dezembro ele já estava afivelando o cinto no quinto buraco, o que indicou que ele, agora esbelto, pesava 77 quilos. Eu admirava sua autodisciplina. Contudo, apesar de sua robustez, Paul costumava ter problemas de saúde. Alguns desses problemas, tal como seu estômago sensível, resultaram de disenteria causada por ameba, na guerra; outros eram resultado do seu nervosismo. (Seu irmão nunca tinha feito nenhum exame médico, porque achava que Paul é que iria ter todas as preocupações e doenças; e com efeito, Charlie dificilmente adoecia).

Quando pequenos, Paul e Charlie costumavam lutar um com o outro, correr, subir muros íngremes e em geral sempre tentavam superar-se mutuamente em seus feitos. Nos momentos mais tranquilos, os gêmeos inventavam jogos com qualquer coisa que estivesse largada pela casa. Um dos seus prediletos era o jogo de "costurar", no qual usavam agulha e linha de verdade. Um dia, quando eles ti-

---

[29] Badejo frito com arroz (N.T.)
[30] Salmonete vermelho ao açafrão (N.T.)
[31] Rodovalho recheado e cozido no champanhe (N.T.)

nham sete anos, Charlie estava costurando e Paul inclinou-se sobre o seu ombro para ver o que o irmão estava fazendo. Exatamente neste momento a agulha que Charlie segurava subiu e entrou direto no olho esquerdo do Paul. Foi um acidente horrível. Paul precisou usar um tapa-olho durante um ano, e ficou cego daquele olho. Mas nunca reclamou dessa deficiência, era capaz de dirigir perfeitamente um carro, e aprendeu a pintar tão bem que virou professor de perspectiva.

No fim do ano, fomos passar o Natal na Inglaterra! Hospedamo-nos na casa de nossos amigos, os Bicknell, em Cambridge. Peter era formado em arquitetura por Cambridge, montanhista e um indivíduo adorável com um bigode imenso; Mari era boa cozinheira, tinha estudado balé na Sadler's Wells, e agora ensinava balé para crianças; eles tinham quatro filhos, e adoravam comida francesa. Comemos um banquete pré-natalino na cozinha, todos juntos, sendo que no cardápio havia linguado *bonne femme,* suflê Grande Marnier, e ótimos vinhos, incluindo um Château d'Yquem 1929, com o suflê.

Dali fomos até a nossa velha e querida Londres, onde caminhamos pela cidade inteira, comendo em vários lugares diferentes, e finalmente até a fazenda de um amigo em Hereford. A zona rural era poética, repleta de árvores, vacas, sebes e choupanas com telhados de palha tão maravilhosos que senti o impulso de ler Wordsworth. Mas a comida popular era tão horrorosa quanto nossos amigos franceses haviam nos avisado que seria.

Certa noite paramos em uma estalagem encantadora no estilo Tudor, onde nos serviram frango cozido, com peninhas ainda grudadas na pele, parcialmente coberto com um molho branco tipicamente inglês. Ahá! Por fim eu iria provar o famoso molho que os franceses falavam de forma tão chauvinista. O molho era feito de farinha e água (nem mesmo caldo de galinha) e não tinha quase nenhum sal. Simplesmente horroroso, mas foi uma maravilhosa experiência do ponto de vista cultural.

Admirava imensamente os ingleses por tudo que tinham suportado, e certamente era um povo admirável, parando os carros para os pedestres passarem, e chamando todos de *sir* e *madam*, e daí por diante. Mas depois de uma semana ali, comecei a me sentir meio alvoroçada. Eram aqueles rubicundos rostos ingleses, excessivamente refreados pelo dever, o senso de "o que já está feito" e "o que ainda não foi feito", e sempre tomando chá e tagarelando, que me faziam sentir vontade de gritar histericamente. Jamais sentiria saudades desse Velho Torrão tangendo as cordas das minhas tripas.

Minha mãe, Caro, comigo e John.

De certa forma, sentia que entendia intuitivamente a Inglaterra, porque ela me recordava as visitas aos meus parentes em Massachusetts, os quais eram bem mais formais e conformistas do que eu.

Minha mãe, Julia Carolyn Weston (Caro) era um dos dez filhos (três dos quais morreram) criados em uma área próspera de Dalton, Massachusetts. As raízes dos Weston vinham da Inglaterra do século onze, e eles tinham morado na Colônia de Plymouth. O pai da minha mãe tinha fundado a Weston Paper Company de Dalton, era um líder no oeste de Massachusetts, e tinha sido vice-governador do estado.

A família do meu pai era de origem escocesa. Seu pai, também chamado John McWilliams, vinha de uma família de fazendeiros perto de Chicago. Ele tinha saído da fazenda aos 16 anos para ir garimpar na Califórnia durante a era das carroças. Investiu nos direitos à exploração de minérios em seus terrenos da Califória e nos arrozais do Arkansas, e foi morar em Pasadena na década de 1890. Viveu até os 93 anos. Sua esposa, a vovó McWilliams, era uma excelente cozinheira que fazia um frango assado maravilhoso e uns *donuts* divinos. Era do interior do estado de Illinois, e na década de 1880 sua família tinha uma cozinheira francesa, algo que era relativamente comum na época.

Minha mãe estudou na turma de 1900 do Smith, onde era capitã do time de basquete, e conhecida por seus cabelos ruivos desgrenhados, opiniões francas e senso de humor. Meu pai, alto, reservado e atlético, formou-se na turma de 1901, em Princeton, onde estudou história. Meus pais conheceram-se em Chicago em 1903, e depois de se casarem em 1911, foram morar em Pasadena, onde meu pai assumiu a corretora de imóveis do pai dele. Eu nasci em 15 de agosto de 1912, meu irmão, John McWilliams III, nasceu em 1914; e Dorothy nasceu em 1917. Quando crianças, ocasionalmente viajávamos para o leste, para visitar nossas muitas tias, tios e primos em Dalton e Pittsfield, Massachusetts, onde descobri nossas raízes da Nova Inglaterra.

Matricularam-me no Smith College ao nascer, e terminei me formando lá em 1934, em História. Meus pais, um tanto medíocres, não eram intelectuais sob nenhum aspecto, e eu não tive contato com gente intelectual durante a guerra. No Smith participei de peças teatrais, escrevi um pouco de ficção e joguei basquete. Mas era puramente romântica, e só funcionava com metade da força total; passei a maior parte do tempo em que estudei lá só crescendo. Foi durante a Lei Seca e no último ano da faculdade que um grupo de alunos entrou no meu carro e fomos até um bar clandestino em Holyoke. Aquilo nos pareceu perigoso e perverso. O bar ficava no último andar de um armazém, e sabe-se lá que tipo de pessoas encontraríamos lá? Mas todos nos receberam muitíssimo bem, nós bebemos um pouco de tudo, e na hora de voltar para casa a maioria de nós estava botando os bofes para fora. Foi uma coisa extremamente empolgante!

    Meu plano para depois da formatura era me tornar uma famosa romancista. Mudei-me para Nova York, passando a dividir um apartamento minúsculo com outras moças sob o Viaduto Queensboro. Mas quando não encontrei emprego na *Time*, na *Newsweek* nem no *The New Yorker* não sei por quê fui trabalhar no departamento de propaganda da loja de móveis W. & J. Sloane. A princípio gostei de lá, mas só estava ganhando 25 dólares por semana e morando em condições precárias, comparáveis às de um acampamento. Em 1937 voltei a Pasadena para ajudar minha mãe que estava adoentada. Dois meses depois ela morreu, de pressão alta, e tinha apenas 60 anos.

    Eu tomava conta da casa para o meu pai, fazia um pouco de trabalho voluntário para a Cruz Vermelha, e sentia-me como se estivesse ao Deus-dará. Sabia que não queria me tornar uma dona de casa comum, nem uma mulher dessas que só pensa em trabalhar fora, mas também não sabia o que queria fazer. Felizmente a Dort tinha acabado de voltar para casa de Bennington, portanto, enquanto ela tomava conta do papai, fui para leste, para Washington, capital, onde tinha amigos. Foi aí que começou a guerra, e eu quis fazer alguma coisa para ajudar meu país num momento de crise. Era alta demais para entrar no WAC ou WAVE[32], mas acabei entrando no escritório de Serviços Estratégicos (OSS)[33] e passei a arriscar o pescoço, procurando aventuras.

    Às vezes expressava abertamente minhas emoções, mas tinha sorte de ter o tipo de cabeça organizada boa para categorizar as coisas. Depois de trabalhar em uma unidade de emergência aérea e marítima (lá desenvolvemos um sistema de sinalização com espelhos para pilotos abatidos e tínhamos um departamento de experimentos onde se "espremiam peixes"[34], e onde criamos um repelente para tubarões), manda-

---

32 Corpo Feminino do Exército e da Marinha, respectivamente (N.T.)
33 O Serviço Secreto do tempo da guerra, que mais tarde se transformou na CIA (N.T.)
34 Uma experiência feita no departamento, onde se extraía a água de peixes para que os sobreviventes de um naufrágio pudessem hidratar-se (N.T.)

Minha vida na França

Charlie e Paul.

ram-me para o Ceilão, como chefe do Protocolo, onde eu cuidava do arquivamento e processava material altamente secreto entregue pelos nossos agentes.

Quanto a Paul, ele, Charlie e a irmã dos dois, a Meeda, que era dois anos mais velha que os gêmeos, se criaram em Brookline, Massachusetts, na área rural ao redor de Boston. O pai deles, Charles Tripler Child, era engenheiro elétrico e morreu de febre tifóide em 1902, quando os meninos tinham apenas seis meses. A mãe deles, Bertha Cushing Child, era cantora profissional, teosofista e vegetariana. Naquela época, as viúvas tinham poucas oportunidades de encontrar trabalho decente, mas ela era bela, tinha cabelos louros cor de mel e uma voz esplêndida.

Havia naquele tempo o costume de organizar "saraus" em casas particulares, leituras de poemas, palestras, sessões espiritualistas e daí por diante. Paul tocava violino e Charlie, violoncelo, e com Meeda ao piano, eles se apresentavam juntos com o nome "Sra. Child e filhos." Naquele tempo, Brookline vivia cheia de imigrantes irlandeses, italianos e judeus, sendo comuns as quadrilhas. Um dia Paul e Charlie, já adolescentes, vestidos com ternos de flanela cinza (que detestavam) e levando seus instrumentos, foram atacados por um bando de marginais ao se dirigirem para um recital. Mas os meninos Child tinham aprendido judô com o mordomo japonês de um amigo, e se defenderam. Anos depois, Charlie escreveu: "Brandindo nossos instrumentos como se fossem toscos machados de batalha, e bradando uma série de impropérios de fazer o sangue gelar, nós atacamos. *Tong!* O violino bateu no crânio de um... *Bong!* fez o violoncelo no outro... como dois samurais enlouquecidos... nós caímos em cima dos nossos inimigos ululantes." Paul e Charlie venceram, mas quando enfrentaram a mãe com os ternos rasgados, narizes ensanguentados e instrumentos quebrados, o conjunto "Sra. Child e Filhos" se desfez.

Apesar de não ter ido à faculdade, eu considerava Paul um intelectual, no sentido de que sempre sentiu uma sede de conhecimento autêntica, escrevia poesia, e sempre estava querendo desenvolver a mente cada vez mais. Nós nos conhecemos no Ceilão, em 1944. Paul tinha vindo de Delhi, na Índia, chefiar o grupo de Apresentação Visual da Agência de Serviços Estratégicos, em Kandy, onde criou uma sala de guerra secreta e fez mapas de lugares como a Estrada da Birmânia, para o General Mountbatten.

O prédio onde trabalhávamos ficava em um lindo terreno, que tinha sido antes uma plantação de chá, e eu podia ver o escritório do Paul da minha janela. Eu ainda não tinha corpo de mulher. Ele era dez anos mais velho que eu e era experimentado, tinha namorado outras mulheres ali, mas pouco a pouco fomos nos

Minha vida na França

enamorando um do outro. Viajávamos para lugares como o Templo do Dente ou passeávamos de elefante no mato (um elefante sabia como abrir torneiras para podermos tomar água), e ambos nos interessávamos pela culinária e pelos costumes locais. Ao contrário da maioria dos militares do exército, os nossos colegas da OSS eram um grupo fascinante de antropólogos, missionários, psiquiatras, ornitólogos, cartógrafos, banqueiros e advogados. Estavam genuinamente interessados no Ceilão e no seu povo. "Isso sim!" disse eu comigo mesma. "Esse é exatamente o tipo de pessoa que venho querendo ter ao meu lado durante minha vida inteira!"

Depois do Ceilão, Paul recebeu a missão de ir para Chungking e depois para Kunming, na China, onde projetou salas de guerra para o General Wedemeyer. Também fui enviada para Kunming, onde organizei os arquivos da OSS. A essa altura eu e Paul já estávamos nos transformando em um casal. Adorávamos o povo chinês, muito terra-a-terra, e seus restaurantes maravilhosamente apinhados e barulhentos, e passávamos um bom número de horas de folga experimentando vários tipos diferentes de pratos regionais juntos.

Nos Estados Unidos, depois da guerra, levamos alguns meses para nos conhecer, agora em trajes civis. Visitamos papai e sua segunda esposa, Phila, em Pasadena, depois atravessamos o país de carro e ficamos com Charlie e Freddie no Maine. Era verão de 1946; eu estava para completar 34 anos, e Paul tinha 44. Depois de alguns dias por lá, tomamos fôlego e anunciamos: "Decidimos nos casar."

– Já era tempo! – foi a resposta de Charlie e Freddie.

Em setembro de 1946, nós nos casamos, e estávamos extremamente felizes, mas meio abalados por causa de uma batida de carro sofrida no dia anterior.

Quando Paul e eu voltamos a Paris, da Inglaterra, para comemorar o ano novo, em 1950, eu quase chorei de alívio e prazer. Ai, como eu adorava a doce e natural França, com todo aquele seu calor humano, aromas maravilhosos, graciosidade, aconchego e liberdade de espírito!

Paris estava cheia de coisas especializadas para se comprar naquela época do ano. A Hermès era uma das lojas mais famosas para "gente que tem de tudo". Eu estava louca para comprar algumas das suas famosas, porém extremamente caras, echarpes. A loja era tão elegante que eu só ousei arriscar-me a entrar lá duas vezes. Mesmo vestida com minhas melhores roupas e com um chapéu lindo na cabeça, senti-me como uma jeca naquele ambiente luxuoso.

Eu queria parecer chique e parisiense, mas com meu corpanzil e com minhas duas lanchas, não conseguia encontrar roupas francesas do meu tamanho. Vestia saias e blusas simples feitas nos Estados Unidos, com um suéter fino e tênis de lona. Muitas vezes precisei comprar coisas americanas pelo correio, principalmente se queria, digamos, um par de sapatos mais vistoso. Certa noite, minha amiga Rosie (Rosemary Manell, outra moça alta da Califórnia) e eu nos arrumamos para ir a uma festa sofisticada na Embaixada Americana. Fomos a um salão nos pentear e pagamos uma nota, vestimos nossos melhores vestidos, pusemos nossos chapéus mais elegantes, e nos maquiamos da melhor forma possível. Depois entreolhamo-nos. "Até que está bom", declaramos, "mas não é de fechar o comércio." Tínhamos feito o máximo possível, mas nossa aparência jamais passaria daquilo.

A Cordon Bleu voltou a funcionar a pleno vapor na primeira semana de 1950. Pensando em tudo que eu havia aprendido desde outubro, percebi que eu tinha levado dois meses inteiros de imersão quase total para internalizar aqueles conhecimentos. Ou começar a internalizá-los, dizendo melhor, porque quanto mais eu aprendia mais percebia o quanto era preciso saber antes de se poder dizer que realmente se sabia alguma coisa.

Finalmente era capaz de entender como se cozinha de verdade, pois, pela primeira vez na vida, estava aprendendo a cozinhar devagar, às vezes até durante horas, e a me empenhar para servir uma refeição deliciosa. Meus professores eram fanáticos por detalhes e jamais se conformavam com a mediocridade. O *chef* Bugnard me treinou para que eu entendesse a necessidade de usar a técnica correta, tal como a forma de fazer "champignon tourné" corretamente[35], e a importância de se praticar incessantemente. "Sempre vale a pena esforçar-se, Madame Chiilde!" dizia ele. "Gôutez! Gôutez!" (Prove, prove!)

Naturalmente, cometi muitas besteiras. A princípio, elas me partiam o coração, mas depois entendi que aprender como consertar os deslizes ou conviver com eles era uma parte importante do aprendizado da culinária. Estava começando a sentir *la cuisine bourgeoise* nas minhas mãos, no meu estômago, na minha alma.

Quando não estava na escola, fazia experiências em casa, e me tornei uma es-

---

[35] *Tourner le champignon* é uma maneira de descascar o cogumelo deixando as cascas presas a ele para decorar os pratos (N.T.)

pécie de Cientista Maluca. Passava horas pesquisando como fazer maionese, por exemplo, e embora ninguém parecesse se importar com isso, eu achava a coisa literalmente fascinante. Quando o tempo esfriava, a maionese de repente ficava difícil de fazer, porque as fases da emulsão se separavam, e a mistura não se comportava conforme o esperado quando havia uma mudança no azeite ou na temperatura ambiente. Finalmente consegui dominar a técnica voltando ao início do processo, estudando cada etapa cientificamente e anotando tudo. No final da minha pesquisa, creio eu, tinha escrito mais sobre maionese do que qualquer pessoa na história. Fiz tanta maionese que Paul e eu mal podíamos suportar comê-la mais, e eu passei a jogar toda a minha produção no vaso sanitário. Que desperdício! Só que dessa forma descobri uma maneira absolutamente imbatível de fazer maionese, e isso para mim foi uma glória!

Orgulhosamente, datilografei a receita e a mandei para os amigos e a família nos Estados Unidos, pedindo-lhes que a testassem e me mandassem seus comentários. Mas só recebi como resposta um silêncio bocejante. Ora veja! Eu tinha muito a dizer sobre molhos, também, mas se ninguém estava querendo saber minhas dicas, então, qual foi a utilidade de jogar molhos *béarnaise*[36] e *gribiche*[37] perfeitamente bons no esgoto?

Fiquei decepcionada, mas não me deixei abater. Continuei a pesquisar.

Fiz o maravilhoso *homard à l'américaine*, uma lagosta viva cortada ao meio (morre na hora, claro), e fervida no vinho, com tomates, alho e ervas, duas vezes em quatro dias, e passei quase outro dia inteiro aperfeiçoando a receita desse prato. Estava procurando fazer minha versão absolutamente exata e clara, o que era uma prática excelente para o meu futuro ainda desconhecido na culinária. Meu plano na época era desenvolver receitas perfeitas o suficiente para que eu pudesse começar a dar minhas próprias aulas.

À medida que fui me enfronhando na culinária, descobri que lembranças infantis profundamente sepultadas na memória estavam começando a vir à tona. Recordações da culinária agradável, porém básica, de nossos cozinheiros de Pasadena começaram a me voltar à cabeça, os enormes presuntos ou o rosbife cinzento servido com purê de batatas com bastante manteiga. Porém, inesperadamente,

---

36 Também chamado bearnês (de Bearn, França) é um molho feito com caldo de carne (N.T.)
37 Molho com estragão, alcaparras, pepino em conserva e ervas (N.T.)

Phila e Papai.

também voltaram à tona refeições elegantes preparadas de forma grandiosa por cozinheiros de classe quando eu era apenas uma menina, como um prato de peixe muito delicado com um molho fantástico. Quando criança, mal havia tomado conhecimento desses cozinheiros, mas agora seus rostos e seu modo de cozinhar de repente estavam voltando à minha memória em detalhes vívidos. A memória da gente é mesmo engraçada.

IV. Primeira Classe

As paredes em frente à Roo de Loo, do outro lado da rua, estavam repletas de cartazes amarelos berrantes denunciando que os "Americanos Imperialistas" estavam tentando apoderar-se do governo da França. "Greve pela Paz!", etc.

A Guerra Fria estava tão gelada agora que Paul e eu estávamos meio convencidos de que os russos, "esse comunistas manhosos", como ele os chamava, invadiriam a Europa Ocidental. Ele tinha pesadelos sobre a possibilidade de uma guerra nuclear total. Comportava-se de forma neurastênica no escritório, convencido de que a burocracia inútil do dia a dia era trivial diante da falta de preparação do nosso país. Declarei que estava pronta para me apresentar nas barricadas para defender *la belle France*, e seus maravilhosos cidadãos, como Madame Perrier, Hélène Baltrusaitis, Marie des Quatre Saisons e o *chef* Bugnard!

Grande parte da imprensa americana, entrementes, denunciava os franceses por só "ficarem sentados, sem reagir contra os comunistas, e procurando apaziguar a Indochina." Mas isso era absurdo. A França estava em estado de choque de pós-guerra: tinha perdido centenas de milhares de homens durante a ocupação alemã, tinha apenas uma produção industrial mínima e uma quinta-coluna comunista imensa e bem organizada para enfrentar. E agora estava atolada em uma guerra confusa e desalentadora na Indochina. O governo francês acreditava que estava "salvando as vidas de todos os outros povos não-comunistas" lutando pelos arrozais de lá. Mas a guerra estava se revelando cara e impopular. Aliás, os Estados Unidos estavam fornecendo armamentos à França, o que permitia que a guerra continuasse e gerava um clima de animosidade contra os americanos nas ruas. Havia greves e revoltas em todo o país. Era fácil para os americanos criticarem a situação de longe, mas eu não via de que outra forma a França podia proceder; era preciso enfrentar a situação, dia a dia, e torcer que tudo melhorasse.

Meus pais, João Grandão e Phila, coletivamente conhecidos como "Philapop"[38], estavam entre os que criticavam a França sem entender corretamente como funcionava a mentalidade do país. Dort e eu estávamos decididas a mudar isso, e tínhamos convidado os dois para uma visita. Estávamos determinadas a mostrar a eles um pouco da vida e do povo que achávamos tão agradável e satisfatório.

---

38 Mistura de Phila com Pop (papai) (N.T.)

Depois iríamos levá-los para dar uma volta na Itália. (Paul não queria usar suas preciosas férias na companhia dos sogros, e eu não podia culpá-lo.)

Quando eles chegaram e se hospedaram no Ritz, meu pai parecia um *vieillard*, um velho, coisa que ele nunca tinha sido. Fazia longos discursos em inglês sobre os negócios e a agricultura dos Estados Unidos, deixando nossos amigos franceses espantados. Ele e Phila comiam coisas muito simples para evitar indigestão. Minha irmã e eu estávamos preparadas para o pior, mas Philapop comportou-se de forma surpreendentemente dócil e agradável.

No dia 10 de abril, nós quatro, os McWilliam, começamos a viajar para Nápoles de carro. As principais estradas francesas estavam cheias de caminhões dirigidos por barbeiros e gente com os narizes metidos nos guias Michelin, portanto procuramos usar estradas secundárias. Quando chegamos ao Mediterrâneo, nós californianos reagimos em peso às cores, palmeiras e ondas.

Mas não foi uma viagem de verdade, na minha opinião. Phila gostou de ir a todos os lugares pitorescos sobre os quais tinha lido nas revistas americanas, mas não se interessou muito pelos lugares por onde passava. Papai estava interessado na forma como os franceses ganhavam dinheiro, e preferia o campo às cidades, mas suas articulações estavam rígidas, e ele não podia andar direito, e não se interessava nem um pouco por ruínas, cultura, comida ou vinho. Quando passamos pelo Arco Romano em Orange, ele resmungou:

— Ah, sim, romano, é? Humm.

Dort e eu ficamos cada vez mais inquietas naqueles dias dirigindo e comendo nos melhores restaurantes e dormindo nos mais luxuosos hotéis. Que tudo fosse para o inferno! Parecia que não estávamos visitando nada ou fazendo alguma coisa, e que a viagem toda era para Philapop voltar a Pasadena dizendo: "Eu só passeei por toda a França e a Itália." Aliás, eu não gostava de viajar de primeira classe. Sim, era ótimo ter banheiro no quarto e um serviço de primeira no café da manhã, e eu provavelmente jamais iria visitar aqueles hotéis de luxo novamente, mas nada daquilo me pareceu estrangeiro o suficiente. Era tão agradavelmente ameno que parecia que eu tinha voltado ao *SS America*. Não gosto quando todos falam um inglês impecável; gosto de procurar frases estrangeiras no meu livrinho.

Uma exceção foi o Hôtel de Paris, em Monte Carlo. Era um edifício enorme, antigo, ornamentado, em frente ao Cassino. Que maravilha! Tinha uma sala de jantar estilo Luís XVI, com colunas de mármore de Carrara pretas e brancas, acabamentos

folheados a ouro, cupidos, murais de nus virginais debruçados em chafarizes, lustres esplêndidos de 24 metros, uma orquestra de cordas tocando valsas vienenses e daí por diante. Contando assim, com detalhes, parece uma loucura, mas o efeito foi de uma elegância nostálgica. Nosso jantar ali foi soberbo, e o serviço, composto por um *maître*, dois garçons, dois ajudantes e um cumim para cada mesa, foi impecável. Fez-nos sentir como se tivéssemos sido transportados para a Era de Ouro.

A viagem à Itália foi agradável, com um iate brilhante gigantesco no porto em Portofino, com exceção do fato de que o litoral inteiro estava ainda destruído por causa da guerra. Mesmo a imensa autoestrada de Pisa a Florença continuava em ruínas, com muitas pontes e viadutos ainda destruídos. O campo parecia estar empobrecido. A comida não me pareceu especial também; não tinha muita *finesse*. Talvez seja por isso que a Itália não tenha me impressionado com as mesmas vibrações que a França. Ou talvez tenha sido porque eu detestava ficar longe do meu marido.

Paul e eu gostávamos de viajar no mesmo ritmo lento. Ele sempre sabia muito sobre tudo, descobria maravilhas ocultas, notava muros antigos ou aromas nativos, e eu senti falta da sua presença calorosa. Antigamente era uma solteira feliz, mas agora não suportava mais a solidão!

Queria mesmo era que Philapop gostasse da sua viagem super luxuosa, apesar de tudo, e estava tentando me comportar do jeito que eles queriam que eu me comportasse: simpática, submissa e burra, sem pensamentos nem sentimentos próprios a respeito de nada.

Passamos voando por Florença, Roma, Sorrento, Nápoles e o Lago Como. Depois de 30 minutos no Palácio Pitti, papai anunciou que já tinha "aprendido tudo". O coitado mal podia esperar para voltar para a Califórnia.

— Não consigo falar com essa gente, fico só andando pela rua a esmo — resmungava ele. — Sinto-me felicíssimo na minha terra, onde tenho minha casa boa, meus amigos, e sei falar a língua. — E aí foi que me toquei como tinha me afastado do meu velho pai e do tipo de pessoas semelhantes a ele, endinheiradas, materialistas e longe de ser introspectivas, e como aquela visão de mundo havia me deixado profundamente, abismalmente, estupefacientemente apática. Não admira que eu fosse tão imatura no Smith!

Quando voltamos para Paris no dia 3 de maio, caí nos braços do Paul e lhe dei um abraço bem apertado.

Quando recomeçaram as aulas na Cordon Bleu, voltei a cair na rotina, começando às seis e meia da manhã e indo até meia-noite, todos os dias da semana. Mas estava ficando cada vez mais insatisfeita com a escola. O pagamento de 150 dólares pelo curso era muito caro. Madame Brassart não dava muita atenção aos detalhes da gerência. Muitas aulas eram desorganizadas e os professores não tinham suprimentos básicos. E depois de seis meses de instrução intensiva, nem mesmo um dos onze veteranos da minha turma sabia as proporções para fazer um molho *béchamel*, ou como limpar um frango direito. Simplesmente não estavam levando as aulas a sério, e isso me irritava.

Até mesmo o *chef* Bugnard estava começando a repetir pratos como linguado à normanda, *poulet chaud-froid,* omeletes e crepes Suzettes. Era útil praticar esses pratos várias vezes, e por fim fui capaz de fazer uma crosta de torta decente sem pensar duas vezes. Mas queria mais pressão, para eu me aplicar mais e ir mais longe. Havia ainda tanta coisa a aprender!

Bugnard, segundo eu desconfiava, andava monitorando meu progresso na surdina e agora tinha adquirido confiança suficiente em mim para começar a me levar para certos lugares e me mostrar coisas que não mostrava "aos meninos". Dessa vez, ele me levou para Les Halles, e pessoalmente me apresentou a seus fornecedores preferidos de carne, legumes e vinhos.

Decidi sair da Cordon Bleu durante algum tempo. Mas não queria perder o embalo, portanto continuei participando das demonstrações vespertinas (por um dólar cada) e ir a tantas demonstrações de confeitaria (US$ 1,99 por aula) quanto pudesse. Nesse meio tempo, estava constantemente fazendo minhas experiências em casa. O *chef* Bugnard vinha encontrar-se comigo ocasionalmente no 81 para lições particulares de culinária.

Uma das coisas que adorava na culinária francesa era a forma como temas básicos podiam ser transformados de modo a gerar um número praticamente infinito de variações, por exemplo: batatas gratinadas podiam levar leite e queijo, cenouras e creme, caldo de carne e queijo, cebolas e tomates e daí por diante. Eu queria experimentar todas as variações, e experimentei. Aprendi como fazer as coisas profissionalmente, como preparar um peixe de treze formas diferentes, ou como usar o vocabulário especializado da culinária: *"petits dés"* são legumes "cortados em cubinhos bem pequenos"; um *douille* é o bico de um saco de confeitar que permite decorar bolos pressionando-se o saco para que o glacê saia pela ponta.

Na verdade, toda essa minha loucura tinha um propósito: eu estava me preparando para meu exame final. Podia fazê-lo quando me sentisse preparada, segundo a Madame Brassart havia me dito, e estava decidida a me sair tão bem quanto fosse possível. Afinal, se fosse abrir um restaurante ou uma escola, que melhores credenciais poderia ter do que um diploma da Cordon Bleu, em Paris, França?

Sabia que ia precisar aperfeiçoar meus conhecimentos até saber de cor e salteado todas as técnicas e receitas e poder cozinhar sob pressão. O exame não me intimidava. Aliás, eu até estava ansiosa para prestá-lo.

V. O Dia da Bastilha

— *Ça y est! C'est fait! C'est le quator-zuh juillet!* — Aquela rima tinha certa magia em francês, mas não faz sentido nenhum quando traduzida. Eu a traduzo mais ou menos assim: "Viva! Conseguimos! Chegou o dia Quatorze de Julho!"

Ah, a fúria da Revolução Francesa, onde o povo nas ruas acorreu aos odiados símbolos reais, principalmente a prisão da Bastilha, que desmontaram pedra por pedra, espalhando-as por toda a cidade. Algumas dessas pedras constituíram os alicerces do número 81 da Rue de l'Université.

No verão de 1950, Charlie, Freddie e seus três filhos, Erica, Rachel e Jon, finalmente vieram visitar-nos. Essa visita deles a Paris era para mim a realização de um sonho. Enquanto isso, Paul e eu tínhamos contratado uma nova *femme de ménage*. Eu antes achava que as empregadas francesas eram criaturas elegantes de aventais brancos engomados, uma influência da revista *Vogue*. Cuca Louca tinha mudado esse nosso modo de ver, e a nossa mais recente empregada, a Jeanne, nos desiludiu para sempre. Era uma mulherzinha miúda, ligeiramente estrábica, de cabelos despenteados, com uma mentalidade de menina, que a fazia distrair-se com frequência.

Jeanne trabalhava com afinco, e era de uma fidelidade a toda prova; ela e Minette logo se tornaram amigas, e quando dávamos festas ela ficava ainda mais empolgada do que nós. Mas nós a chamávamos de "Jeanne la folle" (Jeanne maluca), porque ela parecia mesmo uma louca, e às vezes agia como se fosse louca também.

No auge do verão, de repente, nenhum dos vasos sanitários pararam de dar descarga. Sendo a velha e querida Paris, não conseguimos encontrar um encanador que quisesse nos atender em regime de emergência. Finalmente, depois de alguns dias de desconforto, apareceu um. Depois de muito suor e quebra-quebra, o encanador descobriu uma lata de cerveja americana presa bem dentro dos canos. Quando perguntei a Jeanne Maluca se ela tinha jogado aquilo no vaso, ela respondeu: "*Mais oui! Je rejete TOUJOURS les choses dans les toilettes! C'est beaucoup plus facile, vous savez*".[39] Ai, ai, ai. Preço do conserto: cem dólares.

Na noite do Dia da Bastilha, 14 de julho, planejamos um jantar especial, em estilo bufê, antes dos tradicionais fogos de artifício. A *pièce de résistance* da refeição seria um *ballotine* de vitela: rocambole de vitela, servido quente com um molho delicioso. Dois dias antes do banquete, Jeanne Maluca e eu preparamos uma quantidade farta de caldo de vitela à Escoffier para escalfar a *ballotine*. Era o melhor e o mais cuidadosamente preparado caldo que eu já tinha feito até aquele dia. Depois preparamos um recheio de vitela que incluía uma quantidade generosa de patê de *foie gras*, *duxelle* de cogumelos, conhaque, vinho madeira e folhas de acelga bran-

---

[39] Mas claro! Eu SEMPRE jogo tudo no vaso. É muito mais fácil, não sabe? (N.T.)

"Jeanne la folle".

queadas, que seriam usadas para produzir uma aparência agradável. Depois recheamos a vitela, amarramo-la bem, embrulhando-a em gaze[40], e colocamo-la na geladeira para o dia seguinte. Também usei uma parte do caldo de vitela para preparar um molho madeira com trufas. Na noite do dia treze, preparamos tudo que podia ser adiantado, pois Jeanne ia viajar para comemorar o feriado nacional com a família, no campo. Estava tão empolgada com a nossa festa, que mal dormiu.

Na manhã do dia 14 de julho nós, os sete membros da família Child, nos levantamos e saímos para ver a parada bem cedo. Fomos a pé até a ponte da Concórdia,

---

[40] O pano pode ser parecido com gaze ou fralda de pano, chamado em inglês de cheesecloth, bem fino e com furinhos. A carne embrulhada nesse pano é levada a assar no forno imersa em caldo. (N.T.)

e subimos o Champs-Élysées para nos colocarmos estrategicamente na primeira fila, logo além do Rond-Point. Felizmente chegamos numa boa hora, antes que a multidão tivesse se posicionado ao longo da avenida. Finalmente ouvimos a banda tocar acordes marciais, e os soldados começaram a marchar pelo Champs em ondas. Havia bandas militares tocando flautas, de vários tipos, regimentos de soldados franceses muito bem vestidos, grupos de camelos, soldados africanos pitorescos com trajes nativos em cavalos lindos e oficiais de cavalaria franceses de uniformes rebuscados, seus cavalos empinando-se bem alto. De vez em quando um canhão ecoava, e um grupo de jatos sobrevoava a multidão e passava bem por cima de nós com um rugido ensurdecedor.

A multidão urrava, aplaudindo, e gritava *ooh-la-la* cada vez que passava um grupo desfilando. Era uma parada de verdade, uma manifestação animada e aparentemente espontânea de orgulho patriótico. Erica, Rachel e Jon adoraram o espetáculo exótico.

Naquela noite, demos nossa festa, um grupo informal de cerca de vinte pessoas, no nosso apartamento. Alguns eram relíquias de antigamente, antes do meu tempo, quando Paul, Charlie e Freddie tinham sido boêmios em Paris nos anos 1920. Um casal desses era Samuel e Narcissa Chamberlain. Ele era aquafortista, escrevia livros de culinária e era autor de *Clementine in the Kitchen*, as memórias encantadoras de uma família americana que havia morado em uma aldeia francesa com uma super-empregada, Clementine, que também era excelente cozinheira. Narcissa colaborava com o marido, e ajudava-o a desenvolver novas receitas. Outro visitante naquela noite foi uma pessoa instável semelhante a uma cambaxirra, de saia pregueada marrom-clara de *pongee* e chapéu de *pongee* de abas largas. Era tão pequena que o chapéu lhe escondia o rosto até ela olhar para cima e as pessoas notarem que era Alice B. Toklas. Ela sempre parecia pipocar em Paris assim, do nada. Ficou apenas para um copo de vinho antes do jantar.

Depois de uma quantidade razoável de champanhe e torradas, tratamos de devorar o bufê. A *ballotine*, que tinha sido escalfada naquele caldo espetacular de vitela, depois permanecido mergulhada nele para que o sabor ficasse mais pronunciado, foi um imenso sucesso com aquele molho de trufas. Ao assistir à minha família e amigos saboreando aquela refeição com tanta alegria, sorvendo cada gota do caldo onde a vitela havia sido escalfada, que tinha sido ainda mais enriquecido pelos sabores complexos da *ballotine*, secretamente me elogiei com um termo francês reservado aos cozinheiros franceses mais perfeitos: "*impeccable.*"

Mas os fogos de artifício logo iriam começar! Depois do jantar, e de uma sobremesa que foi uma maravilhosa *mousse* de chocolate circundada por merengue, que eu tinha comprado na confeitaria super elegante perto da nossa casa, na Rue du Bac, rapidamente recolhemos os pratos e fizemos uma limpeza preliminar. Charlie e Paul insistiram para o resto dos convidados e eu ficarmos no térreo, no *salon,* enquanto eles levavam os pratos para a cozinha, que era no terceiro andar. Quando eles reapareceram, de rosto vermelho devido ao esforço, fomos até Montmartre, para assistir ao espetáculo pirotécnico.

O evento começou bastante lento, um foguete de cada vez, descrevendo um arco pelo céu, e nos dando tempo de apreciar-lhe a beleza. A multidão soltava exclamações de prazer ao ver as fagulhas cintilantes. O ritmo acelerou-se aos poucos, até que um buquê de rápidas detonações se fez seguir de três tiros de canhão ensurdecedores, que assinalaram o encerramento da apresentação. A multidão caiu num silêncio de assombro. Depois vieram suspiros de satisfação, à medida que as pessoas começaram a dispersar-se e a desaparecer na noite quente. Parecia que a França em si finalmente estava começando a despertar, e a livrar-se dos pesadelos da guerra.

Nós nos reunimos à multidão de celebrantes, descendo a ladeira do morro de Montmartre. Enquanto púnhamos as crianças na cama, em casa, eu subi até a cozinha para terminar a limpeza. Os rapazes tinham removido toda a comida dos pratos, empilhando-os na nossa vasta pia de louça. Mas onde tinham colocado todo aquele lixo? Relanceei os olhos pelo aposento. Depois de cozer a *ballotine* no caldo, eu tinha colocado meu caldeirão no chão, para esfriar. Olhando-o naquele momento, meio apavorada, foi que me dei conta: eles tinham jogado tudo ali dentro, no meu caldo maravilhoso, incomparável, único!

Dei um suspiro. Não havia como desfazer o desastre, e eu só podia soluçar no mais profundo do meu ser. Jurei nunca mencionar o fato... e também nunca me esquecer dele.

VI. Um Estômago Americano em Paris

Por volta de setembro de 1950, Paul começou a sofrer de dores misteriosas no peito e nas costas, a não dormir bem, e sentir náuseas o tempo todo. Em geral, deixava que as dores e o enjôo passassem sozinhos. Mas dessa vez não estavam passando. O médico da embaixada diagnosticou algum tipo de "doença local" do coração e dos nervos, provavelmente os efeitos de um acidente antigo durante aulas de judô.

– É provável – confirmou Paul, dando de ombros, mas sem se deixar convencer inteiramente.

Foi a um médico francês, o doutor Wolfram, que também era especialista em doenças tropicais. Wolfram olhou os registros médicos do Paul, da época do Ceilão, da China e de Washington, nos quais não havia nenhuma menção de doença tropical. Mas depois de medir o fígado e o baço do Paul, Wolfram disse que os sintomas dele pareciam-se com o de disenteria amebiana que ele tinha visto nas colônias francesas. As dores misteriosas no peito e nas costas provavelmente eram o resultado de um acúmulo de gases devido à presença das amebas no intestino de Paul. Paul não acreditou muito, mas depois de mais alguns exames o Dr. Wolfram descobriu amebas ativas no organismo de Paul. Para curá-lo, aplicou-lhe duas injeções e depois o mandou seguir um tratamento que consistia de pílulas e uma dieta rigorosa. Paul sonhava com *rognons flambés*, mas não podia tomar vinho nem álcool, consumir molhos apimentados nem comida gordurosa. Foi uma tortura especial estar morando em Paris com uma cozinheira, e não poder provar nenhum prato saboroso.

Eu também comecei a ter problemas digestivos. Desde nossa viagem à Itália com Philapop que meu estômago não era mais a máquina blindada que me permitia comer e beber qualquer quantidade, de qualquer coisa, a qualquer momento. Eu tinha sofrido crises de náuseas durante todo o tempo em que estivemos na Itália e continuei sentindo após voltar para a França.

– Deve ser da água – dizia comigo mesma. Mas aí continuei a me sentir enjoada, a ter gases, e declarei: – Já sei, finalmente, fiquei grávida!

Nós tínhamos tentado, mas não sabíamos por quê, não havia ainda funcionado. Era triste, mas não passávamos muito tempo pensando no caso e nunca pensamos em adotar uma criança. Era só uma coisa da vida. Nossas vidas eram bastante movimentadas. Eu cozinhava o tempo inteiro, e tinha planos de seguir carreira em gastronomia. Paul, depois de todos os seus anos como professor particular e em escolas, dizia que já tinha passado tempo suficiente com adolescentes e não precisava mais disso para o resto da vida. E assim foi.

Um médico francês diagnosticou minha náusea persistente como nada além de uma bela crise de fígado, também conhecida por "estômago americano em Paris". Evidentemente, a culinária francesa era simplesmente demais para a maioria dos aparelhos digestivos americanos. Reexaminando a quantidade de comida e bebida que andávamos saboreando ultimamente, não acho esse diagnóstico surpreendente. O almoço, quase todos os dias, havia consistido de algo como linguado à *meunière, ris de veau à la crème*[41] e meia garrafa de vinho. O jantar podia ser talvez *escargots, rognons flambés* e mais meia garrafa de vinho. Ainda por cima consumíamos uma quantidade mais ou menos constante de aperitivos, coquetéis e conhaques. Não admira que eu estivesse me sentindo enjoada! Em um bom restaurante, até mesmo para uma simples sopa cremosa de cenoura, cozinham-se as cenouras e cebolas ligeiramente na manteiga durante dez a quinze minutos antes de se preparar a sopa.

Mas infelizmente, mesmo quando passei a comer com menos gordura e comecei a descansar mais, continuei me sentindo enjoada. Ao ouvir isso, o Dr. Wolfram disse que era inteiramente possível que além disso eu também tivesse contraído alguma doença na Ásia durante a guerra. Ele me receitou um tratamento contra disenteria e também uma dieta rigorosa. Que sacrifício!

Paul e o adido cultural americano, Lee Brady, estavam organizando várias mostras empolgantes na embaixada, inclusive das pinturas de Grandma Moses, fotos de dança do Museu de Arte Moderna, e uma coleção de gravuras e livros americanos. Para montar essas exposições, ele precisava ser uma espécie de combinação de diplomata, inescrupuloso e malandro, para poder conviver com os estilos de vida extremamente diferentes das burocracias francesas e americanas.

A qualidade individualista e artesanal dos franceses deixava intrigados os homens que Paul chamava de "industriosos do Plano Marshall" americanos. Quando os peritos americanos começaram a dar sugestões "úteis" sobre como os franceses podiam "aumentar a produtividade e os lucros", os franceses comuns davam de ombros, como quem diz: "Essas ideias americanas são muito fascinantes, sem dúvida, mas nossa economia está muito boa exatamente como é agora. Todos estão vivendo razoavelmente bem. Ninguém sofre de úlcera. Eu tenho tempo de trabalhar na minha monografia sobre Balzac e meu capataz adora seu pomar de pereiras. Ah, e por falar nisso, não queremos fazer essas mudanças que vocês estão sugerindo".

---

41 Timo de vitela ao creme (N.T.)

Paul com uma visitante em uma de suas mostras.

Os americanos não conseguiam nem assustar os franceses para mudarem a sua forma antiga de se comportar. Por que eles deviam destruir um sistema humilde porém satisfatório, do qual todos gostavam, só para os comunistas virem e tomarem conta de tudo? Os franceses eram patriotas, mas individualistas demais para gerar um novo sistema capaz de beneficiar o país como um todo, e viam com desconfiança o preço da maquinaria nova, a pressão no sentido de uma decisão, a instabilidade da mudança, e daí por diante.

Esse choque cultural era bastante engraçado, e embora Paul e eu estivéssemos temperamentalmente mais para franceses do que para americanos, também fomos suas vítimas. Uma vez um amigo francês nos levou até um café pequenino e maravilhoso na margem direita do Sena, o tipo de lugar afastado que, para encontrar, exige um guia local. Ele nos apresentou à proprietária.

– Olha, eu lhe trouxe esse casal de novos clientes! – anunciou nosso amigo, orgulhosamente. E mal olhando de relance na nossa direção, Madame começou a gesticular, dizendo:

– Ah, não, obrigada, já tenho muitos fregueses...

Uma reação assim seria inimaginável nos Estados Unidos.

No final da década de 1950, Lee Brady de repente recebeu uma ordem para ir a Saigon como encarregado das relações públicas (PAO), para cuidar das atividades do USIS para a Indochina, uma missão difícil e perigosa, sem dúvida. Ele seria obrigado a trabalhar junto ao governo de Bao Dai, que não tinha sido escolhido livremente pela maioria dos cidadãos. Paul ficou com medo de que os Estados Unidos começassem a apoiar gente fraca e ridícula, como o rei Jorge da Grécia, Chiang Kai-shek da China, Tito na Iugoslávia, e agora Bao Dai. O que um emissário do governo americano ia dizer, quando os comunistas alegassem, aliás corretamente, que seu governo apoiava um ditador, um títere ou um governante abominável?

VII. Des Artistes

Era outubro, e estava muito frio, mas era época daquelas peras parisienses maravilhosamente perfumadas e suculentas, e apesar dos nossos problemas digestivos nós as comíamos no desjejum, com tigelas de flocos de milho e passas. Tomávamos chá chinês para ajudar a comida a descer, pois ele irritava menos o nosso aparelho digestivo que o café.

Estava tão gelado agora! Eu detestava o frio. A água não tinha se congelado ainda na sarjeta, embora a temperatura fosse de quase três graus abaixo de zero e isso já devesse ter acontecido há muito tempo. Era preciso muita coragem para sair do nosso *salon* aquecido (mais ou menos) e arriscar-se a entrar na *frigorification* da casa, onde saía vapor branco dos nossos narizes. Todo ano, naquela época, eu me pegava pensando em nossa casa quentinha em Washington: ao apertarmos um botão ela ficava toda quente em literalmente cinco minutos. Mas, segundo disse a mim mesma, minha vida lá era tão protegida (eu nunca tinha sentido fome, nunca tinha sentido medo de verdade, nem sido forçada a viver sob o facão do inimigo) que era bom para mim ter uma ideia do que muita gente no mundo estava passando.

No dia 7 de novembro de 1950 comemoramos dois anos morando em Paris. Paul e eu decidimos então, num impulso, comer em um dos nossos lugares prediletos, o Restaurant des Artistes, perto da Sacré-Coeur. Na Câmara dos Deputados, pegamos o metrô até a Place Pigalle, e andamos uns dois quarteirões na direção da ladeira de Montmartre. Ao longo do caminho, paramos para olhar para as fotos de moças nuas em frente ao Les Naturistes. Enquanto estávamos lá olhando uma foto engraçada de uma fileira de garotas, de costas para a câmera, levantando a saia e mostrando uma fila de bumbuns nus, um cara que estava querendo angariar fregueses, falando como uma metralhadora, estava nos contando sobre as glórias que nos esperavam, em mais ou menos cinco línguas, francês, alemão, italiano, inglês e uma outra esquisita que talvez fosse turco. Rimos e continuamos percorrendo a avenida, atapetada de galerias de tiro ao alvo, testes de força, e carrosséis de fio a pavio. Paramos para atirar dez flechas com um arco todo de metal, e depois, na Rue Lepic, entramos no restaurante.

O Artistes era um lugarzinho pequeno, bem conservado, com apenas dez mesas (mais ou menos quarenta lugares), na sala de jantar. Mas guardadas na sua cave havia cerca de cinquenta mil garrafas de vinhos finíssimos. A sala de jantar era quente e vivia impregnada de aromas fantásticos de comida excelente, um molho de peixe com vinho branco, alguma coisa gostosa sendo passada na manteiga de primeira na frigideira, o cheiro acre e revigorante de vinagrete enquanto misturavam uma salada.

Ao passarmos pela porta, Monsieur Caillon, o *maître* e dono do lugar, e sua esposa, que tomava conta do caixa, nos cumprimentaram como se fôssemos uma filha e um filho pródigos. Sua filha mais moça (garota de sorte, aquela) estava na cozinha com o *chef* Mangelatte, um dos meus professores prediletos da Cordon Bleu. Ele era baixinho, muito extrovertido, com cabelos negros e olhos castanhos penetrantes. Tinha começado a carreira como *chef* de confeitaria, e como outros da mesma geração, evoluiu até tornar-se um minucioso cozinheiro. Mangelatte tinha mãos eloquentes, e era tão habilidoso quanto um cirurgião. Eu o tinha visto *vider* (limpar) um frango inteiro, retirando as penas, os miúdos, e cortando o bicho em pedaços, em quatro minutos cravados.

Às oito e meia, começamos a jantar com um aperitivo de Blanc de Blancs e *cassis*. Sentado à mesa ao lado estava um belga obeso com a mulher, comendo fatias de *lièvre à la royale*[42] e saboreando uma garrafa de Borgonha safra 1924, coberta de pó. Enquanto batíamos papo com eles, sobre vinho, nosso primeiro prato chegou: um *loup de mer* (robalo), com o ventre recheado de erva-doce, grelhado na brasa. Depois disso bebemos um maravilhoso Château-Chalon 1947, vinho branco do Jura, que tinha uma cor topázio-escura, e um sabor interessante, quase como Manzanilla ("feito de uvas colhidas e penduradas para secar como passas durante mais ou menos seis meses", informou Monsieur Caillon). Depois disso, Paul comeu duas costeletas de vitela com molho de vinho tão concentrado que parecia quase preto, acompanhado de purê de castanha. Eu comi *alouettes* (cotovia) e suflê de batata. Bebemos uma garrafa de Saint-Émilion 1937. Encerramos com uma fatia de queijo Brie e café. Uma refeição perfeita.

Por volta das onze, éramos os últimos clientes na sala de jantar. O *Chef* Mangelatte veio da cozinha se unir aos Caillon na nossa mesa. Falamos de culinária francesa, e Mangelatte disse que as artes culinárias francesas estavam entrando em vagarosa decadência. Para reagir a essa crise ele havia organizado uma academia de *chefs* profissionais, limitada a cinquenta membros, cujo objetivo era promover a culinária clássica. Eles estavam escrevendo em conjunto um livro de culinária que iria promover toda a gama de pratos clássicos. Esperava encontrar alguém que o financiasse, para que o grupo pudesse premiar novos pratos, como a Academia Goncourt faz com livros (o Prix Goncourt).

Quando a conversa, inevitavelmente, passou a tratar da Cordon Bleu, Mangelatte revelou que sentia que a escola estava prestando um grande desserviço ao *métier*, pois a administração se concentrava em ganhar dinheiro em vez de dar uma educação primorosa aos alunos. A escola havia abaixado o nível, segundo ele, e às vezes nem mesmo tinha ingredientes básicos, como pimenta ou vinagre para os *chefs* fazerem as demonstrações. Um menino precisou ir até a esquina correndo comprar o que era necessário com o dinheiro do próprio *chef*! O grupo de *chefs* ao

---

42 Prato de carne de lebre (N.T.)

qual ele pertencia estava enxergando a oportunidade de fundar uma escola rival, um estabelecimento de padrões realmente elevados, para ensinar o *métier* clássico.

Eu admirava demais a dedicação de Mangelatte a sua arte, e a forma sistemática pela qual ele estava tentando garantir que as tradições fossem transmitidas. Mas era triste ver que até mesmo um *chef* tão energético com tamanho senso de estética precisava lutar tanto para proteger uma parte civilizada da cultura francesa do barbarismo. No caminho de casa, Paul lamentou-se, dizendo que se ao menos tivesse sabido da existência daquela academia de *chefs* um ano antes, provavelmente teria aplicado lá a verba de turismo da Administração de Cooperação Econômica; mas agora, que os Estados Unidos estavam deixando a manteiga de lado e se concentrando nos armamentos, já era tarde demais.

— Andou atirando tortas em alguém ultimamente? — Foram estas as primeiras palavras que Ivan Cousins disse a Dort. Ela desatou a rir, mas não o reconheceu.

Ele era um homenzinho de Massachusetts, garboso, musical, de ascendência irlandesa. Antes da guerra, tinha ido visitar amigos no Bennington College, em Vermont. Sentado na sala de jantar ali, viu uma mulher incrivelmente alta, magra, jovial, jogar uma torta na cara de outra moça, depois sair correndo, dando gargalhadas diabólicas. Era a minha irmã.

Ivan reconheceu Dort no Clube de Teatro Americano de Paris, onde ela trabalhava no escritório, e ele havia acabado de se apresentar para trabalhar como ator. Quando não estava trabalhando durante o dia na Administração de Cooperação Econômica (ECA), que administrava o Plano Marshall, Ivan estrelava em peças como *Viagem Feliz de Trenton a Camden*, de Thornton Wilder. Durante a guerra, ele tinha se apresentado como voluntário para servir na marinha, onde chegou a capitão-de-corveta e capitaneou um barco torpedeiro no Pacífico (quase foi para os ares devido a uma mina flutuante). Depois da guerra, seu amigo da marinha, o poeta Lawrence Ferlinghetti, que gostava de usar o nome de Larry Ferling, convenceu Ivan a vir a Paris com ele para "relaxar". Em Paris, Ivan ficou com Ferlinghetti e uniu-se ao grupo de expatriados.

Dort e Ivan começaram a namorar e a andar com a turma jovem e um tanto timidamente boêmia do teatro. Depois de mais algum tempo, nós, os mais velhos, sugerimos que talvez Dort devesse encontrar um lugar para morar. Ela concordou que já era hora mesmo, e encontrou uma pequena *garçonnière*, um apartamentozi-

Um brinde com Dort e Ivan.

nho, assim chamado porque as famílias alugam este tipo de moradia para os filhos (e suas namoradas), no Boulevard de la Tour Maubourg. Ficava na Rive Gauche[43], perto da Ponte Alexandre III, não muito longe da Roo de Loo.

Perto do Natal, que uma vez mais passamos com os Bicknell em Cambridge, Inglaterra, Paul recobrou o apetite, finalmente ganhou mais alguns quilos, e estava dormindo como uma verdadeira Tora de Yule. Eu também já não tinha mais problemas digestivos. E assim, naquele fim de ano tranquilo, comemos bastante comida local, como faisão escocês, e bolos embebidos de essências. Na véspera de Natal, Mari e eu mais uma vez fizemos um suflê à *Grand Marnier*, que acompanhamos com uma garrafa de Château d'Yquem 1929. Ainda era uma combinação perfeita, e agora uma tradição natalina.

---

[43] A margem esquerda do rio Sena, que atravessa Paris (N.T.)

Voltamos a Paris na véspera do Ano Novo. Tomei um banho quente às nove e quinze e fui para a cama ler um livro. Paul escreveu algumas cartas. Às onze e quinze erguemos as taças cheias de Pouilly-Fumé, brindamos ao futuro e fomos dormir.

VIII. Surpresa

No final de 1950, eu me sentia preparada para fazer meu exame final, e receber meu diploma da Cordon Bleu. Mas quando pedi à Madame Brassart para marcar o teste, a princípio educadamente, depois cada vez com maior insistência, os pedidos foram recebidos com um silêncio gélido. A verdade era que Madame Brassart e eu nos detestávamos. Ela parecia pensar que dar um diploma aos alunos era como admiti-los em algum tipo de sociedade secreta; e por isso nos corredores da escola prevalecia um clima ruim, carregado de inveja e desconfiança mútuas. Do meu ponto de vista, Madame Brassart não tinha experiência profissional, era uma administradora péssima, e se enredava toda em disputas por ninharias e política mesquinha. Por causa da elogiada reputação, os alunos da Cordon Bleu vinham de todo o mundo. Mas a falta de uma líder competente e qualificada estava prejudicando a escola, e podia prejudicar a reputação da culinária francesa, ou até mesmo a França em si, aos olhos do mundo.

Eu tinha certeza de que a pequena questão monetária tinha algo a ver com a atitude evasiva da Madame Brassart. Eu tinha feito o curso "profissional" no subsolo, em vez de fazer o "regular" (mais caro) no último andar, que ela havia me recomendado; eu nunca comia na escola; e ela não ganhava tanto dinheiro de mim quanto teria gostado de ganhar. Parecia-me que a diretora da escola devia ter prestado menos atenção aos cêntimos e mais aos seus alunos, os quais, afinal, eram, ou podiam ser, sua melhor propaganda.

Depois de aguardar muito tempo para que meu exame fosse marcado, enviei uma carta bastante ríspida à Madame Brassart, em março de 1951, declarando que "todos os meus amigos americanos e até mesmo o embaixador dos Estados Unidos" sabiam que eu tinha trabalhado como uma escrava para fazer o curso da Cordon Bleu, "manhã, tarde e noite". Insisti que ela marcasse o meu exame para alguma data antes de eu partir para uma viagem aos Estados Unidos em abril, que já vinha planejando há muito tempo. Se não houvesse espaço suficiente na escola, acrescentei, eu teria muito prazer de fazer o exame na minha própria cozinha, que era muito bem equipada.

Passou um pouco mais de tempo, mas a resposta não vinha. Eu, já farta daquilo, finalmente falei com o *chef* Bugnard sobre o assunto. Ele concordou em interceder a meu favor. E eis que de repente a Madame Brassart marcou o meu exame para a primeira semana de abril. Até que enfim! Continuei a aperfeiçoar minha técnica, a decorar proporções e a me preparar de todas as maneiras possíveis.

No Grande Dia, cheguei à escola e eles me entregaram um cartãozinho datilografado onde se lia: "Escreva os ingredientes para os seguintes pratos, para servir três pessoas: *oeufs mollets avec sauce béarnaise, côtelettes de veau en surprise; crème renversée au caramel*".

Madame Brassart entregando diplomas.

Fiquei olhando para o cartão, incrédula.

Será que eu me lembrava o que era um *oeuf mollet*? Não. Como é que podia ter pulado logo aquela receita? (Mais tarde descobri que era um ovo cozido no fogo lento e depois descascado.) E a tal vitela "en surprise"? Não. (Uma costela de vitela refogada com *duxelles*, ou cogumelos picados, dos dois lados, coberta por fatias de presunto, tudo embrulhado em um saco de papel, a "surpresa", em seguida dourada no forno). Será que eu me lembrava das proporções exatas do pudim de caramelo? Não.

Merde alors, e flûte![44]

Fiquei na mesma, sem saída, a não ser inventar as respostas. Sabia que ia tomar bomba na parte prática do exame. Quanto ao exame escrito, me perguntaram como fazer *fond brun*, como cozinhar verduras, e como fazer molho *béarnaise*. Dei respostas bastante completas, corretas e detalhadas. Mas isso não iria me salvar.

Fiquei furiosa comigo mesma. Não havia desculpa para não me lembrar o que era um ovo *mollet*, ou, principalmente, quais os detalhes para se fazer um pudim de caramelo. Eu jamais teria adivinhado o que era um *veau en surprise*, embora, apesar de o papel ser só um monte de besteira, fosse o tipo de prato engenhoso que uma recém-casada serviria no seu primeiro jantar que desse para *épater*[45] a esposa do patrão. Vítima do meu romantismo, tinha me concentrado em aprender pratos bem mais requintados, como filés de linguado à Walewska, *poularde toulousaine*[46], molho *Vénitienne*[47]. Pobre de mim!

Não havia perguntas sobre pratos ou molhos complicados, não se analisaram técnicas e métodos que eu usaria. Em vez disso, queriam que eu me lembrasse de receitas básicas tiradas do livretinho da Cordon Bleu, uma publicação escrita para cozinheiros iniciantes, que eu mal tinha me incomodado de folhear. Esse exame era simples demais para alguém que tinha dedicado seis meses de trabalho árduo à escola de culinária, sem mencionar inúmeras horas de seu tempo nos mercados e ao fogão.

Meu descontentamento foi supremo, meu amor-próprio ficou profundamente ferido, fiquei fervendo de raiva a ponto de espumar. O pior de tudo era que a culpa era minha!

---

44 Caramba, e agora? (N.T.)
45 Impressionar (N.T.)
46 Frango à moda de Toulon (N.T.)
47 Molho feito com estragão, chalotas, caldo de peixe, caldo *velouté*, creme e manteiga veneziana (N.T.)

Fiquei desesperada, achando que a escola jamais me daria um certificado. Eu, que era capaz de depenar, chamuscar, esvaziar e cortar um frango inteiro em doze minutos cravados! Eu, que era capaz de rechear um linguado com pescada e servi-lo com um molho de vinho branco que Madame Brassart jamais encontraria em nenhum outro lugar. Eu, a Suprema Mestra da maionese, *hollandaise, cassoulets*, chucrute, blanquete de vitela, batatas Anna, suflê *Grand Marnier, fonds d'artichauts, oignons glacés*, musse de faisão *en gelée, ballottines*, galantines, *terrines*, patês... Ai de mim!

Mais tarde, depois do almoço, fui disfarçadamente até o subsolo da Cordon Bleu sozinha. Abri o livretinho da escola, encontrei as receitas do exame, os *oeufs mollets* com molho *béarnaise, côtelettes de veau en surprise* e *crème renversée au caramel*, e preparei todas, com uma fúria lúcida, controlada. Depois as comi.

Capítulo 3

Três Amigas Gourmets

I. Les Gourmettes

Numa sexta-feira de abril de 1951, convidei oito integrantes do Le Cercle des Gourmettes para almoçarem no número 81 da Rue de l'Université. Les Gourmettes era um clube gastronômico exclusivamente feminino fundado em 1929, por algumas esposas dos componentes do Clube des Cent (o clube gastronômico masculino por excelência, limitado a cem membros), para mostrar que as mulheres também entendiam de culinária. A maioria das Gourmettes estava na casa dos setenta, tinha bons antecedentes familiares, e era principalmente francesa, embora a líder delas, Madame Paulette Etlinger, fosse uma senhora americana muito ativa que falava um meio-inglês/meio-francês inventado por ela própria. Elas se reuniam para almoçar ou jantar em uma cozinha modelo emprestada pela EDF (companhia de eletricidade e gás francesa, ou Électricité et Gaz de France) uma sexta-feira sim, outra não para um *cours de cuisine:* enquanto um *chef* profissional cozinhava e ensinava, as Gourmettes trocavam comentários e fofocas, e às vezes ajudavam a descascar e remover sementes, depois sentavam-se para saborear um almoço estupendo.

Eu havia entrado para o clube alguns meses antes, por insistência da Madame Etlinger, que queria mais integrantes americanas. Era muito interessante, pois conheci todos os tipos de francesas e aprendi muita coisa de culinária.

Eu havia instigado o almoço das Gourmettes *chez nous*[48] porque apreciava a dedicação das integrantes e queria conhecê-las melhor. Mas o que realmente queria era ajudar o *chef* Bugnard, que estava se aposentando da Cordon Bleu e oferecendo serviço de bufê e aulas particulares. Embora não tivesse mencionado isso aber-

---

48 Na nossa casa (N.T.)

tamente, meu plano era Bugnard preparar uma refeição tão impressionante que minhas convidadas também sentissem vontade de contratá-lo.

As Gourmettes se levavam bastante a sério, e enquanto eu andava pela casa, tirando o pó e ajeitando tudo, notei de repente que minhas peças de cerâmica Aubagne eram meio rústicas demais, e que havia mais de um lugar onde o papel de parede antiquíssimo estava se descolando da parede. Tínhamos um jogo lindo de taças de vinho, mas precisei correr até o andar de baixo e pedir emprestados uns talheres decentes à Madame Perrier. Mal acabei de arrumar tudo, a campainha tocou.

Minhas oito convidadas tinham de 45 a 73 anos, e eram todas francesas que levavam vidas elegantes "dans le temps". Todas elas olharam tudo com um ar de discernimento e expectativa.

O *chef* Bugnard começou com *tortues* de caranguejo triturado com camarão, ervas e maionese, servidos com torradas. Depois veio um fantástico *poularde Waterzooi*: frango cozido em vinho branco e caldo, sobre uma camada de cenouras, alho-poró e cebolas cortados à *julienne* e pré-cozidas na manteiga; tudo isso coberto com uma camada generosa de gemas de ovo e creme. E, como *grand finale*, serviu *crêpes Suzettes* flambados, que apresentou com um floreio teatral, ainda em chamas.

Recostadas nas cadeiras, com sorrisos de satisfação, ao final da refeição, as Gourmettes, encantadas, concordaram que meu querido velho *chef* tinha mesmo apresentado uma refeição soberba.

Quando as Gourmettes se reuniam para uma refeição, seus maridos, que se chamavam de *les Princes Consorts Abandonés*, costumavam se reunir também para um fabuloso almoço em um restaurante. Paul estava visivelmente empolgado para participar dessa atividade, e não ficou decepcionado na primeira saída com os Príncipes: "Este parece ser o grupo de *gourmets* civilizados, espirituosos, inteligentes que venho procurando todos estes anos", disse. Em ocasiões especiais, as Gourmettes e os Príncipes comiam juntos. Uma vez, uma multidão de mais ou menos trinta de nós viajou para o campo para comer em um encantador restaurante de fazenda, e houve outra vez em que cinquenta de nós foram a uma excursão da Câmara dos Deputados, com um guia, que nos mostrou a sala de audiências, a maravilhosa biblioteca antiga, os murais e estátuas, levando-nos depois ao restaurante dos deputados para uma refeição esplêndida. Como no grupo *Focillon*, achamos que tínhamos sorte de ter encontrado um bando assim interessante de amigos de ideias semelhantes às nossas e bem franceses.

Certo dia, resolvemos virar a noite fora, andando pela cidade. Paul e eu fomos acompanhados por Cora du Bois e Jeanne Taylor, amigas da época da OSS, para jantar no Tour d'Argent. O restaurante era excelente, sob todos os aspectos, mas era tão caro que todos os clientes eram americanos. Às onze e meia, fomos até a Place du Tertre, onde passamos pelos homens e mulheres que anunciavam mercadorias e os turistas que perambulavam pelas ruas estreitas, com esforço, e na Lapin Agile pagamos dois mil francos e nos espremamos para passar pela multidão até alguns bancos no fundo. O ar estava opaco de tanta fumaça de cigarro, e um músico tocava *woogie-boogie* em um piano de armário. Pedimos cerejas embebidas no conhaque, mas ninguém trouxe. Finalmente, um homem com uma excelente voz de barítono cantou quatro canções folclóricas tradicionais francesas, e depois nos espremamos para sair de novo, e respiramos profundamente o ar frio da noite. Passeamos pelo terraço diante da Sacré-Coeur, para olhar a cidade. Paris estava serena e silenciosa sob o luar, e parecia estender-se até o infinito.

Indo até a Place Pigalle, passamos no Les Naturistes. Bebendo cerveja no bar, assistimos a um *show* com mais ou menos vinte mocinhas com triângulos incrustados de strass andarem pelo palco no ritmo da música. O espetáculo não era lá grande coisa, portanto fomos até a Margem Esquerda, onde encontramos uma boate bastante animada chamada Le Club Saint-Yves. As paredes estavam forradas de cartazes, cartões postais e programas de teatro da década de 1890. Os frequentadores eram simples, todos franceses, obviamente se divertindo. O que os cantores não tinham em termos de voz, compensavam com personalidade e verve. Depois que a boate fechou, às três da matina, fomos para o Les Halles, e caminhamos, admirando os *forts des Halles,* os troncudos trabalhadores do mercado retirando caixotes de agrião fresco dos caminhões, empilhando flores recém-colhidas e se preparando para o dia. Estava frio e escuro, mas o vasto mercado era lindo sob as manchas de luz elétrica amarelada. À medida que a luz da aurora ia clareando o céu, a começar pelas beiradas, vimo-nos no Au Pied de Cochon, para uma tigela da tradicional sopa de cebola, taças de vinho tinto e canecas de café. Às cinco e quinze, fomos vagueando até chegar em casa.

Pela primeira vez, desde a guerra, as greves foram consideradas legais na França, e os comunistas passaram a se divertir confundindo tudo, instigando lutas na Câmara dos Deputados, e começando pequenas greves aqui e ali. Por volta da

Les Halles à noite.

primavera de 1951, Paris foi vítima de uma greve geral liderada pela Confederação Geral do Trabalho, ou CGT, a maior associação de sindicatos do país. Diziam que os comunistas dominavam a CGT, e que ela tinha, propositalmente, induzido os operários das áreas de gás, eletricidade, telefonia e os portuários a fazer greve com o objetivo aparente de "reivindicar aumento salarial" (uma necessidade legítima), mas na verdade para que a CGT lucrasse politicamente com isso (o que não era verdade).

Como consequência, não passava nenhum ônibus ou trem do metrô, não havia energia suficiente, e só um fiozinho de gás saía do nosso fogão. (Para evitar uma mistura explosiva de ar e gás de vazamento, eles continuaram a fornecer apenas o mínimo possível de gás, para que as tubulações não se esvaziassem.) Cozinhar se tornou um desafio. Até mesmo um jantar simples, de costeletas de carneiro (45 minutos), batatas cozidas (mais de uma hora), peras enlatadas (dez minutos), e toranja, de repente passou a não ser mais tão simples assim. Meu estoque de comida para gatos que duraria dez dias descongelou-se na geladeira. E quando demos um jantar para seis pessoas, precisei preparar a maior parte das coisas nos fornos elétricos do subsolo da Cordon Bleu.

Como na maioria das ruas a iluminação era a gás, a escuridão lembrava um blecaute, como no tempo da guerra. Dirigir à noite era perigoso, pois não se podiam ver os pedestres, as bicicletas pareciam vagalumes, e outros carros cegavam a gente com os faróis piscando a cada tantos segundos. Os poucos trens do metrô que ainda estavam funcionando viviam abarrotados como latas de sardinha, e as viagens levavam de duas a quatro horas, quando costumavam antes levar 40 minutos.

Paul e eu começamos o Serviço de Transporte Blue Flash, pegando e deixando os empregados da embaixada em toda a Paris, em Port de Clichy, Gare de Lyon, Nation e Commerce. Nunca vimos tanto tráfego assim. Metade era composto de bicicletas; o resto eram caminhões do exército sendo usados como ônibus para transportar as pessoas para o trabalho, e qualquer tipo de veículo que pudesse ser arrastado dos ferros-velhos e dos celeiros subterrâneos, e funcionasse com combustível caseiro.

Durante esse período conturbado, Paul ficou preocupado com duas coisas: o fato de que a maioria das pessoas não acreditava na existência de discos voadores, e o fato de que os Estados Unidos não estavam se esforçando o suficiente para preparar a Europa Ocidental para uma invasão soviética. Em ambos os casos, ele alegava, "as pessoas precisam ver a coisa para acreditar nela." Paul e Charlie, filhos de um engenheiro elétrico e uma cantora boêmia, compartilhavam de uma natureza dupla: eram ao mesmo tempo extremamente práticos e capazes de construir uma casa ou instalar um lustre sem nem mesmo piscar o olho; mas também eram místicos, adoravam os murmúrios dos videntes e acreditavam na possibilidade da existência de fantasmas e discos voadores.

Já eu não tinha essa mesma personalidade. Estava mais preocupada com o problema imediato à minha frente, como me deslocar em Paris durante as greves, onde encontrar os melhores aspargos, e como iria levar adiante o meu programa de autoeducação.

Eu andava tentando ler notícias "sérias": um ensaio no *Harper's* sobre a Inglaterra do pós-guerra, um artigo da *Fortune* sobre livre comércio, e me lembrar dos fatos e argumentações para debatê-los de forma inteligente nos jantares. Mas era muito difícil. Minha cabeça, cheia de furos, como uma peneira, não gostava de reter datas nem detalhes, queria só vaguear e esquivar-se. Se eu misturasse todos aqueles fatos e teses com um pouco de gelatina e clara de ovo, pensei, será que conseguiria retê-los melhor?

II. Volta para a Pátria

Dort e Ivan estavam noivos, e o casamento seria em Nova York, em junho de 1951. Ela abria-se como uma peônia perto dele, e eu apoiava a união dos dois. Mas não era segredo para ninguém que o João Grandão não estava nada satisfeito com o casamento. Exatamente como eu tinha feito, Dorothy tinha escolhido alguém completamente diferente do nosso pai para ser seu companheiro pelo resto da vida.

Preparamos uma festança de despedida para eles no 81 da Roo de Loo. A *pièce de résistance* da noite foi uma *galantine de volaille* gigantesca, que levei três dias para preparar e que tinha sido baseada em uma receita do *Larousse Gastronomique*. Primeiro, se faz um caldo soberbo, usando pernil, pés e ossos de vitela, para se cozinhar nele a carne. Depois se desossa um frango bem gordo de dois quilos e marina-se a carne dele com carne de porco bem moída e tiras de carne de vitela em conhaque e trufas. Depois se enforma o frango, recheando-o com uma boa fileira de trufas envoltas em *farce*[49], e uma tira fresca de toucinho, que se espera que fique no centro. Amarra-se tudo e cozinha-se no delicioso caldo. Depois de cozido o frango, deixa-se esfriar, decorando-se, no meu caso, com alho-poró disposto em volutas, pimentão vermelho, detalhes de trufa fatiada marrom para contrastar e pinceladas amareladas de manteiga. Depois cobri tudo com uma gelatina linda, feita de caldo clarificado.

Esse prato requintado demora para ser preparado, mas eu me diverti à beça. O pior foi colocar a decoração na parte de cima, que, na minha versão lápis-de-cor, ficou medíocre e infantil. Felizmente, o sempre gentil Sr. P. Child me socorreu, com um desenho mais elegante. O resultado final, devo dizer, foi magnífico, um bota-fora grandioso e merecido para os radiantes noivos.

Desde 1944, Paul e eu tínhamos passado quatro anos e meio fora dos Estados Unidos e dois anos e meio dentro do país. No dia 4 de maio, nós iríamos embarcar no *La Liberté*, com destino a Nova York, e estávamos animados para ver nossa distante pátria.

Antes de sairmos de Paris, com um nó na garganta, tínhamos decidido vender o Flash Azul. O carro tinha nos servido bem, levando presunto americano e vinho

---

[49] Carne de recheio finamente moída (N.T.)

Borgonha, espaguete italiano e máquinas de escrever suíças, assim como lagostas do Maine. Mas estava já chiando por todos os canos, a suspensão estava estourada, o cromo estava saindo e o motor estava meio descompassado, precisando de uns duzentos dólares em reparos. Encomendamos um carro novo, que iríamos buscar nos Estados Unidos.

Enquanto isso, o *chef* Bugnard havia me dito que, apesar do fiasco no meu exame, eu estava muito bem preparada para ser *chef* em uma *maison de la haute bourgeoisie*. Esse era um cumprimento bastante lisonjeiro, mas eu não me satisfazia mais em ser "apenas" uma cozinheira doméstica de alta classe. Cozinhar era tão interminavelmente interessante, que eu queria transformar essa atividade em carreira, embora não soubesse muito bem exatamente como. Meus planos eram começar dando algumas aulas a americanos em Paris. Minha diretriz seria transformar as pessoas em cozinheiras, em vez de ganhar rios de dinheiro; eu não ia perder dinheiro, mas me dedicaria a ensinar gastronomia em um clima de profissionalismo amistoso e encorajador.

Mesmo assim, para Freddie e eu abrirmos mesmo o restaurante Sra. Child & Sra. Child, eu ia precisar de um diploma da Cordon Bleu. Isso significava que ia ter que passar de novo pelo exame final.

Quando enviei uma carta para me informar, Madame Brassart voltou a me esnobar, deixando de responder. Já farta, mandei uma carta onde afirmei: "Estou surpresa de ver o pouco interesse que a senhora tem pelos seus alunos". Uma vez mais o *chef* Bugnard falou com ela por mim, e uma vez mais ela milagrosamente marcou uma data para o meu exame. Desta vez, em vez de me enfronhar em receitas difíceis, simplesmente decorei os pratos do livrinho da Cordon Bleu. Quando chegou o dia, fiz o exame na minha própria cozinha da Roo de Loo. Consistiu de uma prova escrita bem fácil seguida pela preparação de uma refeição básica para Bugnard e minha amiga Helen Kirkpatrick. Eu passei.

Em setembro, depois de termos voltado dos Estados Unidos, finalmente recebi meu diploma. Foi assinado pela Madame Brossart e pelo *chef* Max Bugnard, e tinha a data retrospectiva de 15 de março de 1951! Por fim, Julia McWilliams Child podia dizer que tinha se formado na Le Cordon Bleu, de Paris, França.

Enquanto isso, Dort e Ivan casaram-se numa cerimônia linda na Igreja de St. Thomas em Nova York. Depois do casamento, Paul e eu embarcamos no Chief na Estação Pensilvânia e percorremos a familiar e ao mesmo tempo desconhecida ferrovia U.S.A. até a Califórnia, onde o clima, as flores e as árvores eram sempre maravilhosos, todos tinham um Cadillac e onde, conforme Candide dizia, "tudo era para o bem, neste melhor de todos os mundos possíveis."

Em Pasadena, nos deixamos absorver por uma torrente aparentemente interminável de coquetéis, almoços e jantares. O clima de tranquilidade e charme de lá parecia ao mesmo tempo intimamente familiar e estranhamente estrangeiro. Fiz o máximo para me comportar com educação e ser otimista durante nossa estadia de duas semanas. E Paul também, quase tendo um entorse muscular tentando expressar-se de maneira positiva e ao mesmo tempo ser fiel a suas verdadeiras convicções. Precisou morder a língua quando os amigos do meu pai zombaram com toda a naturalidade do Presidente Truman, dos judeus, dos negros, das Nações Unidas, e de todos "aqueles Phi Beta Kappas" lá de Washington.

De volta a Nova York, nós pegamos nosso carro novo em folha, um reluzente Chevrolet Styleline Deluxe preto, sedã, modelo 2102, e imediatamente o batizamos de La Tulipe Noire. A Tulipe nos levou para o norte, pelas interestaduais, até a cabana de Charlie e Freddie no Maine, onde os pneus novos e os para-choques do nosso carro foram imediatamente batizados por uma boa lama marrom grudenta, bem à antiga. Durante a semana seguinte, conseguimos tomar sol, nadar e tirar a Califórnia e suas frustrações da cabeça. Enquanto Paul ajudava o Charlie a construir uma estrada nova, derrubar árvores e erigir um novo cômodo para a cabana, eu me ocupava fazendo pão e *bouillabaisse*[50] na cozinha improvisada. Foi mesmo paradisíaco esse curto período. Em meados de julho, comemoramos meu trigésimo-nono aniversário (um mês antes da data certa) com um piquenique na praia pedregosa, onde minha sobrinha Rachel me deu um chapéu gloriosamente engraçado, decorado com flores silvestres, conchinhas e molas malucas.

Finalmente, voltamos a Nova York e embarcamos no *Nieuw Amsterdam*, para uma viagem tranquila de volta à França. Chegamos ao porto Le Havre no dia 27 de julho.

Depois de irmos a Ruão de carro, paramos para almoçar no La Couronne, onde pedimos exatamente a mesma refeição que tínhamos pedido no meu primeiro dia na França, mais de dois anos e meio antes: *portugaises* (ostras), linguado *meunière*, *salade verte*, *fromage blanc* e *café filtre*. Ah, que beleza! Foi uma refeição tão sublime quanto a primeira, aquela, só que agora eu era capaz de identificar os aromas no ar

---

50 Sopa de peixe (N.T.)

mais rápido que o Paul, pedir meus pratos sem ajuda, e apreciar inteiramente a arte da cozinha. O La Couronne era o mesmo, mas eu tinha mudado.

III. La Chasse

Estávamos na *morte-saison*, e mais ou menos um milhão de parisienses tinham evacuado a cidade e ido tirar férias de verão. Todos os restaurantes decentes tinham sido fechados e estavam com tábuas pregadas nas janelas. Também as lavanderias. Pretendíamos pintar a cozinha de novo, mas não foi possível encontrar ninguém para fazer isso por nós. Paul passou uma noite em casa, consertando o que podia, preenchendo buracos nas paredes de couro de Córdova da sala de jantar, pendurando um belíssimo quadro de nu artístico pintado pelo Charlie no nosso quarto, depois usando a madeira da caixa do quadro para acrescentar trinta centímetros ao estrado da nossa cama. Por fim meus pés tamanho 42 iam poder descansar no colchão, em vez de ficarem pendendo da cama como gárgulas.

Os habitantes da cidade tinham saído, mas as ruas de Paris estavam repletas de jovens de todo o mundo. Muitos deles eram escoteiros, voltando de um *jamboree* mundial na Áustria. Um deles, um primo de quinze anos chamado Mac Fiske, almoçava, jantava e tomava banho na nossa casa.

– O que os escoteiros comem, afinal? – indaguei.

– Uma montanha de comida – brincou Paul. E tinha razão. Mac tinha o apetite de um lobo russo. Quando foi embora, disse: – Vocês são muito simpáticos! São os únicos que vi por aqui que têm comida a rodo o tempo inteiro!

Em setembro, o tempo ficou chuvoso e gelado, e satisfatoriamente belo, com grandes nuvens tempestuosas alternando-se com réstias brilhantes de luz solar. A Tulipe Noire ainda estava com placas de Nova York, mas a chuva lavou a lama da Nova Inglaterra do nosso carrinho. Paul estava ocupadíssimo no USIS, organizando um exposição das obras de Frank Lloyd Wright, e indo a um milhão de recepções oficiais.

Em outubro, estávamos em um coquetel na casa de Averell Harriman, onde notei que ele tinha pendurado nas paredes fotos de alguns de seus heróis, como o

General Sherrill. Isso me deu uma ideia: se um dia eu tivesse um restaurante, iria pendurar nas paredes fotos de alguns de meus heróis: Carème, Escoffier, e *naturellement*, Bugnard. Deve-se sempre estar preparada para o futuro!

O outono era a estação de caça, "la chasse", que era uma paixão levada a sério pelos franceses, e de repente apareceram animais selvagens de todos os tipos de pelos e penas nas feiras. Lebres e coelhos pendiam inteiros dos ganchos; os alces, javalis e veados eram apresentados com cascos e pelos intactos. Os vendedores insistiam nisso, explicou Bugnard, por que como a pessoa saberia o que estava comprando, se o bicho já estava todo escorchado e embrulhado?

Eu estava louca para ver essas iguarias, e fiquei encantada quando Bugnard me ensinou onde comprar um bom quarto traseiro de veado e como prepará-lo. Peguei uma peça de boa aparência, depois marinei-a em vinho tinto, legumes aromáticos e ervas e pendurei-o durante vários dias em um saco grande na janela da cozinha. Quando achei que já estava pronto, pelo cheiro, assei-o por muito tempo. A carne de veado assada foi um jantar esplêndido, com um sabor bem acentuado de caça, e durante dias depois disso Paul e eu comemos aquela carne fria muito especial. Depois que acabou a carne de veado, ofereci o enorme osso à Minette.

— Gostaria de experimentar isso, gatinha? — perguntei a ela, deixando a travessa no chão. Ela aproximou-se, desconfiada, e farejou o osso. Depois seu cérebro deve ter registrado os sinais de que era carne de caça, porque de repente ela arqueou as costas e, com os pelos arrepiados, soltou um "grrrrrrr!". Pulou em cima do osso, e, agarrando-o com os dentes aguçados, arrastou-o para o tapete da sala de estar, que era persa mas bem gasto, e ficou roendo o osso durante uma boa hora antes de sair. (Até mesmo nesses momentos de emoção, ela raramente encostava as patas no osso, preferindo usar os dentes.)

As aves selvagens são especialmente populares no outono. Veem-se bandos de faisões e tetrazes, galinholas de bicos longos e finos, perdizes e patos selvagens nos mercados de todas as aldeias, vilas e cidadezinhas. Parece que os franceses comem quase todas as criaturas que tenham penas e voem, desde os tordos até as andorinhas e melros, e também as cotovias (chamadas de *alouettes*, como na canção "Alouette, Gentille Alouette"); em diversas ocasiões, comemos um pássaro minúsculo porém delicioso chamado *un vanneau*, ou ventoinha.

A perdiz foi uma das minhas descobertas preferidas. Durante uma exploração matinal do Les Halles, o *chef* Bugnard parou em uma banca de um amigo, e pegando uma perdiz, disse:

— Aqui temos uma *perdreau*. — O nome genérico para a ave é *perdrix*, mas as jovens são chamadas de *perdreau*. Ele decidiu demonstrar como preparar o famoso *perdreau rôti sur canapé*, perdiz assada sobre uma torrada com uma camada de seu próprio fígado cortado em cubinhos.

Dobrando a ponta do osso do peito da ave, ele disse:

— Sinta isso. Ele se dobra um pouquinho no fim. — Com alguma dificuldade, a princípio, por causa das penas, consegui sentir o osso. Ele realmente tinha uma flexibilidade de meia polegada para o lado da cauda. As pernas da ave e seus pés também foram inspecionadas pelo *chef*: se houvesse uma garra acima da parte traseira do calcanhar, estava madura; *perdreaux* novas têm apenas um carocinho onde a garra iria crescer, e as pernas não estão enrugadas pela idade. As penas também revelam algo, pois as aves novas têm as pontinhas brancas.

Pegando uma perdiz madura, uma *perdrix*, ele disse:

— Quando sentir um osso rígido desde o pescoço até a cauda, a ave está madura. — Deve-se refogar a *perdrix* com repolho — disse ele, e *perdrix en chartreuse* é a receita clássica.

No Restaurant des Artistes, na Rue Lepic, o *chef* Mangelatte ofereceu-nos uma maravilhosa *perdreau* assada sobre uma torrada, cercada por raminhos de agrião bem fresco e uma pequena pilha de crocantes batatas palito. Sua cabeça muito bem corada, sem penas mas ainda com pescoço e bico, se curvava em torno do ombro, e nos seus pés, garrinhas diminutas, dobravam-se dos dois lados do peito. Não tem nada a ver com a forma de apresentação de um prato americano, mas quem gosta de carne de caça quer ver todos esses apêndices indicativos, só para ter certeza de que é mesmo uma *perdreau* que está ali na travessa.

O *chef* cortou as pernas, as asas e o peito das perdizes com uma destreza maravilhosa, e serviu a cada pessoa uma ave inteira, inclusive as costas, os pés, a cabeça e o pescoço (ao comer carne de caça, a gente mordisca tudo). Ele tinha colocado o peito no canapé, uma fatia oval de pão branco torrado em manteiga clarificada, sobre a qual estava o fígado, que tinha sido cortado em cubinhos bem pequenos com um pouco de bacon fresco. Depois misturou algumas gotas de vinho do Porto e temperos antes de colocar a torrada com fígado na grelha por alguns momentos. O molho? Simples, feito com o caldo do assado diluído em um pouco de vinho do Porto e com um tantinho de manteiga. Delicioso!

A ave em si é minúscula, com um aroma diferente, de carne escura e rosada, tostada e embebida em vinho, também tentadora porém sutilmente selvagem. Deve ser pendurada durante tempo suficiente para que, quando se separam as penas do peito, se sinta o cheiro de carne de caça; depois depena-se a ave, assando-se logo em seguida.

Era esse o tipo de prato pelo qual eu tinha me apaixonado: não era uma complicação da moda, sofisticada, só algo muito bom de comer. Era culinária francesa clássica, onde os ingredientes haviam sido cuidadosamente selecionados e maravilhosamente preparados, com habilidade. Ou, nas palavras do famoso gastrônomo Curnonsky, "Comida que tem o gosto do que realmente é."

IV. SIMCA E LOUISETTE

UM DIA, EM NOVEMBRO DE 1951, convidamos uma Gourmette, Madame Simone Beck Fischbacher, para almoçar na Roo de Loo. Conversamos sobre comida, naturalmente. Ela era uma francesa alta, vistosa, vigorosa, de mais ou menos 42 anos, com cabelos louros até os ombros e repartidos de lado, pele leitosa muito branca, maçãs do rosto salientes, óculos de armação escura e convicções muito firmes.

Criada pela família aristocrática na Normandia (seu avô produzia o licor Benedictine), ela tinha sido parcialmente educada por babás inglesas, e sabia falar um inglês bom, embora com muito sotaque. Era louca por comida, e sua especialidade eram doces e sobremesas. Era intensamente energética. Embora jamais tivesse ido à faculdade, Simone tinha canalizado seu vigor para coisas como encadernação, a princípio, e depois culinária, que era sua verdadeira paixão. Ela estudou na Cordon Bleu com o famoso *chef* e autor Henri-Paul Pellaprat, que também tinha contratado para lhe dar aulas particulares de culinária. Tinha vastos conhecimentos sobre a cozinha de sua região natal, a Normandia, que fica no norte da França, conhecida pela deliciosa manteiga, sua carne bovina e suas maçãs.

O segundo marido da Simone, Jean Fischbacher, era um alsaciano entusiasmado e engenheiro químico na empresa de perfumes L. T. Piver. (O primeiro casamento dela havia terminado em divórcio). Para Simca e Jean, o assunto comida era uma coisa preciosa e significativa. Durante a guerra, eles tinham sofrido privações horríveis. Jean tinha sido capturado pelos nazistas, e Simca lhe enviava mensagens costuradas dentro de ameixas pretas entregues no seu campo de concentração. Homem bem-humorado e culto, ele tinha apelidado a mulher de Simca, o pequeno modelo da Renault que ela dirigia: ele achava engraçado como uma mulherona daquelas (ela tinha um metro e setenta e seis, o que era bastante para uma francesa), podia caber num carrinho tão pequeno.

Simca e eu havíamos nos conhecido no princípio do ano em uma festa para franceses e americanos ligada ao Plano Marshall. Sabendo que éramos ambas obcecadas por comida, nosso anfitrião, George Artamonoff, ex-presidente da Sears International, nos apresentou. Simca e eu fomos com a cara uma da outra e ficamos amigas na hora. Falamos de comida, preparação de comida, gente que curtia comida, vinho e restaurantes. Poderíamos ter passado a noite conversando, e concordamos em nos encontrar outra vez.

Alguns dias depois, Simca me apresentou a outra Gourmette, Madame Louisette Bertholle, uma mulher delgada e bonita, com cabelos pretos curtos, que tinha passado algum tempo em Nova Orleans, Louisiana, e Grosse Pointe, Michigan. Era casada com Paul Bertholle, o representante europeu de uma empresa química americana; eles tinham duas filhas. Louisette era uma pessoa muito simpática, miúda e sempre bem arrumada, com um temperamento maravilhosamente vago. Como Paul dizia, ela era "a ideia que todo americano tem de uma francesa perfeita".

Acabei descobrindo que Simca e Louisette estavam escrevendo um livro de culinária que planejavam publicar nos Estados Unidos. (Simca já havia publicado um livreto de receitas, *Le pruneau devant le fourneau*, sobre ameixas pretas e licores de ameixa, para um grupo de fanáticos por ameixas pretas.) Louisette tinha contribuído com alguns pratos, mas Simca me contou que ela é que tinha trabalhado como louca para reunir mais de cem receitas para o livro delas, ideias saídas de experimentos, dos cadernos de anotações da sua mãe, dadas pelo cozinheiro da família, indicadas por *chefs* de restaurantes, pelas Gourmettes, e daí por diante. Ela havia enviado as receitas para uma amiga da família nos Estados Unidos, Dorothy Canfield Fisher, autora de sucesso, natural de Vermont, que era componente do quadro editorial do Clube do Livro do Mês.

A Sra. Canfield Fisher não mediu as palavras ao responder: "Não vai funcionar", disse ela. "Não passa de uma série de receitas sem muitas informações sobre o comportamento dos franceses com relação à comida e suas formas de fazer as

Louisette, eu e Simca na cozinha da Roo de Loo, usando o famoso pilão para fazer *quenelles*.

coisas." Os americanos estavam acostumados a comer muita carne e alimentos processados, disse ela, e a culinária francesa era praticamente desconhecida lá. "Vai precisar colocar um prefácio além das receitas e acrescentar histórias curtas, algo que explique como é que os franceses cozinham." A Sra. Canfield Fisher terminou a carta com uma sugestão: "Arranjem uma americana que seja louca por comida francesa para colaborar com vocês; alguém que conheça a culinária francesa e consiga explicar as coisas com o ponto de vista dos americanos em mente."

Foi um ótimo conselho. Através de uma amiga da Louisette, as aspirantes a autora tinham conseguido enviar sua coleção de receitas a uma editora de Nova York, a Ives Washburn. A Washburn tinha concordado em produzir e distribuir o livro, e havia entregue o original delas para um revisor autônomo de culinária chamado Helmut Ripperger, que iria adaptar o livro para o mercado americano.

Parecia uma ideia magnífica, um livrinho modesto cheio de receitas francesas comprovadas na prática, escrito só para americanos. Eu lhes desejei *bonne chance!*

Essa conversa sobre comida me deixou ansiosa para colocar o toque final nas minhas próprias receitas e começar a ensinar culinária. Meus alunos ideais seriam exatamente o tipo de pessoa que eu era antes: aspirantes a excelentes cozinheiros domésticos, capazes de produzir os temas básicos e as variações da *cuisine burgeoise*, mas não sabia por onde começar. Simca e Louisette debateram a ideia comigo, e depois debateram mais um pouco, e quando vimos, já tínhamos concordado em começar uma escolinha, bem ali em Paris!

Com o conhecimento delas de culinária e seus contatos locais, minha recente experiência na Cordon Bleu e acesso a estudantes americanos, parecia um passo lógico para nós três darmos juntas. Unanimemente concordamos que nossos preços seriam simbólicos, só o suficiente para as despesas, e que nossas aulas seriam abertas a qualquer um que quisesse participar delas. Louisette ofereceu a cozinha de seu apartamento grandioso na Avenue Victor Hugo, na Margem Direita, uma vez que terminasse sua reforma. Eu me ofereci para colocar um anúncio no jornal da embaixada americana. E para agradar às Gourmettes que haviam nos apresentado, decidimos chamar nossa escola de L'École des Gourmettes.

V. L'ÉCOLE

EM DEZEMBRO DE 1951, a revista *Life* publicou um artigo chamado "First, Peel an Eel" (Primeiro, tire a pele da enguia), sobre a Cordon Bleu. Nele a autora, uma americana chamada Frances Levison, narrava seu curso elementar de culinária de seis meses com o *chef* Bugnard em um estilo engraçado e irônico. Ela criticou as salas pequenas da escola, os fornos que não funcionavam, as facas antiquíssimas, a falta de suprimentos básicos, os professores "crípticos", e o "comportamento francês com relação à higiene e a água, sendo que nenhuma das duas coisas é muito apreciada por lá". Talvez ela tenha exagerado para dar um efeito dramático, mas o que tinha narrado estava basicamente correto.

Em Paris, todos ficaram alarmados com o impacto que esse artigo da *Life* teria na escola. Mas quando Simca e Louisette debateram o assunto com Madame Brassart, ela fez um gesto de desprezo e negou que a escola estivesse tendo quaisquer problemas.

Em meados de dezembro, o *chef* Bugnard me disse que, desde que o artigo tinha sido publicado, "Não fizeram nada para melhorar as coisas" na escola. E quando fui lá ver duas demonstrações de culinária pouco antes do Natal, não pude deixar de notar que não havia tomilho, o alho era pouco, uma cesta estava quebrada e não havia forma adequada para assar *nids de pommes de terre*[51]. Que lástima.

No dia 15 de janeiro, de 1952, Paul e Charlie comemoraram seu aniversário de 50 anos um de cada lado do Atlântico. Paul ficou o tempo todo se alternando entre a depressão por estar ficando velho e o contentamento por sua ideia de que a "velhice é um estado de espírito e uma função de hipnose em massa em vez de um absoluto". Passou a citar a frase *Illegitemus non carborundum est* (Não deixem esses safados te derrubarem).

Em Lumberville, Pensilvânia, nossos parentes do campo, Charlie e Freddie, começaram sua comemoração de meio século com champanhe gelado e entraram pela noite adentro, numa espécie de festa sem limites.

Em Paris, enquanto isso, a comemoração do quinquagésimo aniversário do

---

51 Literalmente "ninhos" de batata feitos em forminhas no forno (N.T.)

Paul foi a festa mais impressionante que já tínhamos organizado na vida. Convidamos seis casais para jantar. Para que eu não tivesse que entrar e sair da cozinha a noite inteira, contratamos o *chef* Bugnard para cozinhar, um *maître* para servir à mesa, e outro homem para servir o vinho. Jeanne Maluca ficou fora de si de empolgação, e ajudou entusiasticamente na cozinha. Paul escreveu os convites à mão, e fizemos "medalhas" bem bonitas de fita de seda colorida, alfinetes esmaltados e inscrições malucas para cada convidado (na minha estava escrito "Marquesa da Musse Manquée"). Paul escolheu os vinhos na nossa cave para combinar com o cardápio elaborado que o *chef* Bugnard e eu compusemos juntos: *amuse-gueules au fromage* (canapés quentes de massa folhada com queijo, servidos na sala de estar com champanhe Krug); *rissolettes de foie gras Carisse*; *filet de boeuf Matignon* (servido com um Bordeaux quase perfeito, Château Chauvin 1929); *les fromages* (Camembert, Brie de Melun, Époisses, Roquefort, Chèvre); *fruits rafraîchis*; *gâteau de demi-siècle*[52]; cafés, licores, conhaque de cem anos, charutos havana e cigarros turcos.

Três dias antes da festa, Paul acordou com o maxilar inferior inchado e dolorido. Na hora do desjejum ele não conseguiu nem morder um pedacinho macio de pão sem dar um pulo de um metro da cadeira por causa da dor. Seria um sinal da Assustadora Decadência? Seria uma reação psicológica ao aniversário de 50 anos? Ou só puro azar? Furioso consigo mesmo ele engoliu punhados de pílulas de Empirin para aliviar a dor, mas não fizeram efeito.

— Mas que virada mais cínica do botão da Máquina do Destino! – exclamou Paul, desesperado. O dentista descobriu que Paul estava com um caso avançado de piorreia; e no final precisou arrancar três dentes seus. Temporariamente, o dentista lixou as superfícies dos dentes atingidos do Paul, raspou depósitos calcáreos de baixo das gengivas, e injetou ácido lático no buraco.

Na noite de segunda, Paul estava com febre, e não era o aniversariante dos nossos sonhos. Para melhorar ainda mais as coisas, ele tinha mordido a língua enquanto estava anestesiado. Mas a festa foi maravilhosa assim mesmo.

Paul sorriu, muito elegante, de colete de lã verde-vivo com botões de metal, uma gravata vermelha e meias vermelhas. Eu estava com uma coroinha de rosas minúsculas na cabeça, às quais acrescentei uma coroa de ouro que Hélène Baltrusaitis tinha me dado. O *chef* Bugnard fez mágicas na cozinha, e todos concordamos

---

52 Bolo de 50 anos (N.T.)

que foi uma das melhores refeições que nós jamais tínhamos comido em qualquer lugar e em qualquer época.

Alguns dias depois da festa, nossos vagos planos para montar uma escola de culinária de repente começaram a se tornar realidade, quando Martha Gibson, uma mulher de Pasadena, rica, de mais ou menos 55 anos, ligou para dizer que queria tomar aulas de culinária. No dia seguinte, uma amiga dela, a Sra. Mary Ward, ligou para dizer que também gostaria de entrar na escola. Depois uma terceira americana, de 40 anos, e muito elegante, chamada Gertrude Allison, ligou querendo a mesma coisa. Todas as três tinham muito tempo livre e dinheiro para gastar.

Só havia um problema: nós, as três mestras, não estávamos exatamente preparadas para elas. A reforma da cozinha da Louisette ainda não tinha terminado, e não tínhamos debatido quais seriam os cardápios, nem como iríamos dar as aulas, e também nunca tínhamos cozinhado juntas. Mas será que alguém está completamente pronto para uma nova empreitada, principalmente em uma profissão como a culinária, onde há pelo menos cem formas de se cozinhar uma batata?

Tant pis, decidimos. Temos três alunas e três professoras. *Allons-y!*

L'École des Gourmettes deu sua primeira aula no dia 23 de janeiro de 1952, na nossa cozinha do 81 da Rue de l'Université. Nós nos concentramos em comida francesa, pois era só isso que sabíamos, e técnicas clássicas, pois sentíamos que uma vez que os alunos tivessem as ferramentas básicas, podiam ser adaptadas para a culinária russa, alemã, chinesa ou qualquer outra. Havia bastante debate, *parmi les professeurs*[53], pois nossos métodos eram diferentes. Enquanto Simca e eu tínhamos uma abordagem mais científica (ou seja, medíamos quantidades) a Louisette era mais romântica (usava uma pitada de sal ou a mão cheia de água, e fazia tudo por instinto).

Minhas colegas tinham toda uma vida comendo e cozinhando na França, e tinham escrito um livro de culinária juntas. Eu tinha aprendido como limpar e cortar todos os tipos de coisas, feito molhos maravilhosos, e afiado facas; além disso, usava a visão prática dos americanos para ensinar como escolher, comprar, cozinhar e limpar sem equipe (coisa que Simca e Louisette não tinham a menor ideia de como fazer). Levamos algum tempo para nos acostumar a trabalhar lado a lado, mas a combinação de nossas três personalidades terminou por ser muito benéfica.

---

53 Entre as professoras (N.T.)

Toda terça e quarta, começávamos a aula às dez e terminávamos à uma da tarde, com o almoço. Um cardápio típico incluía peixe cozido, patinho, salada e uma torta de banana. Antes nós fazíamos uma vaquinha e comprávamos os ingredientes; depois datilografávamos anotações detalhadas no cardápio, passos para preparação, e as técnicas que íamos usar. O clima de nossas aulas era exatamente o que esperávamos: caseiro, divertido, informal, porém emocionante. Todos tinham liberdade de fazer comentários ou críticas, e se alguém cometesse um erro, analisávamos o que tinha acontecido e encontrávamos soluções para evitar o problema. Em uma das primeiras aulas, usamos uma receita de sopa de alho-poró, batata e agrião; em vez usar creme de leite, usamos um pouco de leite velho, que estava talhado. Foi embaraçoso, mas nós continuamos assim mesmo. Nós, professoras, estávamos aprendendo tanto quanto, senão mais, do que as alunas!

Cobramos sete mil francos (mais ou menos vinte dólares) pelas primeiras três aulas, menos de 7 dólares por pessoa. Isso incluía tudo, inclusive os três dólares para a manutenção da cozinha utilizada nas aulas.

Meus amigos das feiras estavam fascinados com a nossa *école*. O vendedor de frangos da Rue Cler fazia um preço especial para nós, e estava ansioso para dar a nossas alunas uma demonstração de como escolher uma ave perfeita. O açougueiro também manifestou o mesmo desejo com relação a suas carnes. A Dehillerin, a loja de equipamentos de cozinha, ofereceu um desconto de dez por cento para todas as compras das alunas. Jeanne Maluca adorava as aulas; chegava à uma hora para comer as sobras e ajudar a tirar os pratos e lavar a louça. Minette também se interessava, embora sentisse que não estava recebendo todas as sobras que deveria.

Tivemos sorte com as nossas primeiras alunas, pois eram entusiasmadas e estavam dispostas a empenhar-se. Martha Gibson e Mary Ward eram ambas viúvas, e muito simpáticas, mas nenhuma delas tinha uma paixão na vida. Gertrude Allison tinha passado três anos trabalhando em bufês, e havia estudado economia doméstica na Columbia University, possuindo um bom tino para negócios. Era proprietária de uma estalagem em Arlington, Virginia, chamada a Casinha de Chá da Allison, cujos fregueses, em sua maioria, eram funcionários do Pentágono que iam almoçar lá e famílias, durante a noite. Gertrude dizia que tinha tido muitas aulas de culinária em Nova York, com o *chef* inglês Dione Lucas, que tinha considerado competente, porém não muito preciso. Eu lhe perguntei sobre a parte econômica do seu restaurante. Ela cobrava US$ 1,75 a US$ 3,50 por jantar, acrescentando que

L'École des Gourmettes.

Chef Bugnard dando uma aula na nossa école.

estudos mostravam que os donos de restaurantes não deviam gastar mais que 6% de sua receita bruta com o aluguel.

Em uma quarta-feira, Paul voltou para casa para almoçar conosco, e trouxe Mary Parsons, bibliotecária do USIS, que morava no mesmo hotel que Mary Ward. Servimos linguado *meunière*, uma salada mista com ovos cozidos picados, e uma sobremesa de *crepes Suzettes* flambados *au Grand Marnier*. Enquanto nos olhava, ocupadas na cozinha, Paul ficou surpreso de ver como as alunas e professoras estavam se divertindo.

Nossas alunas não tinham muito costume de beber vinho, e ficavam fazendo comentários desinformados como: "Ah, de vinho, eu não gosto." Quando Mary Ward disse: "Eu nunca bebo vinho tinto; só gosto do branco", Paul interpretou isso como uma ofensa pessoal.

— Isso é como dizer, "nunca falo com franceses; só falo com italianos" – argumentou. Depois lhe ofereceu uma taça de vinho tinto que considerava bastante bom, um Château Chauvin, 1929, um Bordeaux floral, bem arredondado. Mary tomou um gole e comentou:

— Nossa, nunca imaginei que o vinho tinto pudesse ter um gosto desses!

E em consequência disso, Paul concordou em dar à turma uma palestra sobre vinhos. Explicou como combinar determinados vinhos com determinados pratos, como guardá-los adequadamente, e daí por diante. E no final nos serviu uma excelente garrafa de Médoc 1929, convertendo três incrédulas.

Quanto mais morávamos em Paris, mais a cidade e seus habitantes se arraigavam em mim. Gostávamos especialmente das noites do *le groupe Focillon*[54], na casa de Baltru. Era um grupo memorável. Louis Grodecki, conhecido como "Grod", um historiador de arte polonês, de óculos de lentes grossas, muito expressivo, tinha cerca de trinta e nove anos, e era especialista em vitrais medievais. Tinha feito uma descoberta importante na Abadia de Saint-Denis, segundo a qual o edifício original tinha sido construído no século VI, e era bem mais antigo do que diziam os arqueólogos rivais. Ele estava vibrando de felicidade com sua vitória.

Jean e Thérèse Asche tinham se tornado amigos queridos. Ela dava aulas de ensino primário, e Jean era professor de história da edificação no Conservatoire de

---

54 Henri Focillon (1881-1943) foi um grande historiador de arte francês, cujos alunos eram integrantes do grupo ao qual a autora se refere (N.T.)

Arts e Métiers. Estava seguindo uma dieta rigorosa devido aos efeitos de sua estadia no campo de concentração de Buchenwald; forçado a carregar pedras pesadas lá, sofria de hérnia de disco; dos seiscentos homens da sua unidade, apenas dois sobreviveram ao campo. Os Asche continuavam inteligentes, cordiais e sensíveis, e Paul e eu adorávamos sua companhia.

Nossa luminosa anfitriã, Hélène Baltrusaitis, continuava sendo minha maior amiga em Paris. Jurgis, porém, parecia ficar mais amargo, irritadiço e egocêntrico a cada dia. Paul passou a chamá-lo de Iogurte. Parecia não tomar conhecimento do filho, Jean, um garoto maravilhoso porém meio desorientado. Paul fez questão de falar com o menino e lhe dar aulas de aquarela. Até concordamos que se os Baltruses morressem em algum desastre de avião, Paul e eu cuidaríamos do Jean.

Mas as pessoas vivem nos surpreendendo. Jurgis, segundo ficamos chocados ao descobrir, era um genuíno herói de guerra. No início da década de 1940, o padrasto da Hélène, Henri Focillon, tinha fugido para os Estados Unidos, de onde transmitia mensagens antifascistas para a França em uma rádio clandestina. Só que, na pressa de fugir, Focillon tinha deixado vários papéis incriminadores na sua casa de campo, cheios de nomes de guerrilheiros da resistência francesa. A casa, perto de Chaumont, foi ocupada por um grupo de engenheiros alemães, que, pelo que todos sabiam, jamais encontraram os papéis. Depois de um ano, os engenheiros foram transferidos para outro lugar. Jurgis soube que uma nova leva de alemães iria chegar dentro de dois dias. Então foi de Paris até Chaumont, arrombou a porta da casa, encontrou os tais papéis e destruiu-os logo antes de o novo contingente chegar. Inegavelmente, demonstrou uma bravura e um altruísmo heroicos.

Em setembro de 1952, nossa permanência de quatro anos no USIS iria terminar automaticamente. E o que aconteceria conosco depois disso? Ninguém sabia. Apesar de todos os nossos esforços para adivinhar o futuro, nenhum tipo de informação vinha de Washington. Pelo que sabíamos, Paul podia receber uma proposta para aceitar novo cargo no exterior, ser chamado de volta aos Estados Unidos ou ser rudemente expulso do governo.

A ideia de precisar sair de Paris me deixou deprimida. Nossos três anos e tanto por lá tinham sido tão gloriosos e passado tão rápido, deixando tanto a aprender e a fazer, que só de pensar em levantar acampamento já me deixava gelada e infeliz. Muitas conversas girando em torno da ideia de "O que vamos fazer a seguir?" se seguiram, e a conclusão foi uma decisão fundamental: se nós deixássemos de trabalhar para o governo, íamos tentar encontrar outro trabalho em Paris e ficar por lá mais um ano pelo menos.

Simca, Louisette e eu tínhamos, por motivos diplomáticos e psicológicos, mudado o nome da nossa escola para L'École des Trois Gourmandes, que eu traduzia mais ou menos como "Escola das Três Gastrônomas". Anita Littell, esposa de Bob Littell, chefe de redação do Reader's Digest na Europa, e duas outras mulheres tinham se matriculado na escola, mas antes de começarmos a trabalhar com essa turma, Simca e eu passamos horas praticando sozinhas.

Fizemos experiências com receitas, equipamentos e ingredientes, e várias descobertas úteis. Trabalhando com massa de torta, por exemplo, provamos os ingredientes franceses e americanos. Para nosso horror, descobrimos que a farinha francesa é bem mais encorpada que a americana, e os franceses precisavam de um terço menos de gordura para fazer uma massa de torta friável. Por que isso? Eu queria saber. Supúnhamos que, para que a farinha americana durasse para sempre nas prateleiras dos mercados, devia ser submetida a processamento químico que removia suas gorduras. A farinha francesa, por outro lado, era deixada no estado natural, embora ficasse "velha" mais rápido e criasse bichinhos. Para fazer nossa receita francesa dar certo com farinha americana, testamos proporções diferentes de farinha e manteiga, farinha e margarina (uma substância que eu detestava e à qual me referia dizendo "aquela outra gordura"), e farinha e banha; depois prováwamos as massas, quente e fria. Com base nas nossas experiências, ajustamos as proporções. Deu um trabalhão, mas foi um processo de aprendizado plenamente satisfatório.

Simca estava cheia de ideias criativas para entradas e bolos e doces, e fazia coisas deliciosas com açúcar, claras de ovos e amêndoas pulverizadas. Este último ingrediente eu não achava que se poderia encontrar em abundância nos Estados Unidos. Para descobrir isso, escrevi para Freddie e perguntei o que podia encontrar no seu supermercado local. Ela respondeu dizendo que embora não houvesse amêndoas pulverizadas na sua comunidade rural da Pensilvânia, podia ser que elas fossem vendidas em locais como Manhattan ou Chicago. Esse tipo de relatório feito do local pela minha *belle soeur* nos Estados Unidos foi extremamente útil. Ela também me mandou fotos dos diferentes cortes de carne do açougueiro, e um jogo de medidas americanas. Aos poucos, estávamos progredindo!

Nesse meio tempo, eu andava trabalhando nos meus "garranchos", ou seja, minha coleção de receitas. Fiquei boba ao descobrir, olhando mais de perto, como muitas das receitas dos livros bem conceituados eram inexatas, e até que ponto as nossas precisariam ser exatas para que nossa obra valesse a pena. Cada receita levava horas de trabalho, mas finalmente estava conseguindo organizá-las. Através de muita tentativa e erro, por exemplo, eu tinha deduzido exatamente qual a quantidade de gelatina que deveria ser misturada à maionese para se fazer lindos arabescos de maionese num prato de peixe.

Meus amigos me achavam maluca de estar perdendo tanto tempo com tantos detalhes. Mas eu achava esse processo de conferir as receitas cientificamente, absolutamente fascinante.

Louisette não se dedicava tanto tempo quanto Simca e eu à exatidão culinária, mas parecia conhecer Deus e todo mundo. A certa altura, ela nos convidou para almoçar com Irma Rombauer, autora do livro *Joy of Cooking*, que estava passando férias em Paris. Eu adorava o livro da "Sra. Joy", e gostava de perceber que a personalidade dela transparecia claramente nas suas páginas. Em pessoa, ela se revelou uma dona de casa muito simpática de setenta anos, do Meio-Oeste. Interessou-se bastante pelo nosso projeto Trois Gourmandes, e nos contou tudo sobre o seu novo livro. *Joy* não era para os ricos nem para os pobres, explicou ela, mas para quem estava no meio, e que cozinhava quase todas as suas refeições. Compreendendo como era importante ganhar tempo em casa, ela havia se concentrado em pratos não muito complicados que não exigiam muitas horas de preparação. Acrescentou que tinha tido problemas com a editora: quando quis incluir um índice detalhado, eles se recusaram; além disso, alegou ela, tinham lhe roubado os *royaltes* de cerca de 50 mil exemplares do livro. Publicar livros, pelo jeito, era um negócio difícil.

VI. Le Prince

Um dia Louisette levou Simca e eu para conhecermos o célebre gastrônomo Curnonsky. Ele tinha aproximadamente setenta e nove anos, era rotundo, com olhos azuis cintilantes, queixo triplo e um nariz semelhante a um bico de água.

Seu ego era imenso, assim como também seu charme e a amplitude dos seus conhecimentos. Curnonsky era famoso, acima de tudo, pela sua enciclopédia de vinte e oito volumes sobre pratos regionais franceses, mas também tinha fundado a Académie des Gastronomes em 1928, e era editor da revista de culinária francesa *Cuisine et Vins de France*.

Seu nome verdadeiro era Maurice-Edmond Saillant. Quando era repórter, aos vinte anos, Saillant, na época já um *gourmet*, foi enviado pelo seu jornal, em missão de rotina, para fazer a cobertura de um banquete da realeza russa em Paris. (Tudo que fosse russo estava muito na moda na época). Ele redigiu um artigo magnífico, mas seu editor reclamou particularmente de seu nome comum: "Afinal, Monsieur Saillant, o senhor é um repórter desconhecido. Se usarmos seu nome verdadeiro, quem é que vai ler isso? É realmente uma pena o senhor não ser um nobre russo."

"Mas esse problema é muito simples de se resolver", respondeu Saillant. "Vou assinar como Príncipe Curnonsky". E foi o que fez. Criou esse pseudônimo vagamente russo, a partir das palavras latinas *Cur non* e da palavra inglesa "sky" ("Por que não *sky*?")

A matéria do "príncipe" foi lida por *le tout Paris*. "Quem é esse fabuloso Curnonsky que conhece tão bem a nossa culinária?" perguntavam-se todos.

Quando se descobriu a verdade, vários meses e várias matérias depois, Curnonsky já estava bem estabelecido. E desde então, já havia escrito bastante, assim como comido e bebido muito, por conta da sua reputação.

No dia em que o conhecemos, Curnonsky nos recebeu às quatro da tarde no seu apartamento, de camisa de dormir folgada e roupão vermelho. Estava comendo um ovo cozido. Como sempre, ia sair para tomar chá ou um coquetel, um pouco mais tarde. À noite sua mais difícil decisão seria escolher que convite aceitar, pois sempre havia mais pedidos do que ele poderia atender. Depois de uma lauta refeição em um ou outro dos melhores restaurantes de Paris, seguida pelo teatro ou música ou a boate da moda (sempre custeada pelo dinheiro alheio), ele se recolhia, às quatro da madrugada.

Simca e eu imediatamente nos apaixonamos por ele. Ele me pareceu um personagem de romance, ou saído de outro século. Eu não podia imaginar uma pessoa como *le prince* vindo de qualquer outro lugar que não a França.

Les Trois Gourmandes jantando com Curnonsky.

Dortie mandou uma carta avisando que estava grávida, e descreveu-se como "gorda e impotente." Fiquei imensamente feliz por ela agora ser uma mulher completa, com os peitos cheios de leite. Ivan tinha pedido demissão do emprego do governo, e eles haviam se mudado para São Francisco, onde ele estava aprendendo a trabalhar com roupas na loja de departamentos Garfinkel's.

Sexta-feira, 15 de agosto de 1952, era Dia da Assunção; não só um feriado nacional como também o próprio nadir da *la morte-saison* em Paris. Paul telefonou para nove restaurantes diferentes para tentar reservar mesa para meu aniversário de 40 anos, mas nenhum estava aberto. Terminamos comendo no Hôtel Ritz, o que foi ótimo. Naquela tarde, fomos até a Île Saint-Louis visitar Abe e Rosemary Manell, amigos nossos do Serviço Exterior. Abe era um político por natureza, arruaceiro e de raciocínio ágil, e sabia de todos os mexericos da embaixada. Rosie era uma pintora da Califórnia, loura e avantajada, tipo Mãe Terra, e nós fizemos amizade assim que nos conhecemos. Eles tinham uma vista maravilhosa de Paris do seu apartamento. Paul ficou tão maravilhado que voltou lá para fazer esboços e tirar fotos dos telhados inclinados de telhas de cerâmica para preparar-se para uma série de pinturas.

Naquela noite, comemos uma segunda refeição pomposa para comemorar meu aniversário de 40 anos, no Lapérouse, três estrelas. Combinamos de nos sentar em uma sala nos fundos com sete mesas, para ter algumas pessoas para quem olhar (mas não muitas). Por causa da temporada, e dos preços, todas as mesas estavam ocupadas por americanos. Paul e eu começamos nossa refeição com *sole aux délices* (linguado em um maravilhoso molho cremoso com trufas), e meia garrafa de Chablis. Depois comemos pato assado com um molho não muito espesso e uma garrafa de Chambertin 1926. Depois comemos queijo, tomamos café e licor de framboesa. Estava delicioso, perfeito e agradável. Apesar da minha idade já avançada, eu ainda tinha um apetite e tanto!

Dei minha primeira aula particular de culinária, sobre *patê feuilletée* (massa folhada), a Solange Reveillon, uma amiga parisiense. Embora eu tivesse feito a massa folhada muitas vezes antes, fiz de novo antes de a Solange chegar, para pensar bem no que ia dizer e fazer. A aula foi bem, e nós recheamos a massa com cogumelos e molho cremoso, e comemos no almoço. Nós nos divertimos a valer! E aprendi muito ensinando. Teria pago à Solange com prazer pela oportunidade de lhe ensinar massa folhada, em vez de receber dinheiro dela.

Mais tarde, critiquei minha técnica de ensino. Quando as pessoas pagam bem por uma aula esperam um profissionalismo bem informado, e decidi que, embora tivéssemos cozinhando com sucesso, minha apresentação não tinha sido muito clara. Eu era inexperiente, e não tinha autoconfiança suficiente. Paul, que tinha sido professor durante dezessete anos, me recordou de que, quando se ensina, a pessoa precisa estar disposta a "fazer papel de Deus" durante certo tempo, em outras palavras, ser uma autoridade. Eu sabia que ele estava certo, mas nunca tinha gostado de dogmatismo. Estava mais inclinada a dizer aos meus alunos o que eu não sabia, ou que há muitas outras formas de se fazer as coisas, e admitir que eu só conhecia algumas possibilidades. Puxa vida, eu ainda tinha muito que aprender, e cozinhar era apenas metade desse conhecimento. Sentia que teria que dar pelo menos cem aulas antes de realmente saber o que estava fazendo.

Nossos inquilinos tinham se mudado de nossa casa da Avenida Olive em Washington, e o corretor queria saber se devia alugar a casa de novo. Não pudemos lhe dar uma resposta. Nem ninguém no governo americano, aparentemente. Foi de enlouquecer. Paul e eu não queríamos mudar de vida, nem nos imaginávamos sem eira nem beira, nem opção nenhuma. Portanto ele começou a mexer os pauzinhos nos bastidores, sem fazer alarde.

– Entendo como o governo funciona – disse Paul ao seu irmão, em uma carta. – Para o pessoal de Washington, sou só um corpo sem vontade própria. Se houver uma vaga em Roma, ou em Cingapura, meu corpo poderia perfeitamente ser plantado lá, ou em Zamboanga.

Abe Manell, um operador burocrático por excelência, disse que ia tentar mexer os pauzinhos para Paul poder assumir o cargo anterior do Abe como encarregado das relações públicas (PAO) em Marselha.

– É o melhor emprego da França! – declarou Abe. – Você vai consegui-lo num instante. Um PAO era o braço direito do cônsul geral em um lugar como Marselha. Era uma espécie de homem-dos-sete-instrumentos: um relações públicas (que promovia relações entre Estados Unidos e França), um funcionário político (que avaliava a influência comunista), um empresário cultural (que comprava filmes e livros americanos que os residentes locais podiam apreciar, trabalhava com intercâmbios educacionais, era porta-voz junto à imprensa e organizava eventos esportivos), e um faz-tudo diplomático (que fazia discursos especiais, depositava coroas de flores, descerrava estátuas, organizava bailes para os marinheiros americanos, etc.)

– Muito bem – dissemos um ao outro – Marselha é, depois de Paris, a cidade de que mais gostamos na França. Se temos essa oferta de uma vaga para PAO, por que não arriscar?

Sentindo uma tristeza premonitória só de pensar em sair de Paris, fomos até os limites de Montmartre assistir a um filme. Depois caminhamos a esmo até o Restaurant des Artistes. Chegamos tarde, e, como não havia outros fregueses, houve uma espécie de festinha íntima com o Monsieur Caillon, sua filha, Roger e o garçom. Sentamo-nos em torno de uma mesa grande e batemos papo bem informalmente. Depois disso, descemos o morro e voltamos para casa percorrendo ruas molhadas da chuva que tinha caído enquanto estávamos no restaurante. As poças da cidade, iluminada pelos postes elétricos, cintilavam, e Notre Dame destacava-se da névoa, atormentando-nos. Quando a gente sabe que está chegando a hora de partir, tenta fixar esses momentos de forma eterna na mente.

VII. Prova Operacional

ÀS NOVE DA NOITE DO DIA 25 DE AGOSTO DE 1952 todos os sinos de Paris começaram a tocar, badalar e bimbalhar juntos ao mesmo tempo. Era uma forma de lembrar a Libertação de Paris naquele dia de 1944. Todos que tinham ouvido os carrilhões na época da guerra, e os estavam ouvindo naquele momento, deviam estar sentindo arrepios a lhes percorrerem a espinha.

Alguns dias depois, Simca e Louisette ouviram dizer que Helmut Ripperger, editor autônomo contratado pela Ives Washburn para preparar o original delas para ser publicado no mercado americano, tinha cancelado seu contrato de trabalho, deixando o livro pela metade. Minhas colegas ficaram muito transtornadas, e me contaram a história do seu livro. Tinham começado a trabalhar juntas em 1948. Depois que a Ives Washburn tinha concordado em trabalhar com elas, em 1951, o "consultor gastronômico" Helmut Ripperger foi contratado por sessenta dólares por semana para produzir um livreto, baseado no original delas, como propaganda. Chamado *What's Cooking in France*, de Bertholle, Beck e Ripperger, parecia razoavelmente atraente, sendo que a introdução e as passagens que visavam fazer a conexão eram encantadoras, mas as receitas não eram muito profissionais. Tinha 63 páginas, continha 50 receitas e, com o preço de US$ 1,25, só vendeu dois mil exemplares. Simca e Louisette ficaram aborrecidas porque a editora não lhes enviou uma prova antes de publicar o livro. Agora Ripperger tinha jogado a toalha, ou alguém tinha jogado a toalha por ele, e tinha desaparecido sem terminar de organizar o livro "grande."

Minhas amigas, desalentadas, agora enfrentavam o desanimador trabalho

de terminar sua obra sem compreender bem como escrever para o mercado americano. Enquanto conversávamos sobre o assunto, elas quase timidamente perguntaram se eu talvez pudesse, assim, por um acaso, estar disposta a ajudá-las a terminar o livro.

– Adoraria! – respondi, quase antes que a pergunta terminasse de lhes sair da boca. E foi aí que começou nossa colaboração.

Antes de qualquer coisa, li o original delas de quase seiscentas páginas, no início de setembro de 1952. Seus problemas e seu potencial imediatamente me saltaram aos olhos.

Simca e Louisette tinham criado uma montanha enorme de receitas, todas misturadas, como em qualquer outro livro de culinária. A linguagem delas não era "americana". A maior parte das instruções me pareceu desnecessariamente complicada quando podiam ser claras e concisas. E a concepção geral do livro não estava adaptada à cozinha doméstica dos americanos. Aliás, eu não gostei nada dela. Por outro lado, não conhecia nenhum outro livro que explicasse *la cuisine bourgeoise* da mesma maneira que aquele.

Quanto mais eu pensava a respeito, mais aquele projeto me incendiava a imaginação. Afinal, as aulas incorporadas naquelas receitas eram uma extensão lógica do material que usávamos na nossa escola. Eu gostava de desmembrar tudo até os ossos; com um pouco de trabalho achei que aquele livro poderia também fazer isso, só que em uma escala bem mais abrangente. Eu tinha começado a cozinhar já numa idade madura, e sabia em primeira mão como poderia ser frustrante tentar aprender com receitas mal redigidas. Estava decidida a produzir um livro de culinária claro, informativo e preciso, exatamente como nossos ensinamentos procuravam ser.

Se minhas co-autoras concordassem, nenhuma das receitas iria ficar como estava redigida. Eu transformaria aquilo, através de um trabalho de reescrita, em um livro inteiramente novo. Preparei-me, peguei minha velha máquina de escrever Underwood e pus-me a datilografar minhas sugestões: cliqueti-claque, como um pica-pau resoluto.

Parte do meu problema como americana prática era o chauvinismo e o dogmatismo profundamente enraizados na França, onde a culinária era considerada uma arte maior: se Montagne dissesse qualquer coisa, então aquilo era considerado o evangelho, principalmente entre as sociedades gastronômicas masculinas, constituídas de amadores, e, puxa, como eles gostavam de conversar! A história de um prato, quem dizia o quê sobre ele e quando, era terrivelmente importante para eles. Mas, como Paul gostava de dizer, "a palavra não é a coisa" (um dos seus ditados preferidos, extraído do semântico Alfred Korzybski). Enquanto eu trabalhava no original, recordei-me de não aceitar as instruções de Simca e Louisette ao pé da letra. Submeti cada receita ao que chamamos de "prova operacional": ou seja, tudo é teoria até que a pessoa constate por si mesma se a coisa funciona mesmo ou não.

Conferi cada receita daquele original, preparando-a eu mesma, no forno e na página. Também investiguei antigos mitos populares que não estavam nos livros normais de culinária mas muita gente achava que eram "verdade". Isso levou um tempo infinitamente longo.

Ao trabalhar com sopas, por exemplo, eu fazia uma sopa por dia *chez* Child. No dia da *soup aux choux*, consultei a receita da Simca, assim como as receitas de Montagne, Larousse, Ali-Bab e Curnonsky. Li todas, depois fiz a sopa de três formas diferentes, seguindo duas receitas exatamente conforme haviam sido redigidas, e fazendo uma adaptação para panela de pressão... algo que detestei! Fez tudo ficar com um gosto horrível! Mas a panela era popular nos lares americanos. No jantar, minha cobaia, o Paul, elogiou as três sopas *aux choux*, mas eu não fiquei satisfeita. Um dos segredos daquele prato, para que ele ficasse delicioso, era fazer um caldo de presunto e legumes antes de colocar o repolho na sopa; além disso, não cozinhar o repolho muito tempo, o que dá à sopa um gosto azedo. Mas será que o repolho deveria ser branqueado? Será que eu devia usar um tipo diferente de repolho? Será que a sopa feita na panela de pressão iria ter um gosto melhor se eu usasse a máquina infernal por um tempo mais curto?

Eu precisava esclarecer todas essas dúvidas de como e por quê e por que motivo; senão acabaríamos com uma receita ordinária, que não era o objetivo do livro. Senti que devíamos procurar mostrar a nossos leitores como fazer tudo da forma mais perfeita possível, e explicar, se possível, porque as coisas funcionavam de um jeito e não de outro. Não podíamos nos conformar com o meio-termo!

Enxugando as mãos no avental, anotei minhas dúvidas e correções no original e continuei. Uma pilha de páginas amassadas e manchadas cresceu cada vez mais no balcão ao lado do meu fogão.

Enquanto eu trabalhava, fiz algumas descobertas com relação às medidas que foram tão importantes quanto a descoberta de um túmulo antigo teria sido para um erudito do grupo Facillon. Ao preparar *béchamel* (molho branco), por exemplo, os cozinheiros franceses dão as proporções da manteiga em relação à farinha em gramas. Mas os livros americanos instruem os leitores a usar, digamos, "uma colher de sopa de manteiga e uma de farinha", o que faz com que a proporção de manteiga em relação à farinha seja muito maior do que no método francês. Ao percebermos isso, repensamos a receita. Reescrevendo as instruções do molho *béchamel*, dissemos aos leitores para usar duas colheres de sopa de manteiga e três de farinha, para o *roux* (mistura para engrossar o molho). Isso pode parecer meio seco para uns, mas para mim foi um processo de descoberta de um passo importante e negligenciado, e depois inventar nossa própria solução racional para o problema. Em suma, uma vitória!

Eu vinha pelejando com o assunto manteiga em molhos quando Paul me levou a um pequeno bistrô na Margem Direita, na Avenida Wagram, chamado Chez la Mère Michel. A especialidade da casa era o *beurre blanc nantais*, um molho maravilhoso usado em peixes. É uma receita regional, não clássica, e os livros de culinária franceses principais, de Carême até Ali-Bab, o *Larousse Gastronomique* e Curnonsky, eram todos extremamente vagos sobre o assunto. Eu não consegui encontrar nenhuma explicação completa e clara de como fazer *beurre blanc*. Então decidi bancar a repórter investigadora.

Ao entrar no restaurante, conhecemos a própria Mère Michel: baixinha, de cabelos brancos, bastante competente, de sessenta e dois anos. Tinha vindo de Nantes, no Rio Loire, para Paris, em 1911, segundo nos contou, e começado o seu restaurante há quatorze anos. O trabalho do marido era beber, comer e conversar com a clientela, e ele era bom nisso. O pequeno restaurante só tinha capacidade para vinte pessoas, mas vinha resistindo bem, principalmente devido ao *beurre blanc*, um molho espesso e cremoso que na realidade nada mais é que manteiga aquecida mantida em suspensão por uma base de sabores ácidos de chalotas, vinho, vinagre, sal e pimenta. É tradicionalmente um molho de peixe, legumes ou ovos pochê; quando servido com lúcio, forma um prato conhecido como *brochet au beurre blanc*.

Os Michel eram extremamente acolhedores e acessíveis, e durante um intervalo, a *chef* nos convidou para ir à sua cozinha, para nos mostrar como fazia o famoso molho em uma panela esmaltada marrom sobre um fogão caseiro. Prestei uma atenção enorme ao modo como ela fervia a base ácida até transformá-la em um caldo espesso e brilhoso, de consistência de xarope, depois batia em creme colheres de sopa de manteiga sólida, e a misturava à base sobre fogo bem baixo. Quando nos sentamos para comer um rodovalho cuidadosamente escalfado com uma generosa porção de molho *beurre blanc* por cima, achamo-lo estonteantemente saboroso. Toda aquela noite foi dominada por uma sensação de satisfação esplendorosa.

Voltei ao laboratório da Roo de Loo, no dia seguinte, e fiz umas levas de molho *beurre blanc* à la Mére Michel, depois anotei o que achava que era a primeira receita clara e abrangente do molho. O teste final foi uma noite em que envolvi um congro em *beurre blanc* para um grupinho de amigos. Estava de uma perfeição histórica.

Nós, as três Gourmandes, éramos uma combinação de personalidades boas. Louisette contribuía com algumas sugestões valiosas que eram verdadeiras novidades, como e onde acrescentar floreios como, digamos, alho, chalotas, ervilhas frescas ou tirinhas de tomate, que eram inteiramente francesas, mas dentro do espírito americano. Americanos adoravam novidades. Simca e eu éramos cozinheiras mais objetivas.

Simca testava receitas e anotando tudo como um furacão, de forma muito profissional, às vezes dez horas por dia.

Quanto a mim, eu nada sabia sobre o mundo editorial, a não ser que era uma coisa competitiva, mas tinha resolvido que escrever livros de receitas era o trabalho certo para mim. Via-me trabalhando dias inteiros no original sem nem mesmo um intervalo para repouso. A casa estava ficando horrível, mas eu nem notava (e o Paul era compreensivo). Certa tarde, nossos amigos, os Kubler, apareceram inesperadamente para nos visitar, em um jipe grande e vermelho. Todos saímos para jantar no Chez Marius. Foi divertido. Mas assim que voltei ao Roo de Loo, sentei-me na máquina de escrever e fiquei lá até as duas da madrugada.

Agora que tinha começado, descobri que escrever livros de culinária era um trabalho tão gratificante que eu pretendia continuar a fazer isso durante anos e anos a fio.

VIII. Cozinha Francesa Doméstica

CERTA NOITE, EM UM JANTAR *CHEZ* BERTHOLLE, havia uma dúzia de convivas à mesa. As oito mulheres e três dos quatro homens começaram a gritar uns com os outros em vez de falar, um hábito francês. Estavam se divertindo à beça, discutindo catolicismo versus misticismo, política americana no Marrocos, batidas de automóvel, como preparar um *rum sour*, etc. Eu mergulhei de cabeça naquele redemoinho verbal. Mas Paul, o único que estava calado à mesa, estava se sentindo no fundo do poço. Bem, aquela era uma das nossas diferenças. No caminho de casa, no carro, nós discutimos. Tudo começou quando nos desentendemos sobre o que eu encarava como desejo do Paul de se afastar da Vida e ir morar em uma Torre de Marfim, e aí a coisa se transformou em uma briga boba sobre a revista *Life*. Naturalmente, nosso bate-boca provavelmente se devia a uma coisa completamente diferente, como a incerteza do nosso futuro.

O governo americano ainda não havia decidido o que fazer conosco. Nossa estadia em Paris foi "temporariamente" prorrogada.

No mês de outubro de 1952, a cortina gelada, cinzenta e molhada do inverno gradativamente caiu em torno de Paris, e vieram notícias do alto escalão de que Paul não iria conseguir o cobiçado emprego de PAO em Marselha. O PAO atual, que antes estava de licença prolongada em casa, ia voltar ao trabalho. Foi uma notícia desanimadora, mas Abe Manelle nos garantiu: "Pode ser que você ainda tenha chance de pegar esse emprego." Duas novas possibilidades tinham surgido: PAO em Bordeaux e organizador de mostras em Viena. Paul e eu conversamos sobre o assunto e decidimos que ambos amávamos a França, sabíamos falar francês, tínhamos amigos e contatos lá e ainda não estávamos prontos para ir embora. Portanto, Bordeaux foi a nossa preferência.

Em novembro, recebi uma carta de Sumner Putnam, chefe da editora Ives Washburn, sobre nosso livro, que tinha o título provisório de *French Home Cooking* (Cozinha Francesa Doméstica). "Depois de um ano de frustração, ainda estamos longe de ter um livro completo", escreveu ele. "A tarefa mais difícil está agora sobre seus ombros, e você precisa ser a pessoa que tem autoridade absoluta sobre o que entra no livro e o que não entra." Observou que o trabalho de Ripperger no livro não estava "nem um pouco acabado", e disse: "Pode ser que seja melhor descartar inteiramente o que ele fez."

E prosseguiu, dizendo: "A americana que comprar *French Home Cooking* provavelmente não vai gostar nada de receber conselhos sobre como organizar sua cozinha, pôr sua mesa, segurar uma frigideira ou cozinhar um ovo: aprendeu essas coisas com a mãe ou com Fannie Farmer, não acha? Espera um livro que lhe mostre como pode dar à sua comida um toque francês... Se a receita não puder ser facilmente utilizada pela aluna mais burra da sua escola, então é complicada demais."

A carta de Putnam desencadeou um debate desenfreado entre nós, as autoras, nossos maridos, e nossos amigos. Ele parecia estar falando sério ao dizer que queria publicar *French Home Cooking*, e tinha encantado Louisette, quando ela o visitou em Nova York, no ano anterior. Mas eu tinha descoberto, por amigos nos Estados Unidos, que a Ives Washburn não era uma editora muito respeitada. O Sr. Putnam tinha dinheiro, pelo jeito, e tinha começado a editora como passatempo; sabia muito pouco sobre culinária, não divulgava muito seus livros, e dizia-se que sua contabilidade era desmazelada. Tínhamos uma obrigação moral para com ele, mas não legal, pois não tínhamos assinado contrato algum, e ele não tinha nos pago nada de adiantamento. Queria ver um original já pronto para publicação no dia primeiro de março de 1953. O que devíamos responder?

Simca e Louisette argumentaram que devíamos continuar com a Ives Washburn. Éramos autoras desconhecidas, segundo arrazoaram, e o Sr. Putnam era um sujeito simpático que gostava do nosso livro. Para que mudar alguma coisa nisso?

Eu não me deixei convencer. Embora soubesse que éramos desconhecidas, não via motivo para rastejarmos aos pés dos outros. Sentia que nosso livro revisado era bom o suficiente para, nas mãos certas, vender sozinho. Éramos profissionais, tínhamos uma visão bastante clara, e nosso livro ia ser novo e empolgante. Eu até previa, sem falsa modéstia, que um dia ele seria considerado uma obra fundamental sobre princípios e prática da culinária francesa. Portanto, não via motivo para desperdiçarmos esforços em uma firma sem uma boa reputação.

Depois de muito conversarmos, finalmente concordamos em ficar com a Ives Washburn, pelo menos por enquanto.

Em nome das Trois Gourmandes, escrevi uma carta à Sumner Putnam, explicando que a nova versão de *French Home Cooking* não seria apenas outra coleção de receitas, mas uma introdução aos métodos da culinária francesa, além das receitas. Nossa abordagem iria se basear no sistema Bugnard/Cordon Bleu de ensinar "um tema e suas variações", bem como os métodos que nós três havíamos desenvolvido nas nossas aulas da École des Trois Gourmandes. Nossa prosa seria em tom formal e empático, fazendo com que o ato de cozinhar fosse acessível e divertido. Nosso objetivo seria reduzir as normas aparentemente complexas da culinária francesa a suas sequências lógicas, algo que ninguém jamais havia tentando fazer antes, nem em inglês nem em francês.

"Não é suficiente explicar 'como' [fazer *hollandaise* ou maionese]. Deve-se saber o 'porquê', as armadilhas, as soluções dos problemas, como conservar os alimentos, como servi-los, etc.", escrevi. "Este é um novo tipo de livro de culinária." E, concluindo: "A concorrência neste campo é cerrada, mas sentimos que esta nossa obra pode vir a ser no futuro um marco no ensino da culinária francesa... e pode vir a ser vendido durante vários anos."

O Sr. Putnam não respondeu a minha carta. Nem respondeu a nosso capítulo sobre molhos, que eu tinha lhe enviado pela mala diplomática. Foi estranhíssimo.

Entrementes, enviei três receitas de molho altamente secretas, de *hollandaise*, maionese e *beurre blanc*, para quatro confidentes de confiança, para que as testassem em cozinhas americanas com ingredientes americanos. Nós nos referíamos a essas senhoras, Dort, Freddie Child, Dorothy Canfield Fisher e Sra. Freeman Gates (amiga minha), como nossas "cobaias", e lhes pedíamos que tentassem fazer cada molho exatamente como os havíamos descrito e nos fizessem um relatório sincero. "Nosso objetivo é explicar 'como cozinhar como os franceses' para cozinheiros iniciantes e experientes", disse eu, na carta que acompanhou as receitas. "Gostam do nosso vocabulário? Por acaso gostariam mesmo de ler um livro assim?"

IX. Avis

NA PRIMAVERA DE 1952, Bernard De Voto havia escrito uma reclamação eloquente sobre a qualidade dos talheres americanos em sua coluna "Easy Chair" da *Harper's Magazine*. Estava furioso com o aço inoxidável que podia resistir à ferrugem, mas também não permitia que as facas fossem afiadas satisfatoriamente. Essa também era uma das minhas reclamações prediletas, por coincidência. Então escrevi para o De Voto uma carta de fã e incluí duas facas de descascar legumes de aço-carbono francesas que não eram inoxidáveis.

Recebi uma resposta longa, muito bem escrita, da Sra. De Voto, redigida na casa deles em Cambridge, Massachusetts. Seu nome era Avis. Ela é quem tinha usado as facas na cozinha da casa deles, e tinha sugerido que Bernard escrevesse sobre o assunto. Não só Avis sabia escrever bem, como era uma cozinheira dedicada. E portanto, começamos a nos corresponder regularmente, falando principalmente sobre comida.

As cartas de Avis tinham cinco, seis, sete páginas cada uma. Em uma delas ela falava de uma maravilhosa *pipérade*, uma omelete com pimentas, tomates, bacon e cebola, que tinha comido em um restaurante de Paris. Desde esse dia seus sentidos não tinham sido capazes de esquecer-se desse prato, e ela vivia se perguntando como é que era preparado. Portanto, Paul e eu fomos ao restaurante dar uma olhada. Era um restaurante sem nada de mais, bastante cheio, com gente gritando e um rádio a todo volume. Eu não voltaria lá, mas a *pipérade* era mesmo excelente, e eu tomei nota mentalmente.

Enviei a Avis uma cópia do nosso capítulo sobre os molhos, e expliquei-lhe os problemas que tínhamos tido com a Ives Washburn. Ela respondeu à minha carta imediatamente, dizendo que achava que nosso original tinha potencial para ser transformado em um livro esplêndido, e pedindo permissão para mostrá-lo à Houghton Mifflin, editora dos livros de seu marido. Avis comentou que a Houghton Mifflin era uma empresa bem estabelecida, tinha bastante capital e uma especialista em culinária na equipe, Sra. Dorothy de Santillana, que saberia como avaliar o original de um ponto de vista culinário, capacidade que a Ives Washburn claramente não tinha. Avis jurou que a Houghton Mifflin era uma editora honesta, generosa e maravilhosa para se trabalhar.

Fiquei encantada. Mas quando falei sobre o assunto com minhas colegas, Louisette objetou: achava que tínhamos obrigação de continuar trabalhando com Sumner Putnam. Discordei, dizendo que, diante da falta de adiantamento, falta de contrato, e por fim, ausência total de notícias por parte dele não tínhamos obrigação nenhuma para com a editora. Depois de mais um pouco de insistência, Simca acabou passando para o meu lado. Louisette, sentindo-se culpada, aquiesceu.

Com um suspiro de alívio, escrevi uma carta na hora dando permissão à Avis para mostrar nosso capítulo de molhos a Houghton Mifflin. Depois nós, as Trois Gourmandes, cruzamos os dedos e voltamos ao trabalho.

Na terça-feira, 28 de outubro, todos os gastrônomos, apreciadores de bebidas, vendedores de alimentos, cozinheiros e escritores mais conhecidos da França reuniram-se para um fabuloso banquete em Paris. Essas noites eram caras, e podiam também sobrecarregar o aparelho digestivo, e por isso nós sempre tínhamos recusado o convite. Mas essa seria especial, era em honra do octogésimo aniversário do Curnonsky.

Os convidados eram 387, cada qual integrante de uma das dezoito sociedades

Minha vida na França

gastronômicas de Paris. Eu pertencia à Les Gourmettes, e Paul ao Le Club Gastronomique Prosper Montagne (com o nome do legendário *chef* com o qual muitos integrantes do clube haviam trabalhado). Não pudemos deixar de notar alguns olhares furiosos das Gourmettes quando nos sentamos à mesa do clube Prosper Montagne. Mas tínhamos decidido que os Montagnes seriam mais interessantes para nós porque todos eram profissionais da culinária, ao passo que as senhoras eram apenas amadoras entusiásticas.

Os convidados eram animados, e todos estavam festivamente vestidos. As mulheres usavam chapéus elegantes, e os homens fitas de cores vivas em torno do pescoço, medalhas, correntes de ouro, insígnias e rosetas (baseadas em símbolos de guildas medievais), para mostrarem que eram importantes. Foi um evento moderno e divertido, e quem estava por dentro podia mostrar para nós, os Ignorantes, a diferença entre un *chevalier du Tastevin*, un *châineur des rôtisseurs* e *un compagnon de la belle table*.[55]

À minha esquerda estava sentando um *aubergiste-chef* dono de um restaurante duas estrelas na área rural. À minha direita, um açougueiro importante do Les Halles. Paul estava sentado entre as esposas dos dois, e nós formamos um sexteto bastante alegre. Cada lugar tinha nove taças de cristal, e durante a refeição nos apresentaram uma maravilhosa série de bebidas, desde um Pineau des Charentes até um Armagnac 1872. Os pratos também foram soberbos: ostras, rodovalho, *tournedos, sherbet*, perdiz, salada, queijos e sorvete. (O rodovalho e a perdiz foram criações "especiais" em homenagem a Curnonsky). Dezesseis chefes, sem dúvida trabalhando até quase cair de exaustos, tinham composto aquele magnífico banquete.

O bolo de aniversário era um templo babilônico majestoso, de oito camadas, decorado com oitenta velas e intrincados arabescos de *fondant* feitos por um confeiteiro parisiense.

Depois do café, um integrante já idoso do Le Cercle des Écrivains Gastronomes, com cabelos esvoaçantes como Einstein, ficou de pé e fez um discurso bastante longo, prestando tributo a Curnonsky. Depois de quinze minutos de oratória cansativa, os espectadores começaram a ficar inquietos. Depois de vinte minutos, ouviram-se conversas nos cantos da sala. Depois de meia hora, o venerável *homme de lettres* co-

---

[55] Um membro de guilda de degustadores de vinhos, um dono de cadeia de restaurantes e um gastrônomo (N.T.)

meçou a fazer uma pausa de tantos em tantos minutos para lançar olhares enfezados e ralhar com a plateia: "Se a arte de comer é a única arte que são capazes de apreciar, e a arte literária nada significa para vocês, então sugiro que vão para casa!"

Cada um dos seus apartes era recebido com vivas e assobios.

Quando ele finalmente chegou ao final do discurso, os aplausos foram ensurdecedores, e todos os dezesseis *chefs* saíram da cozinha. Cunonsky, sorrindo radiante de prazer, beijou os três *chefs* principais nas duas faces. A essa altura já era quase uma da manhã, e quando mais discursos começaram, nós resolvemos voltar para casa.

Como saudação final ao grande gastrônomo, vinte e sete dos principais restaurantes de Paris mandaram fazer plaquinhas de metal com o nome de Curnonsky gravado nelas. Todas foram colocadas nas melhores cadeiras de todos os estabelecimentos. A qualquer hora que quisesse, Curnonsky poderia ligar, digamos para o Le Grand Véfour, que seu lugar já estaria automaticamente reservado, e ele receberia uma refeição de graça.

Minha madrasta, Phila, sofreu uma operação para remover um pólipo do intestino. Eu pedi à telefonista uma ligação de três minutos para papai, em Pasadena. Depois que ele me disse que o pólipo era benigno, ainda sobraram dois minutos e quarenta e cinco segundos. Depois de falarmos sobre a notícia urgente, nunca se sabe o que dizer nessas situações. Eu disse:

— Bom, imagino que vocês, aí em Pasadena, devem estar bem satisfeitos com a eleição do Ike.

— Satisfeitos? Devo dizer que estamos! – trojevou o João Grandão. – Ora, por que não estaríamos? Todos estão satisfeitos! Mas naturalmente, vocês aí, não iriam saber como os americanos se sentem! Seus noticiários são todos tendenciosos.

Foi difícil engolir essa, principalmente do homem que lia só o *L. A. Times*, de tendência conservadora. Paul e eu devorávamos avidamente o *New York Times*, o *Herald Tribune*, *Le Figaro*, *Time*, *Fortune*, *The Reporter*, *Harper's*, *The New Yorker*, até mesmo *L'Humanité*, sem mencionar a enchente de telegramas de embaixada, relatórios da inteligência, e serviço de telegrama 24 horas e folhas que saíam sem parar do receptor do telégrafo, vindas do mundo inteiro. Quem é que era o tendencioso?

Alguns dias depois, recebi um recado da minha querida madrasta, a Phila, me contando que estava passando bem de saúde, e me pedindo para, por favor, parar de provocar o meu pai sobre política, pois era um assunto muito perturbador. Aí meu irmão, John, se meteu, e me disse para guardar minhas opiniões liberais para mim mesma. Haja paciência!

Escrevia religiosamente para o papai toda semana, mas agora que não podia mencionar política, nem minha filosofia de vida em geral, seria uma chatice total. Ele era uma gracinha de pessoa, um pai generoso, um verdadeiro benfeitor em sua comunidade. Aliás, tinha tudo que seria preciso para estar acima de tudo e todos, menos o fato de que quando se falava de política, ele ficava extremamente agressivo (e eu também, mas estava procurando ser mais intelectualmente objetiva). Ele tinha estudado em Princeton, mas não era intelectual, e era intolerante e indiferente. Desprezava Paul por ser um "artista", e "partidário do New Deal", o que significava que não podia existir afeição genuína entre meu pai e eu. Ele era um exemplo de como não ser. Era uma pena.

Na primeira semana de janeiro de 1953, recebemos uma carta de Avis De Voto, que li em voz alta para Simca e Louisette:

Acabei de ler seu original. Devo dizer que estou estupefata. Gostei tanto dessa proposta de livro que também estou sentindo que não pode ser tão bom quanto penso que é... Quero levar o manuscrito à casa da Dorothy de Santillana agora mesmo. Sei que ela vai ficar tão empolgada quanto eu fiquei... Se esse livro for o sucesso que creio que será, e espero que seja, vai ser um clássico, um livro básico e profundo... Gostei imensamente do estilo. Está exatamente no ponto, informal, caloroso... ocasionalmente engraçado... Se conseguirmos a editora certa não vai importar quanto tempo leve para se testar e experimentar e fazer o copidesque. Se a editora se interessar, vai esperar até termos terminado o livro[...] Pronto. Acabei de falar com a D. Santillana ao telefone e vou a sua casa amanhã com o original, e vou sofrer muito enquanto ele estiver fora do meu alcance... Ela está animadíssima... Vamos agora nos unir em um momento de prece silenciosa...

X. Um Caril de Vida

No dia 15 de janeiro de 1953, Paul completou 51 anos, e foi informado de que era quase "98% de certeza" ele ser nomeado chefe do departamento de relações públicas de Marselha. Teríamos que começar a trabalhar no novo emprego quase imediatamente, provavelmente em março, diziam nossas fontes na embaixada. Mas como não tínhamos ainda recebido um comunicado oficial, procuramos manter tudo em segredo.

Meu primeiro pensamento foi que sorte maravilhosa a nossa! Podíamos ter sido enviados para Reikjavik ou Adis Abeba, mas em vez disso vamos ficar na França! Meu segundo pensamento foi que uma mudança súbita para o outro extremo do país iria prejudicar muito nosso trabalho no livro e nos experimentos com as receitas, sem falar nas aulas da Trois Gourmandes. Mas íamos conseguir dar um jeito.

A notícia da mudança iminente começou, como sempre, a circular na surdina. Romanticamente esperávamos que o salário do Paul dobrasse (após quatro anos em Paris ele ainda não tinha recebido aumento nem promoção), ou que o embaixador solicitasse que não fizéssemos nada senão viajar lentamente pela França, aprendendo novas receitas, tirando fotos, e fazendo amizades. Estávamos bebendo chá e lendo o jornal matinal quando Paul de repente disse: "Acho que seria uma ideia excelente mandar imprimir cartões antes de irmos para Marselha, não acha?" Ou então, enquanto andávamos ao longo do Sena, eu falava de repente: "Eu simplesmente não vou aceitar uma casa sem adega. Não importa o que digam!"

Mas aí os horrores da mudança começavam a nos assombrar.

— Francamente, sofro ao pensar em começar tudo de novo em outro lugar — resmungava o Paul. — Não admira que os bebês chorem tanto ao nascer... se variedade é o tempero da vida, então minha vida deve ser uma das mais condimentadas de que se ouviu falar. Um caril de vida.

Ele tinha ouvido dizer que quando se é PAO os fins de semana, às vezes, são de 48 horas de trabalho ininterrupto.

— Acho que não vou gostar desse trabalho — disse ele em uma carta ao Charlie. — Quando é que se tem tempo para descansar? Quando vou ter tempo para pintar? Quando vou poder escrever para a família, rolar no musgo, ouvir Mozart e contemplar os reflexos da luz faiscando no mar? Claramente, estou mal-

acostumado com o estilo de vida luxuoso de Paris... Quando chega a noite de sexta-feira em Paris, desce a cortina de ferro entre o trabalho e o que eu *realmente faço*. Bam! E aí decolo com a Julie num tapete voador. Agora não há mais como recuar... A rampa de lançamento está bem lubrificada, e os homens já estão quase prontos para entoar o velho Um-Dois... Segurem os chapéus, rapazes, que lá vão vocês de novo!

Na sexta, dia 16, recebemos um elogio magnífico de seis páginas de Avis. Bernard era um homem da terra, dizia ela: adorava comida condimentada (principalmente mexicana e indiana), e vinhos, mas era essencialmente apaixonado por Martini. Avis tinha anemia, mas era capaz de controlá-la através da dieta; seus gostos em matéria de vinho e bebidas eram muito parecidos com os nossos. E quanto a nosso original e a Houghton Mifflin? Um otimismo cauteloso. A impressão de Avis era que nosso capítulo sobre molhos tinha sido bem recebido, e havia uma boa chance de eles quererem publicar o livro. Mas era cedo demais para estourar o champanhe.

Ainda não tínhamos recebido nem um cartão postal de Sumner Putnam.

Escrevi para minhas colegas Gourmandes: "Se a HM [Houghton Mifflin] gostar do nosso livro e quiser publicá-lo, vamos ter que fazer uma negociação firme com o Putnam se ele também quiser. Eu preferiria que o livro fosse publicado pela editora HM, pois é uma das melhores... Tenho certeza de que [Putnam] é um homem extremamente agradável, mas não creio que ele seja capaz de criar nosso filho da forma como os outros poderiam."

Alguns dias depois, Simca chegou à minha cozinha com o *chef* Claude Thilmont, um dos grandes *pâtissiers-en-chef* de Paris, e um professor excelente e direto, com um sotaque bem acentuado. Ele tinha vindo ensinar, não comer. Nós alunas mostramos que sabíamos assar um bolo e também decorá-lo. Mas o velho Thilmont era duro de roer, exatamente como deveria ser, com altos padrões e um método de ensino bastante exigente.

— Bom — avaliou ele a princípio os nossos esforços. — Mas longe de estar bom o suficiente!

Logo o *chef* Thilmont veio dar aula como convidado na L'École des Trois Gourmandes. Ele dava um toque mágico às massas de torta. E quando usava bicos para decorar bolos, a gente percebia o que queria dizer o famoso ditado: "Há apenas quatro grandes artes: música, pintura, escultura e confeitaria ornamental – sendo a arquitetura talvez a menos banal derivada desta última."

Naquele mês de janeiro, quando fiz um bolo de aniversário de 51 anos para o Paul usando minhas novas técnicas, meu marido elogiou-o dizendo que era "uma obra-prima doméstica". Thilmont descreveu-o como "nada mau", o que era o seu elogio mais elevado. Eu fiquei cheia de orgulho.

O *Mistral* era um luxuoso e veloz expresso Paris-Marselha e em meados de fevereiro de 1953, ele nos transportou através de toda a França, uma paisagem chuvosa, meio inundada, pontilhada de neve, colorida de cáqui, em sete horas. Chegamos a Marselha às onze da noite para uma viagem preliminar de reconhecimento.

A venerável cidade portuária estendia-se e descia até o Mediterrâneo sob um céu claro, crivado de estrelas. Nós nos encontramos na estação com Dave Harrington, o homem que Paul iria substituir como relações públicas. Ele nos levou para dar uma longa volta na cidade, que terminou em um bar, onde bebemos cerveja e aprendemos como era o consulado e os muitos deveres de um PAO. Depois fomos para outro bar, para tomar mais cerveja e conversar. Harrington era charmoso e despreocupado, e tinha contatos locais de amplo alcance. Mas algo, evidentemente, tinha envenenado seu relacionamento com o Cônsul Geral Heywood Hill. Isso nos fez parar para pensar. Harrington não parecia o tipo que fazia inimigos. Enquanto voltávamos para o hotel, Paul e eu nos tranquilizamos, achando que o CG Hill, no final das contas, devia ser um cara legal.

Na manhã seguinte, ao despertarmos, o dia estava claro, ensolarado, cheio de ruídos.

"Sempre me esqueço, entre as visitas, que cidade barulhenta e pitoresca esta é", escreveu Paul. "Parece que aqui há dez vezes mais buzinas, trocas ruidosas de marchas, berros, assobios, bater de portas, quedas de madeira, vidros quebrados, rádios altos, apitos de barcos, gongos tocando, freios cantando e gritos zangados do que em qualquer outro lugar."

Eu não concordava que as pessoas ali gritavam "zangadas". Parecia-me que os marselheses estavam se divertindo muito ao se comunicarem, e gostavam de fazer isso a plenos pulmões. As pessoas eram extremamente amistosas, a comida, muito condimentada, e os vinhos, novos e fortes. Em outras palavras, Marselha era tudo que se esperaria de uma antiga cidade portuária do Mediterrâneo.

Enquanto fiquei no hotel, datilografando febrilmente nossa pesquisa culinária, Paul foi ao consulado conhecer as pessoas, fazer perguntas, e verificar papelada, relatórios e números. Em sua breve reunião com Heywood Hill, o cônsul-geral não fez uma única pergunta a Paul e mal o deixou falar. Em vez disso, tratou seu novo PAO com um monólogo em voz empostada, no qual disse, mais ou menos o seguinte: "Nossa pequena família consular é provavelmente uma das equipes mais cooperativas e tranquilas de todo o Serviço Exterior..." etc. Paul descreveu seu novo patrão como uma pessoa nervosa e exagerada, que tinha sobrevivido 25 anos no Serviço Exterior sendo cuidadoso e medíocre. Mas isso se baseava em uma reunião de sete minutos, admitiu ele, e talvez Hill, no fim das contas, terminasse se revelando um excelente patrão.

Na sexta, dia 13, acordamos e vimos as palmeiras tropicais, telhados vermelhos e as praias pedregosas do Mediterrâneo cobertas de neve! Foi uma coisa bonita, mas também esquisita. Paul saiu dirigindo pela estrada coberta de lama gelada para uma rodada de reuniões com prefeitos locais, reitores de universidade, diretores de festivais de música, jornalistas, corretores de imóveis, e outros bam-bam-bans em Aix, Avignon, Nîmes e Montpellier. Nos dias subsequentes, eu ia com ele viajar e conhecer mais uma leva de prefeitos, editores e acadêmicos todos espalhados pelo seu novo *terroir*. Fomos tão a oeste como Perpignan, perto da fronteira espanhola, e a leste, até Monte Carlo, e ao longo do caminho fui me apaixonando pela Côte d'Azur.

As pessoas eram amáveis e idiossincráticas, a quaresma do Mediterrâneo é um encanto salino e cintilante, as montanhas eram escarpadas e rochosas, e havia quilômetro após quilômetro de vinhedos. (O governo francês havia subsidiado os plantadores de uvas. Resultado: gente demais plantando uvas, e pouco dinheiro para a maioria delas. Um sistema maluco). O tempo mudava constantemente. Um dia o céu estava de um azul penetrante, e o vento era gelado. No dia seguinte o sol era escaldante e comíamos o almoço sob uma laranjeira, banhando-nos no brilho de um campo de mimosas. E no dia depois desse, um vento gelado chamado de Tramontana atravessava fustigante a paisagem óssea, sacudindo ferozmente as árvores e os arbustos, capim e videiras para um lado e para outro.

— Meu Deus, que montanha de coisas! — exclamou Paul, quando começamos a nos mudar do número 81 da Roo de Loo. Enquanto examinávamos tudo que havíamos acumulado, eu queria ficar com tudo, e Paul queria jogar tudo fora. (Em um dos nossos afãs de nos livrar de coisas inúteis, alguns anos atrás, jogamos fora nossa certidão de casamento, o que certamente foi um exagero). Xingamos, suamos a camisa e terminamos por concordar, com apenas algumas discordâncias. Formávamos uma boa equipe.

Meu maior desafio foi embalar "O Livro" – quilos e mais quilos de páginas manuscritas, livros de referência, caixas de arquivos e anotações soltas. Ele preencheu dois baús diabolicamente pesados, e, além disso, havia minha máquina de escrever e utensílios de cozinha. Não havia lugar para tudo no Tulipe Noire, portanto Paul precisou usar uma técnica de levantador de peso para erguer os baús até o teto do carro; levantar até os joelhos, encher os pulmões, depois elevar dos joelhos para o ombro, tornar a inspirar e, arquejante, erguer o peso dos ombros, até em cima, no caso até o teto do carro.

Para fazer o apartamento da Madame Perrier ficar como era quando nos mudamos, precisamos tirar do depósito todos os móveis mofados e pendurar todos os espelhos emoldurados de dourado e quinquilharias no *salon*, reinstalar os 57 *objets d'art* no nosso quarto, limpar e arrumar tudo, etiquetar todas as caixas da mudança, e preencher todos os arranhões no piso de parquê com graxa de sapato marrom. Todas as chaves precisavam ser devolvidas, e toda cláusula do aluguel lida e relida. Olhando o velho apartamento depois disso tudo, com suas cadeiras de veludo vermelho, mesas bambas, louça rachada, tapetes rasgados e panelas enferrujadas ou embaçadas, perguntei-me por que é que tínhamos considerado tudo aquilo tão "encantador", afinal.

Os Perrier/du Couédic eram uma família adorável, com honra, princípios e montanhas de afeição mútua. Mas nós nos preocupávamos com eles. Madame Perrier era dona do prédio e desde a morte do general tinha tomado todas as decisões sobre ele. Tinha 82 anos, e estava ficando vaga e esquecida. Para piorar as coisas, seu cunhado, Hervé du Couédic, tinha sofrido um acidente bizarro no verão anterior, quando, na casa deles na Normandia, uma árvore caiu na sua cabeça, causando-lhe uma grave lesão. Agora sua fala era arrastada, andava pausadamente e seu raciocínio era lento. Ele tinha 55 anos, jovem demais para se aposentar. Embora continuasse a ir ao escritório três vezes por semana, o coitado sabia que era um inútil e basicamente tinha desistido da vida.

Isso significava que o peso da família estava nos ombros da coitada da Madame du Couédic. Ela era a ganha-pão, e precisava cuidar da manutenção do prédio, mas, por orgulho de família, precisava fingir que eram a mãe e o marido que estavam fazendo isso. Era uma coisa muito dura. Ela tinha uma personalidade forte, mas às vezes comportava-se de forma tímida e insegura. Para piorar as coisas ainda mais, seu filho caçula, o Michel, oficial da marinha, estava partindo para a frente de batalha na Indochina. Todos sabiam que a França estava perdendo tantos oficiais lá, todo ano, quantos os que se formavam nas academias militares.

Pelo que podíamos ver, nossos senhorios tinham pouca renda externa, e iriam subsistir principalmente do aluguel do nosso apartamento. Nós tínhamos feito de tudo para encontrar alguém para nos substituir, mas não tivemos sorte. Quando um casal de jovens americanos apareceu, passou quatro minutos olhando a decoração, horrorizado, e disse: "Não dá, de jeito nenhum!"

Paul e eu nos sentamos com a Madame Perrier e Madame du Couédic e dissemos, trocando em miúdos: "Olha, meninas, para aumentar o aluguel, e se quiserem alugar para estrangeiros, vão precisar se livrar de um pouco desses móveis de bordel, instalar luminárias novas e comprar um telefone."

– Mas as cadeiras de veludo vermelho são Belle Époque – protestou Madame Perrier. – E o *velour, tout cela va ensemble!*– Ela simplesmente não podia imaginar por que nós, os insignificantes americanos, não enxergávamos a qualidade do veludo verde escuro roído de traças com mogno que, pelos idos de 1875, era o máximo da elegância em toda a Paris. E o General Perrier, acrescentou ela, nunca tinha querido mais luz do que uma lâmpada de 25 watts. E essa "necessidade" de telefone era uma besteira completa. *"Mon grand-père n'en a même pas eu un, vous savez"* e se os inquilinos quisessem podiam comprar um eles mesmos.

– Tudo bem – respondemos. – Nós tentamos.

O que fazer com Minette Mimosa McWilliams Child foi nossa última decisão. Eu não queria deixá-la mas simplesmente não tínhamos espaço para levá-la para Marselha, onde nem mesmo tínhamos ainda um apartamento. Procurando um bom lar para ela, fui à Rue de Bourgogne consultar a Marie des Quatre Saisons, que conhecia Deus e todo mundo e era uma das minhas mulheres prediletas de Paris e de todos os outros lugares. Ela sabia exatamente o que fazer, é claro. Levou-me para falar com a Madame de la Charcutière, que tinha acabado de perder seu gato, que tinha morrido de velhice. Ela olhou para a Mini e sorriu. Eu fiquei satisfeita com a solução, porque Madame morava logo acima da *charcuterie*,[56] com um cachorro velho e mansinho, e Mini receberia toda espécie de pedaços de carne celestiais.

Quando finalmente estávamos prontos para nos mudar, às sete e meia da manhã de segunda, os homens da mudança chegaram à Roo de Loo, e dentro de uma hora o lugar já parecia a caverna do Ali-Babá depois de uma explosão. Ficamos enterrados até os joelhos em serragem, caixotes, papel, baús, mobília, materiais de arte, garrafas de vinho, pinturas, fotos, e roupas de cama, vidro veneziano, sedas de Asolo, e panelas. Doze horas depois, a companhia de mudanças e eu declaramos a mudança encerrada. Eu estava pregada. Paul tinha passado o dia envolto em burocracia, preenchendo coisas como o Formulário FS-446, "Aviso de Início de Viagem ao Departamento", entregando nossos cartões de gasolina e de compras da embaixada, providenciando o envio de pertences, desembolsando cheques, etc.

Toda essa atividade frenética nos deu a sensação de que estávamos mesmo cortando o cordão umbilical que nos prendia a Paris. Lamentável!

Simca e Louisette deram um jantar de bota-fora para nós, *chez* Bertholle. Havia doze convidados, incluindo uma surpresa especial: Curnonsky! Quando aquele velho guloso e eu nos vimos, abraçamo-nos com muito carinho. Simca e Louisette tinham implorado a Paul para trazer a câmera naquela noite, mas não lhe disseram por quê. Agora estava claro: elas queriam que ele tirasse fotos das Les Trois Gourmandes com Le Prince. Então ele tirou algumas, usando um novo dispositivo chamado *"flash gun"*.

O tom daquela noite foi de comemoração em vez de melancolia, porque Paul e eu estávamos convencidos de que em vez de nos concentrar no fato de estarmos partindo de nossa amada Paris, estávamos embarcando em uma grandiosa nova aventura pela França. O mais importante era que Dorothy de Santillana tinha escrito para dizer que estava "encantada" com nosso original e que a Houghton Mifflin estava preparada para nos oferecer um contrato de publicação! Iupiiiiii!

Nos quase dois meses desde que nós tínhamos mandado para a Ives Washburn o original, não tínhamos recebido deles uma única palavra de ninguém por lá, o que era altamente antiprofissional. No fim de janeiro, enviamos uma carta registrada de desistência. Alguns dias depois, recebi uma carta de protesto do Sr. Putnam, embora ele terminasse com um gracioso: "Desejo-lhes sorte."

---

56 Charcutaria, loja de linguiças, salames, carnes de porco (N.T.)

Houghton Mifflin nos pagaria um adiantamento de 750 dólares, com *royalties* de 10%, a ser pago em três prestações de 250 dólares.

— Nem pensem na Ives Washburn — disse eu a nossas nervosas colegas. — Não foi um prejuízo, foi um lucro. Houghton Mifflin é uma editora muito melhor. — Simca e Louisette concordaram, ressabiadas.

No dia seguinte, o ar estava morno, o céu estava azul como turquesa, e seguimos rumo ao sul, no sentido contrário a um fluxo constante de trânsito, a maioria dos veículos com suportes para esquis no teto, voltando da Suíça. Viam-se trechos cobertos de neve nos lados setentrionais de valas e florestas, mas os campos estavam ensolarados e já pontilhados de camponeses semeando a terra.

Capítulo 4

Bouillabaisse à la Marseillaise

I. Terra Incógnita

Chegamos a Marselha com as mentes abertas, esperança nos corações e as papilas gustativas já preparadas para provar novos sabores. Já eram quase cinco da tarde do dia 2 de março de 1953, quando o Tulipe Noire, carregado até a tampa, parou diante do nosso hotelzinho. As pessoas no Consulado Americano tinham ficado horrorizadas ao saber que íamos ficar, por nossa livre escolha, em um hotel tão minúsculo e sem frescura. Mas detestávamos os grandiosos palácios imponentes sem nenhum sabor local. Trabalhando juntos como duas locomotivas a vapor, conseguimos, até seis e meia, tirar toda bagagem do carro, arrastar nossas coisas para dentro e guardar tudo. Ufa!

Olhei em torno de mim. A luz mortiça mostrou um papel de parede profusamente estampado com flores, um bidê e uma cama modesta. Era apenas disso que precisávamos. Sentado na única mesa do quarto, nosso pequeno deus doméstico, Shao Pan-Tzu, examinava aquela montanha de caixas, sacos e malas, com uma expressão serena. Se ao menos eu me sentisse tão calma e relaxada quanto ele...

Antes do jantar, demos uma volta na margem revestida de paralelepípedos do Vieux Port. O ar estava estimulante e soprava uma brisa, o porto fedia a esgoto e a peixe podre. Havia bandos de marinheiros, soldados, árabes, moleques de rua, batedores de carteira, donos de lojas, turistas e cidadãos de toda forma e tamanho, todos mourejando e berrando. Mais ou menos metade dos homens parecia estar imitando os gângsteres de filmes de Hollywood, e as namoradas deles pareciam mulheres de bandido. Os carros buzinando, os caminhões barulhentos, e as motos lamentosas criavam tumulto. As ruas e as sarjetas estavam cheias de lixo. Massas de lixo. Decidimos que isso devia ser um legado do hábito medieval de jogar lixo

pela janela. Ao longo do cais, dezenas de barcos de pesca de madeira estavam ancorados, com a proa voltada para o porto, e velhos e imensas mulheres vendiam o produto da pesca do dia, em banquinhas ou às vezes direto da popa dos barcos. Movimentando-se deliberadamente, a tripulação bronzeada de uma escuna de dois mastros de Palma de Maiorca estava descarregando caixotes de tangerinas de um laranja vivo.

Os ruídos intensos de Marselha eram muito diferentes da sofisticação tranquila de Paris. Para muitos dos nossos amigos do norte da França era terra incógnita: eles jamais haviam estado por lá, e consideravam a região um lugar "sulino" rústico, rude. Mas ela me deu a impressão de ser um caldo espesso feito de vida vigorosa, emocional, desinibida, uma verdadeira "bouillabaisse" urbana, como disse o Paul.

O USIS ficava no consulado americano, um edifício de cinco andares parecido com uma mansão, com um jardim situado no número 5 da Place de Rome, uma

praça ampla e aberta perto do centro da cidade. O título do Paul ali era "cônsul", uma dignidade com a qual ele não ficou especialmente impressionado, dados alguns dos outros cônsules que ele tinha conhecido; preferia seu título anterior, o mais misterioso *directeur régional*. Quando nós passamos por lá, as pessoas no consulado foram receptivas e nos deram muitas sugestões sobre onde comprar as coisas, como alugar um apartamento, e como andar pelas ruas sinuosas da cidade e lidar com os hábitos especiais dos mediterrâneos. Essa era uma mudança agradável, contrastando com o clima impessoal da Embaixada dos Estados Unidos em Paris. A sensação que tínhamos ali era a seguinte: estamos em um posto fronteiriço de pequena monta, e precisamos tomar conta uns dos outros.

Rapidamente, os dias do novo PAO começaram a ficar entupidos de decisões, coisas sem sentido e triunfos. Paul reclamava de "envenenamento por papel", uma indigestão da memória e de dor de barriga causada por nervosismo. Minha inclinação natural foi sair e explorar enquanto Paul estava trabalhando. Mas para fazer alguma coisa, qualquer que fosse, obriguei-me a manter um horário normal de trabalho no hotel. Ali minha máquina de escrever Royal portátil era minha companheira constante. Sem trabalho de casa ou *marketing* para me distrair, comecei a ler minha correspondência e continuei pesquisando para o meu novo livro de receitas.

O tempo em Marselha estava extraordinário. A princípio, tínhamos tido dia após dia de céus brilhantes como os da Califórnia e ar fresco. Mas certa tarde, o sol se escondeu atrás de nuvens espessas e escuras, o que me fez sentir melancólica e inquieta. Sem sol, não havia motivo para sair de barco e visitar o famoso Château d'If ou explorar as *villages-perchés* (cidades nos morros) no *arrière-pays* (interior), das quais tanto tínhamos ouvido falar. Os cinemas viviam lotados. Eu não podia ir para casa assar um bolo, pois não tínhamos cozinha. Paul não podia ir ao estúdio pintar, pois também não tinha estúdio nem tintas. Não podíamos sair para fazer visitas, pois não tínhamos amigos. Eu já havia escrito tudo que podia escrever. Tinha lido tudo que podia ler. Tinha dormido tanto quanto podia dormir. E percebi que estava ficando... entediada. Para piorar nossa disposição de espírito, ambos de repente começamos a ter problemas digestivos outra vez. Eu sabia que afogar as tristezas em vinho e *bouillabaisse* só pioraria as coisas. O que fazer?

Andei de um lado para outro no nosso quarto de hotel. Era bonitinho, mas precisávamos de mais espaço. Para me livrar da minha energia incansável, decidi olhar apartamentos para alugar. O primeiro que vi me deu a impressão de ser uma

mistura de falso Art Nouveau com uma cabana de gnomo. Depois vi uma coisa horrorosa, sem gosto nenhum, mais ou menos de 1900. Depois visitei um pequeno apartamento no quinto andar de um prédio no Vieux Port, que tinha vista para a frota pesqueira. Era de um diplomata suíço que tinha voltado para sua pátria para recuperar-se de tuberculose: o problema era que, assim que sua saúde melhorasse, ele poderia voltar para Marselha a qualquer momento. Não era algo que nos atraísse. Mas depois de alguns dias morando em um hotel apertado e tirando roupas da mala, decidimos ficar com o apartamento do tuberculoso suíço enquanto procurávamos um lugar mais definitivo onde nos empoleirar.

Estava começando a aprender como encontrar o caminho no labirinto de Marselha. Tinha encontrado uma rua empolgante inteiramente dedicada aos bordéis. Aprendi que a avenida larga que levava da estação ferroviária até o porto chamada La Canebière era conhecida pelos veteranos americanos como "Lata de Cerveja". E tinha descoberto dois ótimos e pequenos restaurantes especializados em peixe.

Um deles, Chez Guido, era o restaurante excelente da Rue de la Paix do epônimo e encantador *chef* Guido. Ele já estava no *métier* desde os dez anos. Era um verdadeiro cavalheiro, um perfeccionista absoluto, e merecia pelo menos duas estrelas do guia *Michelin*, embora fosse cedo demais para ganhá-las, pois o restaurante tinha sido aberto há pouco tempo.

Guido ficou orgulhoso e encantado de nos contar tudo sobre a culinária local. Disse-me o nome do seu açougueiro, e quando Paul observou que alguns vinhos locais tinham gosto de vinagre, Guido nos indicou um excelente fornecedor. Uma das coisas mais charmosas a respeito do Guido era seu filho de oito anos, Jean-Jacques, que era louco por caubóis e índios do "Le Veeld Vest". Isso nos fez parar para pensar. Guido tinha sido muito bacana conosco, e queríamos retribuir sua gentileza, mas indiretamente. Então Paul pediu a Charlie para lhe mandar um cocar Sioux de guerra ou um chapéu de caubói para o pequeno Jean-Jacques.

Em nossa primeira entrega de correspondência em Marselha veio uma carta de Avis De Voto. Ao responder a algumas fotos nossas que tínhamos enviado, ela disse: "Estou muito satisfeita com a aparência de vocês, tão cálidos, vigorosos e bonitos. Estou pasma por você ser assim tão alta. Mais de um metro e oitenta, nossa! Acho lindas as mulheres altas... Acho que vocês formam um casal maravilhoso."

Depois falou sobre nosso capítulo de molhos: "A esta altura já testei o *beurre blanc* até cansar, e já estou começando a sofrer do fígado. Também já engordei dois quilos e meio, o que não é bom para gente com o meu corpo. Tudo bem, só que gosto das minhas roupas folgadas em vez de apertadas. Também fiz sua receita de maionese super secreta com grande sucesso, apesar de que minhas duas batedeiras elétricas quebraram, e eu tive que batê-la à mão. É deliciosa, maravilhosa, e adorei. Mas não estou gostando nada de fazer dieta. Culpa sua!"

Nós agora já gostávamos demais da Avis. Estranho sentir como se a gente conhecesse muito bem alguém que jamais viu pessoalmente.

II. Confidencial e Super Secreto

Embora nossa mudança para Marselha tivesse atrapalhado demais meu trabalho no livro, também abriu novas avenidas de pesquisa que eu não tinha em Paris. Além das sopas, Simca e eu estávamos agora indo fundo nos peixes, um assunto sobre o qual eu não sabia muito, mas pelo qual estava começando rapidamente a me apaixonar, principalmente porque comia peixe constantemente em Marselha.

Dediquei-me à pesquisa sobre peixes, enquanto tentávamos sistematizar a nomenclatura e a possibilidade de preparação de peixes franceses, ingleses e americanos para nossos leitores. A tradução nem sempre era óbvia. O que nós americanos chamamos de *catfish* (bagre), os ingleses chamam de *dogfish*. Ou por exemplo, o *le carrelet*, que em inglês britânico é *plaice*, mas em americano é *sand dab, lemon dab* ou *lemon sole* (solha-limão, uma espécie de linguado). Se procurarmos "dab" em um dicionário inglês-francês, acharemos não só *carrelet* como também *limande, calimande* e *plie*. Descobri que até mesmo nomes latinos, teoricamente universais, podem variar entre os três países. Para mim o dicionário de dois volumes inglês-francês de 1488 páginas que o Paul me deu foi uma mão na roda, contendo fontes tanto da Inglaterra quanto dos Estados Unidos.

Também houve traduções culturais a fazer. Criaturas que eram consideradas positivamente deliciosas na França e na Inglaterra às vezes eram consideradas venenosas nos Estados Unidos. Muitos tipos de peixes europeus não existiam nos Estados Unidos, e vice-versa. Nosso problema foi encontrar ingredientes equivalentes nos Estados Unidos para, por exemplo, peixinhos como o *rascasse* que os franceses usavam nas sopas de peixe.

Eu adorava esse tipo de pesquisa, e ela levou a descobertas interessantíssimas e as mais variadas. Ao escrever para os especialistas de criação de peixes franceses e americanos, descobri que ambos os governos estavam procurando resolver exatamente os mesmos problemas. (Também descobri que o governo americano possuía um "coordenador de substituição de peixes", título encantador para um cargo). Pelo jeito as empresas de pesca estavam recebendo centenas de cartas de *chefs*, criadores de peixes, empresas de peixe em lata, confusos pela falta de padrões internacionais. Talvez a UNESCO conseguisse encontrar o fio da meada daquela Torre de Babel; entrementes, nós, Gourmandes, improvisamos nossa própria solução.

Fiquei decepcionada quando nossa nova editora, Dorothy de Santillana, permitiu que uma amiga dela, uma tal Sra. Fairbanks, experimentasse uma receita de nosso capítulo de molhos sem antes pedir nossa permissão. Tínhamos trabalhado com tamanho afinco para desenvolver aquelas receitas, entre as quais algumas eu considerava verdadeiras inovações, sem mencionar a nossa propriedade intelectual. Depois das histórias de Irma Rombauer, e a experiência de minhas colegas com o Sr. Ripperger, senti que tínhamos plena razão de pensar que nosso trabalho árduo poderia ser roubado.

Talvez fosse meu treinamento da OSS, ou só minha tendência natural para proteger os outros, mas quando enviei a Dort receitas para experimentar em sua cozinha de São Francisco, avisei:

"Envio anexo uma parte de nosso livro de receitas, um trecho do capítulo sobre molhos. Estamos tão confusas diante da enormidade da tarefa a qual nos propusemos que não estamos conseguindo ver as coisas objetivamente. E além disso precisamos muito de alguns comentários inteligentes dos americanos, de gente como você, sua opinião sobre as receitas.

Naturalmente, não deve mostrar as receitas a ninguém, senão vão perder a novidade. A forma, segundo pensamos, é nova, e certamente algumas de nossas explicações, tais como da nossa amada maionese, são descobertas pessoais, etc. Talvez queira mostrá-las a uma ou duas amigas mais próximas nas quais tenha absoluta confiança, e que você saiba, sem sombra de dúvida, que não trabalham, nunca trabalharam e nunca terão nada a ver com o ramo de publicações, ou que não tenham qualquer tipo de ligação com esse ramo... por fa-

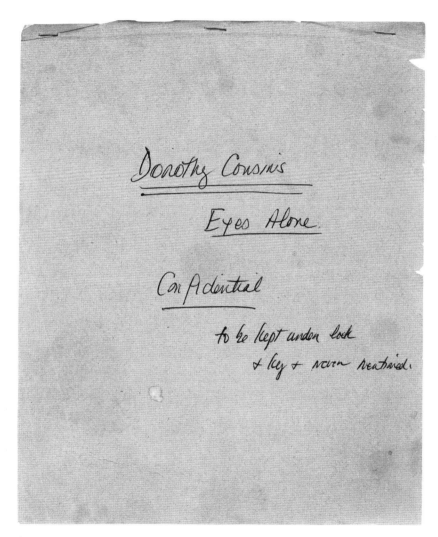

Algumas páginas sortidas de nossa obra em preparação.

Minha vida na França

```
Nov. 7, 1952                    Mme T.       SAUCES:  Butter.            pg. 54
FRENCH HOME COOKING          Top Secret      Hot Butter Sauces.    2.

BEURRE BLANC  (Continued)

Ingredients  (Count on 3 to 4 TB per person if served with fish,
             this is for about 1 cup or 4 servings.)

    3/4 to 1 cup butter, cold and hard, and cut into pieces of
         about 1/2 ounce, or 1 TB.
    1/8 TB each, salt & ground pepper (white pepper if possible)
    1/4 cup white wine vinegar (as this is difficult to procure,
         substitute :  3 TB wine vinegar & 2 TB lemon juice ;
             or :     3 TB wine vinegar & 4 TB dry white wine ;
             or :    (for vegetables) 4 TB lemon juice)
    1/4 cup fish STOCK (optional)
    1 TB finely minced shallot

Method:   Place cold butter at your elbow, but away from heat, and
          add with fingers, when the time comes. Choose a light-weight
          enamel saucepan, which will react quickly to heat and cold.
          Place in it the salt, pepper, shallots and liquids, and reduce
          over high heat until just about 1/2 TB of the liquid remains.
          Remove from heat and add 2 pieces of butter. Beat with wire
          whip, and as butter melts and creams, add another piece, beating.
          Set saucepan over low heat and add butter gradually, beating.
          Just as each addition is almost absorbed, add more, and continue
          until all butter is used. Taste for seasoning, add more salt
          and pepper if necessary. Remove from heat. Sauce should be
          thick and creamy. Nap hot fish with sauce and serve immediately.

Keeping and re-heating.  Sauce is difficult to re-heat. So, as
          it takes only about 5 minutes to make, it should be done just
          at the last minute. When it cools off, it remains in its creamy
          state. But to heat, chill the cold sauce. Start out with a new
          reduction of vinegar, and more hard, cold butter. When this has
          taken well, add the cold sauce 1 TB at a time.

Left-Over Sauce.  This is a rare occurence. It can be used like
          SHALLOT BUTTER, for grilled fish or the buttering of fish sauces.

Turned Sauce.  This is when butter melts and becomes limpid. When
          it has cooled, it will beat into a cream. Chill it, and beat it
          into fresh BEURRE BLANC, as in "Re-Heating", above, or use as
          SHALLOT BUTTER.
                                        Top Secret

How it works.  The acid of the vinegar acts on the milk solids
          in the butter in such a way that when the butter and vinegar
          are beaten together over heat these solids remain in suspension.
          In other words, instead of becoming clear and melted, the but-
          ter becomes creamy. This precipitation process cannot be hur-
          ried, so the butter is added a bit at a time; and to control
          the heat factor, the butter is very cold.
          Curnonsky, Prince Elu des Gastronomes, considers Mère Michel's
          BEURRE BLANC the best of all; and this is her manner of making
          it.
```
(from page 53)

Top Secret

Page 43.
Mayonnaise

Mayonnaise Legere:

Method II. (for about 1 cup of sauce)

In a clean dry bowl over hot water, beat until light and foamy (about 5 minutes):	1 whole egg pinch of salt
Remove from heat and immediately beat in:	1/2 tsp. prepared mustard or wine vinegar
Immediately beat in, drop by drop and continue as for MAYONNAISE:	2/3 cup oil
Add seasonings to taste:	salt, pepper, mustard, vinegar, minced herbs, etc.

Top Secret

Minha vida na França

```
Nov. 1, 1952                                    SAUCES:              Ps. 36
FRENCH HOME COOKING    Top Secret   The Hollandaise Family.  2.
```

SAUCE HOLLANDAISE, Continued.

For: Vegetables, fish, eggs, where a delicately-flavored sauce is desired

THE BOILING BUTTER METHOD. This is the easy "off the stove" method, which flares the nostrils and raises the eyebrows of the classicist, but is certainly "Hollandaise without tears". It is used for ordinary standard butters, takes about 5 minutes or less to make, and, if served within a few minutes, presents no heating up problems at all.

Ingredients for about 3/4 to 1 cup, or 6 to 8 servings.
  2 tsp. lemon juice (or, for a more strongly flavored sauce:
                      2 TB wine vinegar, 2 TB water or dry
                      white wine, 1 tsp. minced shallot,
                      reduced to 2 tsp.)
  2 egg yolks (2 TB, or 1 ounce)
  8 to 12 TB butter (4 to 6 ounces)
  1/8 tsp. salt; ground pepper.

Method: Lay a damp dish cloth on a flat surface and place on it a small bowl or enamelled saucepan. (Cloth keeps recipient from sliding about.)

Place the egg yolks in the recipient and beat until yolks become thick and sticky (about 1 minute). Beat in the lemon juice, salt and pepper (1/2 minute).

Place butter over moderate heat to melt, then raise heat and bring to the boil. Boil is reached just when butter begins to crackle loudly, indicating its water-content has started to evaporate. Immediately remove from heat at this moment, (on no account let it brown.) Holding butter-pan in left hand, wire whip in right hand, pour the boiling butter in a thin stream or droplets onto the egg yolks, beating so all butter is being continuously absorbed. The hot butter cooks and thickens the yolks as they absorb it. For most purposes, sauce should have enough body to hold its shape as a mass in a spoon. Taste for seasoning. Add more lemon juice if necessary.

Serving: Serve in a warm sauce-bowl, not a hot one, as a too hot recipient can make the sauce turn. If food is to be presented, napped with HOLLANDAISE, and food is very hot, it is wisest to beat a TB of VELOUTÉ or BÉCHAMEL into the sauce, which will help to bind it.

Top Secret

vor, nunca entregue esse texto a ninguém, nem o deixe em algum lugar onde outros possam lê-lo, nem o empreste a ninguém.

Pode parecer exagero da minha parte, mas é que não quero arriscar, depois de todo o trabalho que tivemos.

E por favor, seja muito franca, talvez não goste de nada, caso no qual precisaremos ficar sabendo."

Com aquela carta, mandei várias receitas "normais", mas também três receitas especiais escondidas entre folhas cor de rosa, como proteção, intituladas "RESTRITAS ÀS PRIMAS DA DOROTHY, CONFIDENCIAL, esconda em uma gaveta trancada a chave e nunca mencione".

Essas eram as páginas classificadas como Confidenciais e Ultra Secretas: nossas receitas revolucionárias de *hollandaise*, maionese e *beurre blanc*. Nunca tínhamos visto essas receitas publicadas antes, e os métodos para fazer as duas primeiras eram revolucionários. Estávamos curiosas para saber se as instruções eram claras, e se uma cozinheira tipicamente americana poderia segui-las com êxito. Quanto ao terceiro molho, *beurre blanc*, que tinha baseado na minha visita ao restaurante da Mère Michel, era perfeitamente delicioso, e nunca tinha sido explicado como se devia em um livro.

Enviei o pacote meio ressabiada, mas sabia que podia confiar na minha irmã. E só para ter certeza de que ninguém iria vazar nada, recordei a Simca e Louisette para tratar as receitas escritas em folhas cor de rosa como "ultra-secretas – como um plano de guerra".

Certo dia, fui com Paul a Cannes, que ficava mais ou menos a quatro horas a leste de Marselha de carro. Levamos seis horas para explorar as estradas secundárias sinuosas. Que maravilhosa paisagem rural! Os morros erguiam-se do litoral, todos dourados de mimosa em flor. Em uma cidadezinha balneária chamada La Ciotat, que Charlie e Paul haviam visitado nos anos 20, paramos para fazer um piquenique à beira-mar. Sentamo-nos ao sol quente sobre pedras achatadas, ao vento forte. Não longe dali ficavam duas armações grandes construídas de concreto reforçado pelos italianos ou alemães para se defenderem de uma invasão dos Aliados por mar. Rolos enferrujados de cruel arame farpado do tempo da guerra jaziam na relva atrás da praia. Ali perto viam-se escombros de casas destruídas. Em toda parte, ao redor dessas relíquias de guerra, viam-se belíssimas amendoeiras em flor.

No dia seguinte, após uma visita ao cônsul americano em Nice para escutar uma palestra de um diplomata americano, e de tirarem nossas fotos para o jornal *Le Nice-Matin*, voltamos a Marselha atravessando o *arrière-pays* de penhascos de cumes irregulares, com picos nevados que pareciam polvilhados com açúcar, e florestas de pinheiros e sobreiros.

Dirigir na França sempre foi um esporte competitivo, mas dirigir no sul era positivamente arriscado, podendo-se até morrer. As estradas eram íngremes, construídas contra penhascos abruptos, e só com a largura suficiente para uma jamanta e um carro pequeno passarem. Não havia leis de trânsito, patrulha rodoviária, e não havia muitas placas. Os caminhões tomavam o meio da estrada e se recusavam a desviar-se. Os carros ultrapassavam-nos à toda, em curvas de subidas, sem visão, a mais de cem por hora, buzinando e escapando da morte por um fio. Ninguém se incomodava em sinalizar. Havia curvas bem fechadas, sem barreiras, e os pedestres idosos, as mulheres com carrinhos de bebê e camponeses em carroças puxadas por cavalos se metiam entre os carros. Os moradores do lugar pareciam surdos à incessante orquestra de buzinas, e não ligavam para o trânsito violento, mas os nervos do Paul viviam em frangalhos, por conta de toda aquela tortura. Nós tomávamos o maior cuidado, torcendo para voltar para Marselha ilesos.

III. Hill, o "Mala"

Nosso novo apartamento alugado ficava no número 28-A da Quai de Rive Neuve, no quinto andar de um edifício Art Déco bege-claro, de grades de metal com desenhos de ondas, bem diferente. Era um espaço pequeno, mas encantador, e tinha vista maravilhosamente ampla do Vieux Port e sua frota pesqueira.

Paul retirou todas as medonhas pinturas suíças das paredes, substituindo-as por uma dúzia de suas próprias fotos, e o apartamento começou a parecer um lar de verdade. Eu fiquei tão aliviada de ter uma cozinha, embora fosse do tamanho de uma cozinha de navio, que preparei uma *soupe de poisson* (sopa de peixe) bem saborosa no nosso primeiro dia no apartamento. Naquela tarde, comprei um balde de carvalho bom e resistente no mercado; simplesmente o adorei, e passamos a usá-lo como cesta de lixo.

Naquela noite, ficamos acordados até depois da meia-noite escrevendo cartas, enquanto logo abaixo da nossa janela passava um rebocador, fazendo *tchupa-tchupa-tchupa-tchupa*.

Com o tempo aprendemos as mazelas do prédio. O aquecimento não funcionava. A pressão da água ia e vinha. Paul ficou preso no elevador entre dois andares. Mas tudo bem: finalmente tínhamos um lugar que podíamos dizer que era nosso lar.

O expediente do Paul era de doze horas, correndo de um lado para outro, para encontrar-se com o Cônsul-Geral Hill, entrevistar um professor de física local que queria estudar no Instituto de Tecnologia de Massachusetts, ajudar um investigador de assuntos dos veteranos a verificar seis ex-militares que estavam tendo aulas nas universidades locais (descobrimos que, conforme o investigador desconfiava, dois estavam usando dinheiro do governo americano para financiar empresas para as esposas; os veteranos não se arrependeram disso). Aliás, Paul estava passando tanto tempo fora, que a pele parisiense da careca dele estava bronzeada e ressecada pelo vento e pelo sol.

O Cônsul Geral Heywood Hill, que Abe Manell chamava de "Hill the Pill", levou Paul para conhecer o *préfet* local, *Monsieur* Paira. Envolto em uma nuvem de fumaça de cigarro atrás de uma escrivaninha rococó munida de três telefones com aparência importante, Paira, um sujeito de maxilar protuberante originário da Córsega, começou a reunião criticando o USIS por atacar os comunistas em vez de prestar informações ao povo francês sobre os Estados Unidos. Paul ficou cada vez mais zangado diante daquele monólogo mal-informado, mas quando tentou falar, Paira simplesmente elevou o nível dos decibéis e continuou protestando. Hill ficou ali sentado, mudo, apalpando o relógio de pulso, as luvas e o chapéu, "nervoso como um virgem em uma casa de tolerância", segundo Paul definiu. Depois de Paira, eles conheceram o prefeito, Monsieur Carlini, outro cara durão, cercado de grandalhões de pança grande, com correntes de ouro. Carlini encerrou as formalidades em quatro minutos cravados. E ali paravam as grandiosas iniciativas diplomáticas dos Estados Unidos em Marselha!

O velho Hill certamente estava se revelando uma mala sem alça. Era de um tipo que reconhecíamos de anos de trabalho no governo: lânguido porém perspicaz, e extremamente sensível a críticas. Paul, baseado na sua experiência como burocrata e professor de adolescentes instáveis, inventou uma estratégia para lidar com ele: levar Hill a sério, mesmo quando ele estava sendo petulante, e apoiá-lo mesmo quando ele se metia em uma enrascada (o que era frequente). Até ali, essa abordagem estava funcionando. Mas Paul estava só esperando o dia em que Hill iria se virar e subitamente lançar-lhe um jato de veneno em cima.

Outra fonte de nervosismo eram os senadores que gostavam de cortar verbas e que estavam vitimando o Serviço Exterior, arrancando o joio junto com o trigo sem notarem a diferença. Os amigos de Paris diziam que na embaixada o moral tinha caído bastante desde que nós tínhamos ido embora. À medida que íamos escutando cada vez mais relatos como esses, íamos nos preocupando cada vez mais, achando que os jardineiros estavam abrindo caminho a tesouradas em direção ao nosso pequeno posto avançado de Marselha e iriam em breve decepar nossa bela flor.

Durante o fim de semana de Páscoa, subimos os morros do *arrière-pays* no La Tulipe Noire. Saindo da trilha batida pelos turistas, não encontramos muito tráfego, e fomos passeando a esmo. Encontramos gargantas escuras e penhascos brilhantes, campos de amendoeiras com flores rosas, bem claras, contra montanhas escuras como sarja, pés de lavanda de um lilás acinzentado, oliveiras tortuosas crescendo em terraços cercados, colmeias de abelhas em toda parte, e criações de bicho da seda escondidas em estábulos. Na pequena *village-perché* de Gassin, bem no alto das montanhas, fizemos um piquenique em um bosque de sobreiros. Depois Paul tirou fotos de dois gatinhos pretos e brancos brincando em uma figueira. O ar estava perfumado pelo aroma de resina. O lugar era extremamente sossegado e isolado, e durante algumas horas, esquecemos todos os nossos estresses e tensões.

Na aldeia ligeiramente maior de Moustier, entregamos, em nome do consulado, uma pilha de livros a um bibliotecário idoso autodidata que andava pacientemente requisitando material impresso fazia anos. Ele guardava todos os volumes em sua biblioteca escura, mofada, de uma só sala, "protegidos" por capas de simples papel pardo (que escondiam os títulos). Os livros estavam organizados em prateleiras de tábuas rústicas aplainadas à mão, perto do teto, as quais só se podia acessar por meio de uma escada precária que nem mesmo ele ousava subir. Sem um fichário com cartões para classificação dos volumes, ele inventou seu próprio sistema: "Organizo os livros por tamanho!", disse orgulhosamente. Pelo que constatamos, fazia muito tempo que ele não recebia muitos visitantes, ou talvez sequer um ou dois. No carro, depois da visita, não pudemos deixar de comparar essa pequena e triste biblioteca com o que se encontra em várias cidades americanas, onde tudo era iluminado, bem organizado e movimentado.

À medida que íamos descendo em direção ao litoral, a bruma foi se dissolvendo e revelou Saint-Tropez, com fileira após fileira de mansões de reboco rosa, branco, amarelo e cor de ferrugem, ao longo do litoral. Devia ser um belo e simples porto de pescadores cinquenta anos antes. Mas agora toda praia e café estavam cheios de gente da cidade, pescadores amadores, artistas, atores e atrizes de cinema e gente metida a besta querendo ver e ser vista. Dois imensos ônibus despejavam turistas vindos da Alemanha e da Dinamarca. Automóveis reluzentes com placas de uma dúzia de países diferentes avançavam devagar pelas ruas estreitas. A enseada estava entupida de iates. O homem havia esmagado a natureza ao longo do litoral. Nós dois nos sentíamos atraídos pelo interior mais simples e rústico da Provença.

Àquela altura eu já tinha visto tudo do litoral mediterrâneo à direita de Marselha, e ainda estava tentando encontrar um lugarzinho à beira-mar onde gostaria de construir meu *château*. Já estava ficando enjoada de ver uma quantidade tão grande de casinhas neo-Mediterrâneas, revestidas de reboco com terraços ao ar livre, amontoadas perto de uma infindável fileira de armadilhas para turistas, lojas de bugigangas baratas, cartazes da Coca-Cola e restaurantes pés-sujos de *bouillabaisse*. Afih! Acho que não teria gostado da *belle France* se só tivesse visto aquela parte dela.

IV. Os "Investigadores"

Voltando ao consulado, Paul atacou uma montanha de correspondência e descobriu um recado de nosso amigo da embaixada, Charlie Moffley, dizendo: "Telefone imediatamente para mim." Quando Paul finalmente conseguiu encontrar Moff em Paris, ele explicou, quase sem tomar fôlego, que lá as coisas estavam pretas: dois investigadores do McCarthy estavam procurando "Vermelhos" em todo lugar. Qualquer um, pelo jeito, servia: os corredores da Embaixada cheiravam a medo e rancor. Naquela noite pegamos o Le Mistral para Paris, para cuidar de alguns assuntos de última hora.

Na manhã seguinte, Paul estava tremendo por causa da temperatura de dez graus, enquanto nos apressávamos para uma sessão fotográfica das Trois Gourmandes no apartamento ainda vago da Roo de Loo. Às nove e meia, Simca e Louisette chegaram, trazendo sacolas cheias de peixes, ovos e legumes. Começamos a trabalhar na cozinha, enquanto Paul tirava uma série de fotos promocionais de nós. Posamos enquanto ele queimava doze lâmpadas de *flash*. Queríamos usar essas fotos como ilustrações do nosso "Livro".

Fomos almoçar no Le Grand Comptoir, onde Paul sentou-se num canto tão isolado quanto um ermitão tibetano, e nós, autoras, debatemos o livro e receitas, nosso novo contrato, molhos, peixes e quem ia fazer o quê. Aquilo me fez entender como eu tinha sentido falta da companhia delas.

No jantar com Abe Manell, ouvimos mais histórias dos investigadores do McCarthy. Eles eram dois advogados de no máximo vinte e seis anos, chamados Cohn e Schine. Eram dois valentões típicos que lembravam um amigo francês dos agentes da Gestapo alemã da época de Hitler. Não estavam investigando nada, na verdade, mas tinham vindo a Paris mostrar que estavam "ocupados", constatando "fatos" no local. Era uma farsa, e uma desgraça. Conforme Abe narrou, Cohn e Schine não tinham avisado ninguém da sua chegada: na sexta, a embaixada tinha recebido um telefonema de Nova York dizendo: "Preparem-se, que eles vêm vindo aí." Eles chegaram no sábado, e no aeroporto já deram uma coletiva, na qual vieram com todo tipo de acusações vagas, sujas e não comprovadas, tais como que o USIS estava seguindo uma linha pró-comunista, conforme se podia comprovar pelos tipos de livros em nossas bibliotecas; o USIS estava desperdiçando o dinheiro dos contribuintes com mordomias e com a constituição de um império; havia, no quadro do USIS, gente que representava um risco para a segurança, comunistas e/ou tarados sexuais.

No domingo de Páscoa Cohn e Schine disseram que queriam entrevistar o Embaixador Draper e os altos funcionários do USIS sobre os livros na biblioteca da embaixada. Todos cancelaram os planos de Páscoa. Mas eis que no domingo nem o Cohn nem o Schine deram as caras.

Finalmente, às quatro e meia da tarde, eles foram localizados na sua suíte do Hôtel de Crillon (sem dúvida pago pelos contribuintes americanos), tomando café da manhã! Os jovens gênios concederam ao embaixador quinze minutos, e à equipe do USIS dez minutos cada, e passaram a maior parte do tempo comendo ovos mexidos e debatendo se deviam ir para Londres ou Viena depois. Finalmente, pegaram um avião para Bonn sem avisar ninguém que estavam indo para lá. A insolência daquela "investigação" e as acusações injustas sobre o que haviam "descoberto" era revoltante.

– Pelo que posso deduzir, a única pesquisa que fizeram foi durante a maior parte da noite do Sábado de Aleluia entre as vedetes nuas de Montmartre – protestou Paul.

Mas não havia como esconder o medo que esses jovens valentões tinham semeado no corpo diplomático. Isso nos motivou a ter a conversa sobre "E se..." outra vez. E se Paul perdesse o emprego, então o que faríamos? Iríamos pedir demissão do governo e entrar para o mundo da culinária, redação de livros e ensino, decidimos. Seria bem mais apropriado para nós.

V. Mistral

WHOOOSH! Assim que descemos do trem em Marselha, quase fomos arrebatados por uma ventania penetrantemente gelada, poeirenta, selvagem e uivante, vinda da Sibéria, através dos Alpes, ao longo do Vale do Rhône e descendo pelos nossos pescoços. Caixas, barris, engradados, lixo e jornais voavam e batiam contra as casas. O vento incessante derrubou chaminés, arrancou telhas e venezianas das dobradiças. O mar no Vieux Port estava espumando e marulhando, enquanto muralhas de espuma de trinta metros contorciam-se em toda a enseada. Os barcos estavam todos reunidos, como carneiros, os mastros da frota pesqueira inclinavam-se ao máximo, e o cordame gemia como um apito de trem. Paul e eu precisamos semicerrar os olhos e encolher os ombros por causa da ventania, e mal conseguimos percorrer o cais. Quando finalmente chegamos em casa, descobrimos que as janelas do nosso apartamento, seis andares acima da rua, estavam com as vidraças completamente cobertas de sal, dos respingos da água do mar.

Esse foi nosso primeiro Mistral, o famoso vento tempestuoso que soprava tão forte que até dificultava o pensamento. Era como se estivéssemos sob um bombardeio.

No dia seguinte não houve vento nenhum. Foi inacreditável. Nossos pescoços e orelhas ainda estavam pretos da poeira que voava e atingia tudo lateralmente. No fim do cais do porto, homens com grandes ancinhos tiravam grandes acúmulos de algas, tábuas, laranjas e restos de lixo da água. Passamos a nos preparar para um novo assalto furioso, da mesma forma como, depois do piquenique onde as formigas compareceram, a gente sente que elas estão subindo pela nossa perna mesmo quando não estão.

Em meados de abril, Paul foi nomeado um dos delegados do consulado para o Festival de Cinema de Cannes. Quando comparecemos à abertura do festival, combinamos de ficar com Simca na casa de sua mãe, uma vila chamada La Brise, em Mandelieu, no sopé das montanhas, a cerca de oito quilômetros de distância de Cannes. Como sua filha, Madame Beck era alta, com pele normanda branquíssima e um rosto austero. As duas eram ativas, afáveis, extremamente faladeiras, de opinião e generosas. Falavam duas vezes mais depressa e mais alto do que a maioria das mulheres americanas, o que não me incomodava, mas deixou Paul exausto.

La Brise era grande e tortuosa, repleta de minúsculos bibelôs. Colocado na janela de nosso quarto, totalmente escancarada ao delicioso ar frio, estava um frasco de Air Wick com o pavio puxado ao máximo. Fiquei surpresa, pois considerava o Air Wick um produto consumido tipicamente nos Estados Unidos. E, portanto, nossa primeira noite naquela maravilhosa vila francesa começou com o som dos sapinhos da primavera e a fragrância inevitável do Air Wick.

Paul não se importou nem um pouco com todo o resplendor que cercava o festival de cinema, mas como representante do governo americano precisava comparecer aos eventos mais importantes. Os rostos conhecidos que desfilavam ao longo da Croisette eram os astros e estrelas de cinema. Havia grupos deles vindos da França, Espanha, Brasil, México, Suécia, Finlândia e Hollywood. Enquanto Simca e eu ficávamos no La Brise trabalhando no livro, Paul bebericava champanhe ao sol nos terraços de hotéis, assistindo ao desfile de famosos: Olivia de Havilland (tinha um rosto lindo, aberto, "verdadeiro", segundo ele observou), Lana Turner (uma fachada cuidadosamente composta, totalmente artificial), Edward G. Robinson (um sujeito bem *Alma no Lodo*), o mais recente Tarzan (alto, pescoço grosso, cabelos pretos e ondulados, uma cara inexpressiva de Narciso), e Jean Cocteau (idoso, distinto e vestido com um xale de lã com franjas e calças azul-celeste).

À noite, Simca e eu fomos ao encontro de Paul e 500 outras pessoas para um coquetel, seguido por jantar com um grande grupo do consulado, e depois assistir a dois filmes americanos: um curto documentário da Disney chamado *Aves Aquá-*

Vista do nosso apartamento no Vieux Port.

ticas, que adoramos, e *Eu Confesso*, um filme de suspense do Hitchcock estrelando Montgomery Clift que não agradou. Voltamos para casa cambaleantes de sono, às duas da matina.

No dia seguinte, tomamos café da manhã tarde, e passamos a manhã languidamente na La Brise. Era a primeira vez em dias que tínhamos conseguido parar para descansar. À tarde dirigimos entre os rochedos, os abismos, as gargantas e fomos até minúsculas *villages-perchés* equilibradas nos picos das montanhas, incluindo Gourdon, a mais alta aldeia em toda cadeia costeira dos Alpes. Aquela altura vertiginosa aterrorizou o pobre Paul, mas eu absolutamente amei tudo, assim como Simca e sua mãe. Mas quando Madame Beck começou a dar ordens ao Paul aos berros, dizendo como e onde ele devia tirar fotos, ele se revoltou contra "aquele general napoleônico". Depois, nós rimos muito quando ele admitiu que aqueles gritos dela o fizeram esquecer da vertigem.

Ao voltar para Marselha, declarei que estava começando um período de absoluta disciplina nos horários: as manhãs seriam dedicadas a ir ao mercado e cuidar da casa, as tardes, ao livro de culinária, e as noites a leituras e ao descanso. Esse horário era muito produtivo, a princípio. Mas Paul estava no festival de cinema, e eu, que adorava cinema, ficava pensando nele lá, se divertindo na Croisette. Finalmente não consegui mais aguentar e perguntei, depois de ele ter vindo para casa descansar um pouco: "Quando é mesmo que vamos voltar a Cannes para aquele coquetel de encerramento?" E portanto, às oito da manhã seguinte, viajei de trem com ele para Cannes. O céu estava com uma cor duplamente azul, e viajamos durante três horas através de uma paisagem de rochedos e pinheirais. Em Cannes o sol estava quente, e o champanhe gelado, e era extremamente agradável simplesmente sentar-se e olhar em torno de nós. Em um coquetel formal oferecido pela delegação americana naquela noite, Paul ficou bastante impressionado com as atrizes espanholas e brasileiras espalhadas pelo salão, mas eu fiquei encantada com o tranquilo e charmoso Gary Cooper. Quando saímos do coquetel, pouco depois da meia-noite, a festa ainda estava rolando a pleno vapor.

Nossos caixotes de mudança vindos de Paris tinham chegado a Marselha, mas nós só tínhamos lugar no apartamento para um quarto dos nossos pertences. Passei vários dias organizando, pendurando quadros, guardando coisas nos armários, modificando e arrumando nossa casa para que ela pelo menos desse a impressão de estar um pouco em ordem. Finalmente, minha *batterie de cuisine* e livros de culinária foram colocados na cozinha. Paul pendurou algumas pinturas suas na sala de estar. Cada um de nós tinha uma mesa para trabalhar. O resto das nossas coisas ficou em um depósito. O navio dos Child tinha zarpado!

Passamos a adorar nosso apartamento em um andar alto, apesar de sua falta de espaço, principalmente porque o teatro vivo do Vieux Port ficava literalmente logo em frente. Certa noite, em maio, ouvimos muitos gritos de empolgação vindos da rua. A frota pesqueira tinha encontrado um imenso cardume de atuns. Os barcos ficaram o tempo todo aportando no cais, e até meia-noite ouvimos constantes gritos e o barulho molhado de peixes pesados sendo retirados dos barcos e jogados nas pedras abaixo deles, depois passados para caminhões revestidos com uma camada de gelo. Enquanto os atuns continuaram por ali, os pescadores simplesmente continuavam trabalhando, o dia inteiro e a noite inteira. Vista de nossa sacada à noite, a cena era fascinante: milhares de atuns prateados, cintilantes, todos mais ou menos do mesmo tamanho, deslizando para um lado e para outro na água sob as luzes dos postes de iluminação, enquanto homens grandalhões de pernas tortas e calças impermeáveis e descalços erguiam e empurravam com uma espécie de urgência primitiva.

Não consegui resistir; comprei uma posta de atum grandona, a carne de um vermelho-vivo. As vendedoras de peixe disseram-me para deixá-lo de molho em vinagre e água, para evitar um sabor excessivamente acentuado, e assim fiz, durante cinco horas. A carne ficou quase branca. Depois eu a refoguei com purê de tomates, *oignons étuvés à l'huile, champignons*, vinho branco e *quelques herbes*. Maravilhoso!

VI. Sopa

Depois de tirar todas as minhas panelas de cobre do depósito, tomei a difícil decisão de ficar em casa e trabalhar em vez de explorar o mundo com o Paul. Ele tinha seis viagens marcadas para fazer, como PAO, e embora adorássemos viajar de carro e olhar e comparar as coisas umas com as outras, isso levaria tempo demais. O livro agora era minha prioridade número um.

Simca ficou na nossa casa alguns dias, para podermos conversar, fazer experiências e escrever sobre ovos e mais ovos. Fizemos ovos *soubise*, ovos com purê de cogumelos, ovos *en cocotte à la crème*, ovos *moulés* e ovos com molho *périgueux*, entre outros. Foi um maravilhoso surto criativo.

Simca era forte, com uma boa ética de trabalho. Passei a chamá-la de La Super-Française, porque ela representava um tipo de francesa dinâmico, autoconfiante e obstinado que eu admirava. Até mesmo doente, ela equipava a cama como se fosse um escritório, com telefone, máquina de escrever, pilhas de livros e de papéis. Sentava-se ali como uma rainha, ligando para seus visitantes, planejando refeições e corrigindo páginas do original.

Louisette, por outro lado, era um tipo diferente de francesa clássica: baixinha, bonita e muito mais frágil. Embora ela e Simca continuassem a dar aulas na École des Trois Gourmandes, na sua cozinha recentemente reformada em Paris, sua contribuição para o livro era mínima. Mas nós lhe mostrávamos tudo que estávamos fazendo, e suas sugestões eram devidamente analisadas.

Nós três havíamos sido convidadas para a Confrérie des Chevaliers du Tastevin, a mais famosa das antigas sociedades de provadores de vinhos. Sua sede ficava na Borgonha, e eles exigiam cerimônias e decorações grandiosas. Nós nos tornamos *chevaliers*, ou integrantes, com certificados assinados para provar isso. Era uma honra, e nós esperávamos que nos ajudasse no processo de obter credenciais para nosso livro de culinária. (Mais tarde descobrimos que qualquer pessoa que pudesse encontrar um padrinho e estivesse disposta a pagar sessenta mil francos podia entrar para a Confrérie, um fato que poucos, até mesmo os franceses ligados à culinária, sabiam.)

Na noite em que levamos Simca para jantar no Chez Guido, o *chef* ficou feliz de nos ver, principalmente quando Paul deu ao pequeno Jean-Jacques nosso presente: um cinto de couro de caubói com dois revólveres de ar comprimido nos coldres. (Paul gostou tanto daquele acessório que até ameaçou que não iria dá-lo ao menino!) O presente foi cerimoniosamente aberto, e durante o resto da noite o pequeno Jean-Jacques andou de uma mesa para outra, girando as armas, atirando nos clientes, e se divertindo como nunca. Papa Guido sorria radiante, de felicidade pura. Com aquele gesto simples e sincero, sentimos que tínhamos realmente expressado toda a nossa gratidão pela bondade do Guido.

No clima mediterrâneo, passei muito facilmente a usar a base local de sabores à base de tomate, cebolas, alho e *herbes-de-Provence*. Imersa, naquele momento, no capítulo de sopas, voltei minha atenção primeiro para a preparação da *soupe de poisson*, ou sopa de peixe, uma sopa simples, na verdade um caldo de peixe, feito de pedaços de peixe frescos ou do esqueleto do peixe (cabeça, cauda e espinha), ou pequenos peixes "de segunda", como bagre-sapo, que são fervidos com os ingredientes básicos e depois peneirados. O caldo resultante é de uma fragrância maravilhosa, e é servido com uma pasta de alho e pimenta espalhada em torradas redondas.

Essa pesquisa me obrigou a ir bisbilhotar nos mercados de peixe locais. Eu adorava especialmente a feira livre perto da Rue de Rome, e o Criée aux Poissons, o mercado de atacado no Vieux Port. Lá devia haver dez milhões de pequenos nadadores de cores brilhantes, muitos deles nativos apenas daquelas águas. Meu desafio seria encontrar equivalentes americanos (e ingleses).

Aprendi muito sobre *rascasse, galinette, mustèle, murène, merlan, baudroie, saint-pierre, galéna* e *lotte*, embora, ao procurar esses dois últimos no dicionário eles tivessem nomes diferentes. Aliás, quanto mais estudava o assunto, mais tinha a sensação de que os autores de livros de culinária estavam colocando nas suas receitas listas de peixes que não tinham realmente investigado. Por que diabos chamariam uma pequena enguia marinha, ou congro, de *fielas*, sem explicação? Talvez as vendedoras de peixes pudessem me esclarecer isso.

Eu adorava as peixeiras. Elas eram uma raça à parte: grandalhonas, barulhentas e defensoras de seu território, berravam uma com a outra com sotaque anasalado. "Quando uma delas morre, tem sempre outra exatamente igual pronta a assumir o seu lugar", contou-me um velho pescador. As peixeiras eram um grande recurso para mim, muito embora nem sempre concordassem umas com as outras. Um *rascasse* grande (feio, como um mangangá), era chamado de *chapon*, segundo algumas. Mas outras apontavam para outros peixes, achatados, vermelhos e grandes, com os olhos parados, e diziam que aqueles é que eram *rascasse*. Coisa estranha.

– Aquilo é rigidez cadavérica? – perguntei a uma peixeira, apontando para um peixe prateado e verde, todo rígido.

– Não – respondeu ela, sem deixar transparecer que não tinha entendido. – É uma cavala.

Depois que eu peguei o jeito da sopa de peixe, o próximo salto lógico seria o clássico *bouillabaisse à la marseillaise*, típico de Marselha. É um ensopado de peixe;

Surpreendida pelo Mistral.

um pescador local poderia prepará-lo com o que tinha à mão, mas pode ser muito sofisticado, e uma *bouillabaisse* ideal tem um sabor e uma textura que provêm do uso de uma ampla variedade dos peixes mais frescos que se possa encontrar. Paul e eu provamos várias versões de *bouillabaisse* em toda a cidade, e descobrimos que algumas eram feitas com base de água e condimentadas com apenas açafrão, ao passo que outras eram bastante elaboradas, baseadas em caldo de peixe (*bouillabaisse riche*) e com mexilhões, vieiras e erva-doce em profusão.

Então qual seria a verdadeira receita de *bouillabaisse*? Havia um monte de respostas tolas circulando para essa pergunta. Claramente, havia tantas receitas "verdadeiras" quantos eram os preparadores de *bouillabaisse*. Eu me divertia perguntando às pessoas qual era "la vraie recette", só para ouvir uma resposta que expressava o dogmatismo francês na sua pior versão.

Presumia-se que só porque eu era estrangeira não sabia nada de nada, nem mesmo de onde vem um peixe.

– Ora, – disse uma mulher, apontando o dedo para cima – *nous, nous de la vraie Méditerranée, nous ne mettons jamais les tomates dans la bouillabaisse, nous, jamais!*"[57] Besteira. Eu verifiquei a "verdadeira" receita do "autêntico" *cuisinier* provençal e Reboul, autor de *Cuisinier Provençal*, inclui tomates na sua *bouillabaisse*. Então esse dogmatismo, baseado na ignorância e expressado com uma empáfia infinita, me irritava. (Essa é minha única crítica autêntica ao povo francês.) Aliás, como eu tinha estudado tudo, em geral sabia mais sobre o prato que os franceses, o que costuma acontecer quando se é estrangeiro.

Para mim, o sabor típico da *bouillabaisse* provém de duas fontes: a base de caldo provençal, com alho, cebola, tomate, azeite de oliva, erva-doce, açafrão, tomilho, louro e em geral um pouquinho de casca de laranja desidratada, e, naturalmente do peixe, magro (não oleoso), de carne firme, macia, gelatinoso ou marisco.

Uma sopa feita para dez pessoas em geral tinha sabor melhor do que uma feita para quatro, porque se podia incluir um número e uma variedade maior de peixes. Mas e se incluíssem batatas, ou só amido de batata, ou não se incluíssem batatas? Será que se devia colocar os caranguejos no caldo vivos ou matá-los antes? Devia-se peneirar bastante o caldo ou só um pouco, ou não peneirá-lo? Os debates eram intermináveis, e as pessoas adoravam exacerbá-los, um motivo pelo qual a *bouillabaisse* era um perfeito reflexo da própria Marselha.

Um dia a cidade de repente se viu salpicada de marinheiros americanos de dezenove anos vestidos com uniformes brancos de verão. O porta-aviões USS Coral Sea havia chegado, e agora os bares e bordéis estavam faturando alto. Os comunistas locais, enquanto isso, tinham colado cartazes antiamericanos em toda a cida-

---

57 Nós, que somos do Mediterrâneo, nunca, jamais adicionamos tomate à *bouillabaisse*! (N.T.)

de e estavam publicando manchetes horríveis nos seus jornais, alertando contra "Bombes Atomiques".

Paul fez das tripas coração para tentar manter um equilíbrio nas relações interculturais, organizando jogos de basquete, serviços religiosos, fotos, festas com convites extensivos à imprensa, e uma visita de quarenta órfãos franceses ao porta-aviões.

Alguns dias depois, repetiu-se a cena, só que dessa vez foi o porta-aviões USS Tarawa. No segundo dia depois que ele ancorou, um Mistral desencadeou-se sobre a cidade, soprando furiosamente. O céu estava claríssimo, mas a temperatura de repente caiu de mais ou menos 38 graus para uns 15, e o vento enlouquecido e uivante fustigou a cidade durante todo o dia e toda a noite. *Iááááá! Uuuuuiiuuuuu!* O ar se encheu de pó e de borrifos de água do mar de novo, e o vento arrebentava, arremessava e esmagava as coisas com uma força insana. Os coitados dos marinheiros não conseguiram sequer sair do Tarawa para se divertirem em terra.

Uma tarde, Paul e eu atravessamos aquela ventania horrível até uma ponta de terra escarpada para ver o Mistral formar ondas com espuma no mar. Foi emocionante, mas desgastante. O vento rasgou a bainha do meu vestido; depois desatou a gravata do Paul, virou a dobra da bainha das calças dele ao contrário e saturou-lhe os cabelos de sal marinho, tornando-os completamente brancos.

Alguns dias depois, o governo francês caiu de novo. Dessa vez foi por causa da reforma constitucional. A capacidade dos franceses de criarem discórdia e combinar-se em facções contrárias umas às outras parecia ser ilimitada. Ao ver aquele país lindo, com toda sua grande riqueza agrícola e seus tesouros culturais, continuamente metendo os pés pelas mãos, eu me perguntava se a França não sofreria de uma espécie de neurose nacional.

Mas nós, americanos, não tínhamos nada do que nos orgulhar, pois no nosso país o Senador McCarthy continuava atacando o USIS. Os boatos eram de que toda a operação podia terminar no fim do ano. Nossos colegas estavam sendo derrubados como frutas podres. Alguns foram demitidos; outros, mais velhos, muito experientes, gente boa, pediram demissão, revoltados com aquilo. Haviam diminuído o número de livros comprados de vinte mil volumes por mês para 1.592. Parecia que até o Presidente Eisenhower havia se intimidado, e eu não conseguia entender por que meus compatriotas não davam um basta no McCarthy.

Apesar deste horror, eu sentia saudades dos Estados Unidos. Conhecíamos muita gente simpática em Marselha, mas não tínhamos amigos do peito lá. E meus sentimentos apenas se intensificavam, nas raras ocasiões em que víamos nossos "companheiros de infortúnio", velhos amigos e família com quem podíamos realmente nos comportar como éramos.

Em junho, tiramos férias de dez dias e fomos a Portugal visitar George e Betsy Kubler, nossos amigos historiadores de arte de New Haven. Foram férias bastante descontraídas, e adoramos os curiosamente grosseiros portugueses e seus prédios caiados. Mas nunca se consegue cortar todas as amarras. No meio das férias, Hill, o "Mala", mandou chamar-nos de volta a Marselha (para algum tipo de emergência), e a excelente secretária e a bibliotecária de Paul foram mandadas de volta para os Estados Unidos (por motivo de corte no orçamento).

Simca e eu nunca tínhamos ligado muito para o título de Putnam, *French Home Cooking*, e simplesmente chamávamos nossa obra-prima de "O Livro". Mas àquela altura, segundo Paul observou, "O Livro" já estava aumentando "com a lentidão, mas acho que com a força também, de um carvalho."

Nosso sistema consistia em trabalharmos em receitas diferentes em casa (Simca em Paris, eu em Marselha), e depois trocarmos anotações furiosamente pelo correio, visitando-nos em pessoa ocasionalmente. Embora a especialidade de Simca fosse os doces, ela tinha muito a oferecer de seus vastos conhecimentos culinários. Testei tudo e, como a ianque residente, estava encarregada de redigir o texto final do "Livro". Com toda essa colaboração e intercâmbio, o nosso original tinha aumentado de maneira bastante substancial.

Fiz um cálculo rápido, e imaginei que, dependendo da fonte, tamanho das páginas, número de ilustrações e daí por diante, o livro poderia acabar com umas setecentas páginas. Isso nos deixou meio preocupadas: será que a Houghton Mifflin queria um livro assim longo e detalhado? Será que o mercado americano o aceitaria?

Nós não víamos saída. Era muito difícil resumir a explicação de uma receita e dar todos os passos necessários para que o prato saísse bem feito. Tentamos dar muitas informações úteis nas nossas instruções, mas não as complicando a ponto de o leitor precisar consultar notas em outras páginas. E tentamos apresentar vários temas interessantes e suas variações sem repetições cansativas.

Escrever é difícil. Nem sempre foi fácil para mim, mas depois que passava da fase de aquecimento para falar de certo assunto, a prosa passava a ser mais fluente.

Como o ensino a escrita precisa ser vivaz, principalmente para coisas tão técnicas e potencialmente chatas como receitas. Tentava manter meu estilo bem-humorado, sem pedantismo, mas também claro e correto. Eu continuava sendo minha melhor espectadora: queria saber porque as coisas aconteciam no fogão, e quando, e o que se podia fazer para obter um certo resultado. E presumia que nosso leitor ideal, o cozinheiro ou cozinheira sem ajudantes, americano, que gostava de produzir alguma coisa maravilhosa para se comer, se sentiria da mesma forma.

A Houghton Mifflin esperava publicar nosso livro por volta de junho de 1954. Mas sinceramente, eu achava que ele só ficaria pronto em junho de 55, no mínimo.

Quinze de agosto de 1953, o dia em que completei 41 anos, foi tão quente quanto um banho turco na La Brise. Inspecionei-me no espelho procurando sinais de decrepitude: meus cotovelos pareciam estar ficando enrugados, mas pelo menos eu não tinha cabelos grisalhos. Meu maior problema era minha falta de experiência constante. Talvez se você se concentrar no fato de que tem 41 anos, ralhei eu com a minha imagem, se lembre de tentar conhecer melhor o mundo!

Enquanto Paul era afastado de suas leituras pelos amigos, para dar "uma caminhada breve" pelo mato quente e espinhento, Simca e eu labutávamos no nosso original. Já tínhamos examinado o primeiro rascunho do capítulo da sopa pelo menos vinte vezes, e eu estava me sentindo como se estivéssemos nos afogando em sopa.

Tirando uma folga do texto, decidimos passar algum tempo preparando uma sopa concreta. Fizemos uma maravilhosa *aïgo bouïdo,* ou sopa de alho, com dezesseis dentes de alho inteiros, sálvia, tomilho e cubinhos de pão cobertos de queijo. O sabor de alho não era agressivo; era indescritivelmente requintado e aromático. Naquela noite, todos nos banqueteamos com a sopa, estalando os lábios de satisfação. Diziam que alho fazia bem ao fígado, à circulação, ao tônus muscular e até melhorava a saúde espiritual da pessoa. Depois de se perder durante sua caminhada que havia durado o dia inteiro, Paul e os amigos finalmente conseguiram voltar para casa, esfomeados. A sopa de alho era maravilhosamente revigorante, disseram eles. E por isso, acrescentamos a *aïgo bouïdo* ao livro.

VII. Boulevard de la Corderie

JÁ HAVÍAMOS TENTANDO SEM SUCESSO inspirar nosso senhorio suíço tuberculoso a nos dizer se ele voltaria a Marselha ou não. Adorávamos aquele apartamento, e seria difícil encontrar qualquer outro lugar com toda a intensidade dramática do Vieux Port ali bem diante da nossa janela. Mas era tão pequeno que metade das nossas coisas ainda estava em um depósito. Além disso, era gelado, e eu tinha adquirido o hábito de vestir um enorme roupão vermelho sobre as roupas normais enquanto trabalhava ali.

Tinha ouvido falar de um apartamento maior para alugar no alto da ladeira, e decidido ir lá dar uma olhada. Ficava no sétimo andar de um edifício mais novo, no Boulevard de la Corderie, todo arborizado. Tinha uma vista ampla de toda a cidade antiga, uma área de favelas, o porto e o mar, e a fortaleza Vauban. Havia pequenas sacadas nos lados norte e sul e a luz solar batia nos fundos a tarde inteira. Tinha seis cômodos, piso de cerâmica vermelha, uma cozinha grande, lugar suficiente no subsolo para uma cave de vinhos; tudo era bem iluminado, limpo, funcional e de muito bom gosto. O aluguel, porém, iria quase estourar nossa verba do governo. Só que resolvemos mudar para lá assim mesmo.

No nosso primeiro dia ali, no número 113 do Boulevard de la Corderie, sentamo-nos na sacada ensolarada dos fundos, sem camisa, e almoçamos lá. Era uma sensação tão boa que planejamos fazer isso sempre que pudéssemos. Naquela tarde, puxei um caixote enorme até em cima, dei uns passos cambaleantes, tropecei em uma pilha de livros e caí com a caixa contra uma das janelas envidraçadas que levava à sacada da frente. *Cá-bum! Crash! Plinc, plinc... plonc.* Puxa vida, 21,50 dólares de vidro quebrado assim num piscar de olhos. Ainda por cima, fomos despertados às cinco da manhã por uma maldita série de toques de corneta militares vindos da fortaleza ali perto pela porta sem vidro. O toque de alvorada voltou a ser executado às cinco e quinze, seis, seis e quinze, e às sete, quando finalmente conseguimos nos levantar a custo.

E voltamos a estabelecer rotinas, sobre onde pendurar as roupas ou ligar o aquecimento, onde guardar comida, e como decorar as paredes. Iríamos demorar a nos acostumar, mas uma coisa que não podia esperar era a cozinha. A maioria das cozinhas francesas era projetada presumindo-se que uma empregada doméstica iria trabalhar nelas, portanto o lugar não era atraente, conveniente, nem bem iluminado. Só que a minha cozinha era o meu escritório. Eu adorava ter minhas panelas e frigideiras penduradas para poder alcançá-las com facilidade, meus livros na cozinha, e meu balcão disposto

A vista de nosso apartamento no Boulevard de la Corderie.

de forma racional. Portanto, Paul e eu dispusemos as luzes, as prateleiras, os balcões e gavetas de um jeito diferente, para utilizar bem o espaço. Depois de tantas mudanças, estávamos começando a nos tornar especialistas em projetar cozinhas.

    Os primeiros que tiveram a honra de ser convidados para jantar no nosso apartamento foram Clifford e Leonie Wharton, o novo cônsul-geral e sua esposa. Era um casal caloroso, simples e tranquilo. Ficamos a princípio intrigados com a aparência deles, depois descobrimos que ambos eram mulatos. Diziam que Cliff era "o primeiro cônsul-geral negro" do Serviço Exterior; era um advogado grandalhão, volúvel, enérgico, que tendia a inventar coisas para sair das situações sem se preocupar com as nuances. "Sei! Sei! Entendi!" dizia ele, seguindo em frente, sem pestanejar. Mas era inteligente e dinâmico, e rapidamente fez amizade com todos. Leonie era de menor estatura, mais calada e mais intuitiva. Nós servimos quatro tipos de vinhos naquela noite, o primeiro como aperitivo, o segundo com ostras, o terceiro com frango e o último com queijo. A conversa foi animada, principalmente depois que começamos a falar da confusão do FBO.

Graças a uma típica embrulhada burocrática, os Wharton estavam morando em um hotel. Tinha sido uma trapalhada gerada pelo escritório de Prédios no Exterior (FBO), um grupo de arquitetos, decoradores de interiores, engenheiros e corretores de imóveis cujo emprego era comprar, vender e equipar edifícios para operações diplomáticas americanas em todo o mundo. Por volta de 1947, o FBO tinha comprado dois terrenos em Marselha: um para construir um consulado (o edifício atual era alugado, um espaço temporário), o outro para construir a residência do cônsul geral. Quanto ao primeiro, o FBO comprou um terreno barato e bom, bem no meio do bairro da luz vermelha infestado principalmente de botecos e prostitutas. Quanto ao último, eles compraram um terreno no alto do Annapurna, um pico de granito praticamente inacessível, sem estradas e sem água num raio de vários quilômetros ("mas a vista é tão maravilhosa!"). Agora o governo americano estava com esses dois elefantes brancos nas mãos, que tinham virado objeto de piada e eram a praga atual de todo o Serviço Exterior.

Um dia um funcionário do FBO apareceu em Paris, teoricamente tentando ajudar a resolver o problema de habitação dos Wharton. Quando ele começou a falar sobre o valor dos elefantes brancos do FBO, Cliff respondeu com dois insultos maravilhosamente grosseiros, incluindo o seguinte: "Não dá pra vocês fertilizarem um campo de dois hectares soltando um peido da cerca!" que deixou o homem mudo. Mais tarde, depois que o funcionário do FBO tinha ido embora, Clifford veio com esta: "Sabe como é, se um sujeito mijar no meu sapato, tudo bem, mas querer me convencer que é *chuva*, aí já é demais, né?"

Nosso novo apartamento era maravilhoso, sob vários aspectos, mas eu raramente tinha visto um lugar com tantos vazamentos, fios soltos, fumaça no elevador, e outros problemas estranhos. Houve um período em que quando ligávamos o fogão, as luzes se apagavam. Chamamos um eletricista para investigar o fenômeno, e ele ficou fazendo testes durante algum tempo. Acabou resolvendo o problema, mas nem mesmo ele sabia o que tinha feito. Quando colocou a boina na cabeça e acendeu o cigarro, disse: *"Mais, il y a des mystères dans la vie"*.

Um dia, nossa vizinha do andar de baixo subiu, de chinelos marrons nos pés, e disse: *"Madame, nous ne savons plus que faites-vous toute la nuit, c'est comme un tambour chez vous!"* (Minha senhora, não sei o que fazem a noite inteira, mas a sua casa parece um tambor.)

Então desci até o apartamento dela para ver como era esse tal barulho. Quando dei o sinal, nossa simpática *bonne à tout faire*[58], Paulette, fez um pouco de barulho lá em cima, e na verdade o som parecia-se muito com o de um tambor. Pedi desculpas à vizinha, e comprei protetores de borracha para as pernas das cadeiras, bancos e mesas, além de uns chinelos franceses autênticos para Paul e eu podermos andar como um velho casal de *bourgeois*. Nem mesmo iriam saber que estávamos em casa, de tão pouco ruído que faríamos.

Mais ou menos às 22h40, enquanto eu estava lavando os pratos com todo o cuidado, para não fazer barulho, um pedaço do fogão de repente se soltou e caiu. Tentando pegá-lo, derrubei a lata de lixo de ferro e gritei. Paul, que pensou que eu tinha caído pela janela, veio correndo para me salvar, e derrubou dois bancos da cozinha. E pronto, lá se foi o silêncio pelo ralo.

VIII. *Adieu*

No dia 15 de janeiro de 1954, surpreendi Paul no seu escritório, levando para ele um bolinho que era uma graça, com uma única vela no meio. Era seu quinquagésimo segundo aniversário, e ele estava tentando não se lembrar disso. Mas quando toda a sua equipe se reuniu para cantar parabéns, ele ficou emocionado. Eu lhe dei de presente um livro sobre Brueghel, que o estimulou tanto que ele declarou que queria pedir demissão e só ficar pintando o resto da vida.

No dia 1º. de fevereiro, uma camada de dez centímetros de neve cobriu o solo e Marselha passou a se parecer estranhamente com Praga. Fazia seis graus abaixo

---

58 Faxineira (N.T.)

de zero lá fora, e tudo que podia congelar se congelou, inclusive a água nos canos, as ostras diante das peixarias, e alguns *clochards*[59] se agruparam nos becos para se aquecerem. Os bondes não conseguiam subir as ladeiras, os táxis, sem correntes nos pneus, pararam de circular. Os ônibus estavam derrapando, portanto pararam também. Os donos de residências, desconsolados, estavam do lado de fora, expostos àquele frio ártico, bufando enquanto removiam a neve das ruas de paralelepípedos e de cima das palmeiras murchas.

Estávamos começando a ficar novamente deprimidos por causa do McCarthy. Pelo que eu tinha lido na *Look* e em outras revistas, parecia que aquele político desesperado pelo poder estava sendo apoiado pelos milionários texanos da indústria do petróleo, e que todos em Washington estavam com um medo horrível dele. Não conseguia entender como alguém que tivesse algum tipo de patriotismo nas veias podia apoiar qualquer coisa que tivesse a ver com ele, por mais votos que ele tivesse. Quando exprimi esse meu horror ao papai, ele escreveu:

Você está preocupada com o que a Europa pensa dos Estados Unidos... Está caindo direitinho na armadilha dos comunistas, de criar divergência e desconfiança entre os inimigos, ridicularizando todas as tentativas de destruir suas máquinas do submundo que funcionam clandestinamente em todos os órgãos governamentais... essas pessoas que estão marcadas pelo distintivo vermelho precisam ser desmascaradas. É uma tarefa suja que precisa ser feita, e é preciso uma pessoa inescrupulosa e decidida como o McCarthy para fazer isso. Fanático como é, ele agora ultrapassa os limites de vez em quando, mas o problema é nosso. Tenho certeza de que uma grande maioria das pessoas aqui nos Estados Unidos acredita no que digo. Acho que é hora de vocês dois tirarem férias em casa e se convencerem de que o modo de proceder americano é o correto, e esquecerem essa baboseira socialista que os europeus estão tentando lhes vender.

Papai era republicano de nascença; ele e Phila simplesmente não conheciam outros democratas que não fôssemos nós, nem queriam conhecer. Para papai, o New Deal era uma espécie de Nova Morte. Ele detestava o socialismo com toda a sua alma. Considerava "aquele homem, o Roosevelt!" um socialista. E Ike tinha

---

59 Mendigos (N.T.)

também se vendido ao inimigo. Aliás, tudo estava indo por água abaixo, e era tudo culpa dos intelectuais e esquerdistas que gostavam dos estrangeiros. Se os Estados Unidos voltassem a "tomar pé", adotando o separatismo de 1925, papai achava então que tudo voltaria ao normal.

Esse era um raciocínio primitivo, que não levava em consideração as formas como o mundo tinha mudado. Para mim essa batalha de ideologias nos Estados Unidos era a guerra mais funesta de todas que estavam acontecendo no mundo.

Até mesmo minha alma mater, o Smith College, tinha se deixado levar pelos caçadores de bruxas do McCarthy. Uma Sra. Aloise B. Heath, que liderava o Comitê de Discriminação das Doações da faculdade, mandou uma carta, que, sem nenhuma prova, acusava cinco alunos de estarem associados com organizações "dominadas por comunistas" ou que eram "fachadas para comunistas". Não só o Comitê da Sra. Heath acusou esses cinco de serem "traidores", e a faculdade de "acobertar conscientemente" vira-casacas, como também divulgou suas acusações ao público sem apresentá-las primeiro ao reitor da Smith ou a sua diretoria para investigação, conforme exigiam as regras da escola.

Fiquei tão revoltada que dobrei a contribuição anual para a Smith e escrevi uma carta sarcástica para a Sra. Aloise B. Heath, o que, de certa forma, também foi uma amarga denúncia do meu pai:

Na Rússia, hoje em dia, para se livrar da oposição, costuma-se usar uma acusação de traição sem qualquer prova. Mas esse método nunca deveria ser usado nos Estados Unidos... Respeitosamente, venho sugerir que a senhora está prestando um desserviço tanto a sua faculdade quanto ao país... Nessa sua ânsia de perseguir o inimigo, muita gente está se esquecendo pelo que estamos lutando. Estamos lutando para defender nossa liberdade e independência conquistadas a duras penas; para defender nossa Constituição e os processos legais devidos; e pelo direito de diferir nas ideias, na religião e na política. Estou convencida de que, no seu zelo de combater nossos inimigos, a senhora também se esqueceu do motivo da sua luta.

Tendo dedicado tantas horas ao "Livro", Paul e eu inventamos uma nova forma de ilustrar a preparação das receitas: em vez de mostrar uma cozinheira trabalhando diante de uma mesa, pensamos, por que não ilustrar as receitas com um frango visto do ponto de vista do cozinheiro? Paul declarou que um artista iria praticamente ter que se sentar no colo da cozinheira para atingir a combinação certa de exatidão técnica e o ponto de vista ideal; a resposta, claramente, seria usar fotos. Seria caro demais imprimir centenas de fotos de passo a passo no livro, mas as fotos podiam ser a base para desenhos simples, que mostrassem as mãos do cozinheiro e os alimentos ou instrumentos usados. Além disso, um desenho pode ser mais simples e claro, sem mencionar que mais esteticamente agradável com o texto, do que uma foto.

Enquanto conversávamos, desenvolvemos nosso plano: eu cozinharia uma coisa, Paul tiraria uma foto dela sobre o meu ombro, e enviaríamos as fotos a um artista que faria desenhos para ilustrar o livro. Passamos duas horas agradáveis experimentando como fazer isso na cozinha. Debatemos ângulos da luz, ângulos da câmera, fundos adequados, como posicionar minhas mãos para demonstrar uma técnica adequadamente, tempos de exposição e todas as outras variáveis que teríamos que harmonizar. Aí Paul pegou sua Graflex, trouxe seus novos refletores bem fortes, e tiramos oito fotos, como teste. (Ele teria adorado fazer os desenhos ele mesmo, mas simplesmente não tinha tempo.)

Alguns dias depois, passamos uma tarde inteira tirando fotos dos vários passos da limpeza e corte de um frango. Entrecruzavam-se no *salon* fios de luzes, entranhas de frango, rolos de filme, cadernos, facas e um grande avental culinário impermeável. A câmera estava elevada, apoiada num tripé. Paul ficou atrás dela em um banco, tentando focalizar sem cair. Bem mais abaixo, via-se um frango todo escancarado em uma tábua de corte no chão, e eu estava de barriga para baixo com os braços abertos enquanto demonstrava como se faziam os cortes corretamente.

Estávamos loucos para mostrar os resultados de tudo isso. Mas quando Paul levou o filme para o laboratório de revelação local, descobrimos que as fotos tinham sido reveladas por um bando de amadores completamente incompetentes. Ao ver seus negativos estragados por marcas de clipes, as fotos sujas de marcas de dedos e impressas em papel amarelo, Paul ficou tão irritado que esqueceu de falar francês.

– Já chega! – berrou ele, soltando perdigotos. – A próxima leva vai para Paris! – onde seu gráfico predileto, Pierre Gassman, iria revelá-las com o seu habitual toque mágico. (Gassman era famoso no mundo inteiro, e imprimia a maior parte das fotos dos fotógrafos famosos como Capa, Cartier-Bresson e semelhantes.)

O USIS estava sendo agora chamado de USIA (Agência de Informações dos Estados Unidos), e sua RIF (redução do quadro de funcionários) tinha diminuído a equipe do Paul de doze para quatro pessoas – duas das quais estavam de licença por doença, ao passo que as duas outras estavam viajando a negócios. Por conseguinte, Paul ficou sozinho no segundo andar do consulado, com cinco telefones para atender, e ninguém para ajudá-lo com a torrente de cartas, telegramas, aerogramas, memorandos operacionais e pedidos especiais.

Um dos "doentes" era Henri Pousset, assistente de imprensa, que era *non compos mentis* por que seu pai tinha desaparecido. O velho senhor era um ex-marinheiro da frota mercante, e era muito mal-humorado. Parece que invejava ou odiava o irmão mais velho do Henri, que não conseguia ou não queria arranjar um emprego. Quando a mãe protegeu o irmão mais velho, o pai ficou com ciúmes. Isso, mais a falta de dinheiro e sabe-se lá o que mais, causou uma tensão que se acumulou durante dois anos, até que o pai simplesmente saiu de casa e sumiu.

Henri era um burguês muito simpático, e detestava admitir tudo isso ao Paul, que imediatamente o obrigou a ir à polícia.

— E se seu pai estiver pensando em cometer suicídio, Henri? – perguntou.

— Não é possível – respondeu Henri. Mas interceptou uma carta na correspondência matinal dirigida à sua mãe, escrita por seu pai, contendo seus documentos e um bilhete que continha apenas uma palavra: ADIEU.

Henri telefonou para a polícia.

Mais tarde, no mesmo dia, o consulado recebeu uma ligação da polícia de Menton, uma cidade a cinco horas dali. Eles tinham acabado de prender o velho em um penhasco, do qual ele ia se jogar no mar! Henri pegou um trem para ir buscar o pai. Quando eles voltaram a Marselha, a família inteira reconciliou-se, bastante emocionada. Alguns dias depois, Henri disse ao Paul:

— Não faz ideia que *marravilha* está lá em casa *agorra*. Meu pai está *aperrtando* a mão do meu *irrmão* pela *prrrimeirra* vez em dois anos!

No final de fevereiro, percebemos que já fazia um ano inteiro que morávamos em Marselha, e estávamos apenas começando a firmar o pé. Tinha passado tão rápido! Nós nos consolamos com a ideia de que pelo menos mais um ano ainda ia se passar. Paul pediu férias para o mês de agosto para podermos visitar Charlie e Freddie no Maine. Foi um choque quando o departamento de pessoal disse a Paul que nós tínhamos sido transferidos para o Serviço Exterior durante "tempo limitado" e esse período ia terminar em setembro. Dadas as batalhas orçamentárias,

Paul podia perder o emprego se estivéssemos de férias naquela data. Aquilo nos pareceu um truque sujo. "*Merde alors!*" xingou Paul, cancelando nossos planos.

Essa sensação de algo temporário e a falta de qualquer notícia sobre como devíamos levar nossas vidas estavam ficando cansativas, até mesmo para nós, aventureiros.

Apenas algumas semanas depois, Charlie Moffley, agora vice-diretor assistente do USIA para a Europa, nos deu a notícia que temíamos: íamos ter que sair de Marselha em breve, talvez até no final de junho, para que um novo PAO viesse ocupar o cargo.

Não era possível! Estávamos na França há cinco anos e meio, mas parecia que tínhamos acabado de nos instalar em Marselha. Como podiam nos dizer para ir embora naquela hora? Não fazia sentido! Paul finalmente tinha conseguido conhecer todos os líderes locais, estava trabalhando com um cônsul-geral do qual gostava, e tinha acabado de aprender como administrar o seu departamento com competência. Não era justo! Nós finalmente tínhamos terminado de arrumar nosso lindo apartamento, à custa de muito esforço. Eu estava acostumada com a cozinha e estava progredindo no "Livro". E aí, pronto, nos mandavam embora! Eu devia ter previsto isso. Nossos colegas tinham dito: "Vocês fiquem de olho porque sempre dizem às pessoas para ir embora assim que elas acabam de terminar de se instalar confortavelmente em um lugar."

Para onde iríamos? A primeira coisa que me veio à cabeça foi a Alemanha, que para nós não tinha muita graça. Sugerimos a Espanha ou Itália, lugares mais lógicos para nós "porque falamos línguas românicas". (Na realidade, simplesmente preferíamos a Espanha ou a Itália à Alemanha.) Mas não podíamos dar palpite sobre o assunto, e nem mesmo Abe Manell pôde nos ajudar dessa vez.

Idealmente, devíamos pensar "somos criaturas do nosso país", e estar dispostos a ir para qualquer lugar, a qualquer tempo, servir a pátria. Mas depois de tanto sofrer durante os últimos anos, eu tinha perdido esse espírito de equipe. Sentia que a qualquer momento podíamos ser acusados de ser comunistas e traidores, e ninguém na sede da embaixada iria erguer sequer um dedo para nos defender.

Então passei a pensar da seguinte maneira: precisamos nos colocar em primeiro lugar, porque ninguém ia fazer isso por nós. Fiquei chocada com a profundidade dos meus sentimentos, e só ousei revelar meus verdadeiros pensamentos a Paul e a Dort.

No dia 1º. de abril, Washington avisou: "Estamos tomando providências para efetuar a transferência de Child para Bonn, como Organizador de Exposições."

íamos ser transferidos para a Alemanha.

A transferência era um elogio para Paul: Bonn era dez vezes mais importante do que Marselha, e o departamento de exposições era bem mais importante do que o de Paris. Mesmo assim, preferiríamos ter ficado na nossa remota e menos importante cidade!

Não queríamos aprender alemão, não queríamos ir morar em um daqueles conjuntos residenciais americanos só para militares, ainda recendendo ao fedor dos campos de concentração. Debatemos outra vez a ideia de Paul sair do Serviço Exterior e ficar na Belle France. Eu tinha que trabalhar no "Livro", mas o que Paul faria? Pensou de passagem na ideia de se tornar fotógrafo autônomo, tinha vendido suas fotos para grandes agências de Nova York, e conhecia gente que podia ajudá-lo a introduzi-lo no mercado. Mas também sabia das úlceras e pressões para entregar o material no prazo que aqueles fotojornalistas glamourosos precisavam enfrentar em lugares como a Groenlândia e Dien Bien Phu, e tinha decidido que era uma vida infernal. Então tomamos uma decisão: íamos continuar trabalhando com o governo e ver até onde isso iria nos levar.

Quando percebemos que íamos mesmo sair da França, sofremos. Paul já havia morado ali por onze anos. Eu já estava há cinco anos. Falava francês fluentemente. Sabia fazer compras como uma francesa, e cozinhar como uma também. Podia até dirigir como uma, se fosse preciso. Sentimos nostalgia sentados ali em Marselha.

Talvez um dia, sonhamos, comprássemos um apartamento em Paris ou uma casa na Provença, e passássemos uma parte do ano lá.

Enquanto isso, íamos voltar aos Estados Unidos para passar uns dois meses de férias no nosso país. Charlie e Freddie iriam se encontrar conosco no porto de Nova York. Eu mal podia esperar para vê-los e pôr os pés em solo americano. Mas o que realmente estava louca para fazer era comer um delicioso e legítimo bife americano!

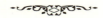

Parte 2

Capítulo 5

Receitas Francesas para Cozinheiras Americanas

I. Situação Confusa

Era início de outubro de 1954, e o céu estava cinzento e o ar gelado ao nos aproximarmos da fronteira alemã. A ideia de morar naquela terra me dava *le cafard* (melancolia). Mas atravessamos a fronteira, mesmo assim, e eu tremia como uma folha. Fomos direto para Bonn e almoçamos em um pequeno restaurante. Depois de oito aulas de alemão antes de sair de Washington, eu já era capaz de dizer: "Olá, como vai? Meu nome é Child. Quanto custa isso? Quero carne com batatas. Estou aprendendo alemão". Usava todas essas frases imediatamente sempre que pedíamos cerveja, carne e batatas. A garçonete me entendeu perfeitamente, e sorriu de forma agradável ao colocar duas canecas de cerveja diante de nós. Puxa, como era boa aquela cerveja.

À tarde, fomos para Plittersdorf, nos subúrbios de Bad Godesberg, para nossa nova casa, no número 3 da Steubenring. Nossos corações ficaram apertados ao vê-la. Eu achava que, se era para ficarmos na Alemanha, devíamos morar entre os alemães. Mas aquele lugar não tinha nada a ver com a Alemanha: podia ser qualquer cidade americana. Havia um cinema, uma loja de departamentos, uma igreja colonial, e um conjunto de prédios residenciais de concreto modernos, pintados de bege, com bordas vermelhas, telhados de telhas marrons e antenas de rádio. Que decepção.

Mostraram-nos nove apartamentos, todos pequenos, sem charme e escuros. Escolhemos o número 5, cuja mobília tinha uma cor um pouco mais clara. A cozinha era adequada, mas o fogão era elétrico, coisa da qual não gostei porque era difícil controlar o calor do queimador. O pior de tudo foi que quando entrávamos, dávamos de cara com o banheiro. Mesmo assim estávamos pertinho do rio Reno, cheio de barcos e que parecia o Sena se a gente apertasse os olhos ao fitá-lo. Do outro lado, ficava uma colina verdejante, muito bonita, com umas ruínas wagnerianas perto do cume.

Ai, como eu senti falta das nossas sacadas de Marselha, com aquela vista ampla e a luz solar cálida!

Desejei que pudéssemos morar em Munique ou em Berlim, em algum lugar onde houvesse um pouco de civilização, em vez daquela velha e tristonha Plittersdorf às margens do Reno. Achei o alemão uma língua difícil e espinhosa. Mas estava decidida a aprender a me comunicar, para poder fazer compras, uma atividade que apreciava onde quer que fosse. Comecei tomando aulas de alemão no exército americano; Paul quis ir comigo, mas foi imediatamente convocado para trabalhar, e não teve mais tempo.

O título do cargo dele era organizador de exibições para toda a Alemanha, que significava que ele era o principal funcionário de programas visuais americanos da Alemanha inteira. Sua função era dar informações sobre os Estados Unidos aos alemães, e uma vez mais ele estava organizando mostras, excursões e intercâmbios culturais. Devido à importância da Alemanha em termos geopolíticos e de propaganda, uma vez que ficava bem ao lado da Cortina de Ferro, o departamento de Paul tinha uma verba de dez milhões de dólares por ano, mais do que as verbas combinadas de todos os programas de informação da USIA em todo o mundo. Era um emprego importante, um passo imenso na sua carreira, e eu estava orgulhosa dele.

O escritório de Paul ficava em um prédio enorme, de sete andares, e quase metade do espaço ocupado pelo Pentágono. Ele tinha uma equipe grande e muito competente, e como estávamos morando e trabalhando em um enclave quase inteiramente americano, eles eram os únicos alemães que nós passamos a conhecer. Como gostava de fazer, Paul tratava sua equipe como indivíduos em vez de subordinados nos quais mandava o tempo todo.

— Eles parecem ter mais consciência do meu valor do que os americanos — comentava.

O moral não era dos melhores. O patrão de Paul era um sujeito egocêntrico e imaturo que chamávamos de Cabeça-Oca, e seu assistente era conhecido como Cabeça-Oca II. O Serviço Exterior e os militares nunca tinham se dado lá muito bem, e a divisão se fazia notar principalmente em Plittersdorf. As famílias militares não demonstravam quase interesse na Alemanha nem nos alemães, coisa que achei deprimente. Era raro um deles falar a língua do país, mesmo depois de ter morado ali vários anos. As esposas eram perfeitamente simpáticas, mas convencionais, destituídas de curiosidade, e conservadoras; os homens falavam com sotaque sulista, em geral sobre sexo e bebidas alcoólicas.

Bebiam cerveja, mas só das leves, estilo americano. Que desperdício! Estavam cercados por algumas das mais maravilhosas cervejas do mundo, e, com um teor alcoólico de 13,5%, algumas das mais fortes, também, mas consideravam as cervejas tradicionais alemãs muito "pesadas". Nós gostávamos bastante das cervejas alemãs. Nossa predileta era uma cerveja local saborosíssima chamada Nüremberger Lederbrau.

No final de semana, Paul e eu fomos para Bonn de carro para fazer compras, cada qual com um dicionário de bolso. Compramos frangos, ervilhas, maçãs, lâmpadas, um fio de extensão, azeite, vinagre e um carimbo de borracha que dizia "Saudações da cidade de Plittersdorf às margens do Reno". Eu sempre fui louca por carimbos de borracha, e mal podia esperar para usar aquele em nossas cartas. Carimbar, carimbar, carimbar! Na hora do almoço, levamos uma hora para decifrar o cardápio, e depois pedimos linguiça defumada, chucrute e cerveja. Estava tudo delicioso, e, uma vez mais ficamos impressionados com a educação dos alemães. Era difícil conciliar as imagens de Hitler e dos campos de concentração com aqueles cidadãos tão corteses. Será que aquelas eram as mesmas pessoas que permitiram que Hitler aterrorizasse o mundo, apenas alguns anos antes?

À medida que meu alemão foi melhorando, comecei a explorar tudo à minha volta.

As lojas locais eram boas para se comprar carne. Fora as linguiças, costeletas e bifes de sempre, havia carne de veado e de caça à venda. Podia-se comprar uma lebre toda cortada, num recipiente com sangue de lebre, o que era perfeito para se preparar *civet de lièvre*[60]. Krämers era o mercado mais frequentado de Bad Godesberg, e era lá que eu escolhia um peru novo e fresco para assar. Juro que os fundos da loja estavam repletos de fileiras de gansos, patos, perus, frangos para assar e faisões gordos. Estavam organizados em fileiras perfeitas, cada ave marcada com o nome do cliente. Era uma visão simplesmente maravilhosa.

---

60 Guisado de lebre (N.T.)

Mas, para o meu paladar, a culinária alemã não chegava nem aos pés da francesa. Os alemães não penduravam as carnes durante tempo suficiente para que elas desenvolvessem aquele ligeiro aroma de caça que eu adorava, e não as marinavam. Só que descobri que se a pessoa comprasse a carne, a pendurasse e a marinasse ela mesma, podia fazer um prato quase tão bom quanto os franceses.

Logo eu já estava voltando a datilografar o "Livro", que agora estávamos chamando de *French Cooking for the American Kitchen* (Culinária Francesa para a Cozinha Americana). Simca e eu tínhamos terminado os capítulos sobre sopas e molhos, e achávamos que os capítulos sobre ovos e peixe estavam quase prontos. Quando comecei a me concentrar nas aves, Simca começou a trabalhar com as carnes.

Ela era uma cozinheira incrivelmente criativa. Dona de uma energia irrefreável, Simca estava sempre de pé mexendo em uma coisa e outra na cozinha às seis e meia da manhã ou datilografando à sua máquina de escrever até meia-noite. Sua intensidade preocupava Paul ("se eu morasse com ela fugiria para a floresta, aos gritos", declarou ele), mas para mim era uma dádiva dos céus. Concordamos que ela seria a especialista sobre tudo que fosse francês, pronúncia, ingredientes, comportamentos etc., ao passo que eu seria a especialista em coisas americanas. Juntas nós trabalhávamos como uma dupla de *vaches enragées!*

Embora a princípio eu odiasse a distância que nos separava, passei a crer que era uma bênção em vez de uma coisa negativa. Permitia que trabalhássemos nas coisas independentemente, sem influenciarmos o trabalho uma da outra. Conferenciávamos constantemente pelo correio, e nos visitávamos com frequência.

Ambas teimosas e voluntariosas, a essa altura nós já tínhamos nos acostumado com as idiossincrasias uma da outra: eu gostava de sal bem refinado, ao passo que ela preferia o mais grosso; eu gostava de pimenta branca, e ela preferia a preta; ela detestava nabos, e eu os adorava; ela preferia molho de tomate nas carnes, e eu não. Mas nenhuma dessas preferências pessoais fazia qualquer diferença, porque ambas éramos tão entusiasmadas por comida.

Em janeiro de 1955, comecei a fazer experiências com pratos à base de frango. Era um assunto que englobava quase todos os fundamentos da culinária francesa, alguns de seus melhores molhos e algumas das suas genuínas glórias. O *Larousse Gastronomique* tinha uma lista de mais de duzentos tipos diferentes de receitas de frango, das quais experimentei a maioria, junto com muitas outras que colecionamos com o tempo. Mas minha preferida continuava sendo o frango assado básico. Que prato enganosamente simples! Eu tinha passado a crer que se pode avaliar a qualidade de um cozinheiro pelo seu frango assado. Acima de tudo, devia ter gosto de frango: tão bom que até mesmo um assado perfeitamente simples e amanteigado fosse uma delícia.

As aves alemãs não tinham gosto tão bom quanto as suas primas francesas, nem os frangos holandeses congelados que comprávamos nos supermercados locais. A indústria de criação de aves americana tinha tornado possível criar um frango de muito boa aparência em tempo recorde, e vendê-lo a preço razoável, mas ninguém mencionava que o resultado costumava ter sabor de recheio de ursinho de pelúcia.

Simca e eu passávamos muito tempo analisando os vários tipos de frangos americanos e comparando-os aos franceses, e qual era o método mais adequado de preparar cada um deles, assado, escaldado, refogado, fricassê, grelhado, em caçarolas, *coq au vin, à la diabolique, poulet farci au gros sel*, e daí por diante. Precisávamos escolher com muito cuidado quais dessas receitas usar no nosso livro. Não só um prato deveria pertencer à *cuisine française* tradicional, como também ser composto de ingredientes disponíveis para a maioria dos cozinheiros e cozinheiras americanos. E, como sempre, era importante desenvolver um tema e muitas variações. Para frango refogado, então, queríamos incluir uma versão crocante, um fricassê e uma cozida a fogo lento, mas não queríamos fazer um livro inteiro com pratos à base de frango.

Muito embora Simca e eu estivéssemos trabalhando quarenta horas por semana no livro, ele estava progredindo bastante devagar. Cada receita demorava tanto a ser pesquisada, testada e escrita que eu não era capaz de prever quando terminaríamos. Nem era capaz de enxergar outro método melhor de trabalhar. *Ach!*

Louisette, além disso, não estava contribuindo muito. Tinha um marido difícil, dois filhos e precisava tomar conta da casa; o máximo que podia fazer era dar aulas três horas por semana na L'École des Trois Gourmandes (que Simca continuava a administrar), e fazer pesquisas para o livro seis horas por semana. Eu compreendia, mas nosso esforço intenso para terminar uma obra magna extensa não era bem o estilo da Louisette. Ela teria sido melhor para escrever um livro rápido sobre pratinhos elegantes para festas. A verdade nua e crua, que eu não ousava expressar a ninguém, fora Paul e Simca, era que Louisette simplesmente não era boa na cozinha o suficiente para se apresentar como uma autora à nossa altura. Esse fato me dava dor no coração.

Nós tínhamos pelo menos mais um ano de trabalho à nossa frente, e eu sentia que era importante reconhecermos formalmente quem estava realmente fazendo tudo. Era tarde demais para mudar as palavras do contrato da Houghton Mifflin, segundo nosso advogado, mas todas concordamos que dali por diante Simca e eu iríamos ser as "Co-autoras" do ponto de vista jurídico, e Louisette seria uma "Consultora". Concordamos em acertar os detalhes financeiros quando, ou se, o livro fosse publicado. Era difícil discutir esse assunto, mas fiquei aliviada ao ver nossas responsabilidades claramente postas preto no branco.

Em questão de negócios, sentia que precisávamos ser tão objetivas e profissionais quanto possível, até mesmo correndo o risco de ofender nossa amiga. Quando Simca hesitou um pouco, escrevi: "Precisamos ter sangue-frio".

Certa quinta, em abril de 1955, Paul recebeu ordens de voltar para Washington, capital, na segunda seguinte. Ninguém esclareceu o motivo, mas desconfiávamos que alguém na sede finalmente havia acordado e percebido que já era tempo de promover meu marido. Será que ele iria chefiar o departamento? Será que finalmente ia ganhar um aumento? Será que estávamos sendo chamados de volta aos Estados Unidos para fazermos algum trabalho importante em Washington? E ele pegou um avião para descobrir o que era.

Eu iria partir para Paris, mas enquanto estava fazendo as malas, recebi um telegrama do Paul, de Washington: "Situação confusa".

Ninguém podia, nem queria lhe dizer por que ele estava lá. Mandaram-no sentar-se e aguardar em escritórios anônimos por vários VIPs que simplesmente não apareciam. Ele sugeriu que eu adiasse a visita a Paris, e eu adiei.

"Aqui situação parecida com história do Kafka", disse ele, em um telegrama.

Por volta da quarta-feira, eu já havia me dado conta da bizarra verdade: Paul não ia ser promovido, ia ser investigado. Por quê? Por quem? Será que ia ser preso?

Não conseguia entrar em contato com ele, de modo que comecei a ligar para nossa rede de amigos no Serviço Exterior, como uma louca, para descobrir o que estava havendo. Fiquei acordada até as quatro da madrugada falando ao telefone. O que acabei descobrindo, depois de juntar dois e dois, era que Paul tinha passado todo aquele dia e parte da noite sendo interrogado por agentes do Escritório de

Segurança do USIA, e por uma equipe chefiada por um tal R. W. McLeod, que diziam ser protegido de J. Edgar Hoover.

Quando eles finalmente apareceram, os investigadores tinham em mãos um dossiê bastante grosso sobre Paul Cushing Child. Atacaram-no com perguntas sobre seu patriotismo, seus amigos liberais, os livros que lia, e sua associação com comunistas. Quando lhe perguntaram se era homossexual, Paul riu. Quando lhe pediram para "tirar as calças", ele se recusou, por uma questão de princípio. Não tinha nada a esconder, e declarou isso. Os investigadores terminaram desistindo de interrogá-lo.

Mas, claramente, alguém tinha denunciado Paul como homossexual e traidor. Quem faria isso, e por quê? Todo aquele episódio foi chocantemente estranho, amadorístico e injusto. Paul sentia que tinha se inocentado o suficiente sob as circunstâncias atuais e tinha provado ser "um monumento de inocência". Depois, por sua insistência, a USIA lhe deu uma exoneração por escrito. Mesmo assim, esse episódio vergonhoso deixou um sabor de cinza nas nossas bocas, e nunca o esqueceríamos.

O que estava acontecendo nos Estados Unidos? Vários amigos e colegas nossos foram atormentados pela terrível caça às bruxas do McCarthy. Ela arruinou carreiras, e em alguns casos, vidas. Até o Presidente Eisenhower parecia incapaz de colocar-se contra ele, o que me deixou zangada. Quando Eisenhower anunciou que ia se candidatar à reeleição, depois de um enfarte, eu não tive dúvida de que Adlai Stevenson seria o melhor (e mais flexível) presidente. Ike simplesmente não era inspirador: eu não sentia nada a não ser um vazio quando ele fazia declarações, como se Pluto de repente tivesse começado a falar como um ser humano. O discurso de quase todos os políticos republicanos era, para mim, mero papo furado, com exceção de Herbert Hoover, que tinha impressionado a todos em uma recente viagem à Europa. Stevenson, por outro lado, tinha uma nobreza de ideais que me atraía. Que é que se vai fazer, eu gostava de intelectuais, ora!

Enquanto Paul estava nos Estados Unidos, ele decidiu dar um pulo em Nova York, onde se encontrou com Edward Steichen no Museu de Arte Moderna, para combinar de levar a maravilhosa mostra fotográfica "Family of Man" para Berlim. Ele tinha feito amizade com Steichen enquanto estávamos em Paris, e ele tinha comprado seis fotos de Paul para a coleção do Museu de Arte Moderna. Esse tinha sido um feito e tanto, mas Paul era modesto, e preferiu ficar na dele.

Minha vida na França

Now comes that season of delight
When Paul and Julia's hearts take wing
So through this migratory flight
A dual warmth of love we bring.

1959

Minha vida na França

Pour la Saint-Valentin, saison des cœurs réunis,
Nous sortons le nôtre, mangez-le chers amis.

Eu, enquanto isso, tinha finalmente ido para Paris durante três semanas. Cozinhei com Bugnard, dei aulas na Les Trois Gourmandes, comi com o Baltrus, e me submeti a uma imersão total no livro de culinária, com a Simca. Foi reanimador!

Durante o verão, até o outono de 1955, terminei minha pesquisa sobre frangos e comecei a fazer testes com gansos e patos, como uma louca. Certo fim de semana, passei das medidas, quando, em um acesso de zelo de experimentação, consumi a maior parte de dois patos recheados (um quente e guisado, outro frio *en croûte*), de uma vez só. Comi feito uma louca, francamente, e passei mal durante vários dias, o que foi bem feito para mim. Também estava sempre fazendo várias experiências com risoto (encontrando exatamente a exata proporção de água para arroz), como fazer caldos de carne na panela de pressão (determinando o tempo exato, testando carcaças de aves e comparando-as com as de carne bovina) e várias sobremesas. Esse tipo de pesquisa era um desafio para nossa constante batalha contra a barriga.

— Ninguém que coma *paella* com *Apfel Strudel* como sobremesa perde peso — observou Paul, depois de fazer justamente isso.

Nós ficamos horrorizados de constatar como era comum encontrar pessoas obesas nos Estados Unidos. Na Alemanha, por outro lado, um corpanzil significava *status* social. Nossa meta era comer bem, mas sensatamente, como os franceses faziam. Isso significava que as porções deviam ser pequenas, mas os pratos eram muito variados, e que se evitava petiscar. Porém, a melhor dica de dieta de todas era do Sistema Patenteado de Controle de Barriga do Paul: "É só não se entupir de comida, pombas!"

No Natal, Paul contraiu uma hepatite infecciosa bastante grave. Depois de passar algum tempo em Roma para se recuperar no início de 1956 (onde descobri a salada de erva-doce e as deliciosas ervilhinhas romanas), nós decidimos comer com todo o cuidado, exercitar-nos rigorosamente e evitar o álcool. Em consequência disso ele perdeu três quilos e 750 gramas e ficou pesando cerca de 65 quilos. Eu tinha perdido quatro quilos e cem gramas e estava pesando 58,9, o que me fez sentir menos idosa do que eu me sentia nos Estados Unidos.

Quando chegou o mês de fevereiro, começamos a passar todo o nosso tempo de folga escrevendo cartas para acompanhar as centenas de cartões do dia de São Valentim para os nossos amigos ao redor do mundo. Os cartões de amizade

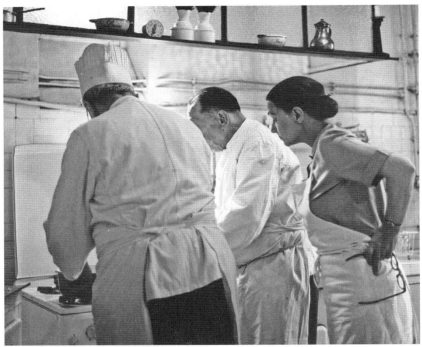
Avis De Voto com os *chefs* Bugnard e Thilmont.

tinham se tornado uma tradição nossa, nascida do fato de que nunca conseguíamos nos organizar a tempo de mandar cartões de Natal. Com nossa rede cada vez maior de família, amigos e colegas do Serviço Exterior, descobrimos que os cartões desenhados à mão pelo Paul para o dia de São Valentim, em geral uma xilogravura, ou então um desenho, às vezes uma foto, eram uma forma bacana de nos mantermos em contato. Mas eles eram trabalhosos. O desenho de um ano foi um vitrô de mentira, com cinco cores, e cada uma precisava ser pintada com aquarela, o que levava horas. Para 1956, decidimos fazer algo mais fácil e diferente: posamos para uma foto tirada com a câmera no dispositivo de disparo automático, na banheira, sem nada no corpo a não ser bolhas de sabão artisticamente dispostas.

Por volta da primavera de 1956, decidimos que já era hora de começar a receber de novo. Mas nosso primeiro jantar revelou que nossa equipe antes craque de anfitriã/cozinheira e anfitrião/*sommelier* estava lamentavelmente sem prática. Não tínhamos garfos de salada, esquecemos de recolher os copos e a louça suja do coquetel sem que ninguém percebesse, e passamos a noite correndo de um lado para o outro, arquejando de tanta pressa. Não era esse o nosso comportamento usual. Gostávamos de tratar nossos convidados como se eles fossem nobres, para estar inteiramente preparados para aquelas ocasiões em que seríamos convidados a receber os próprios nobres!

Para nosso segundo jantar, servi *les barquettes de champignons glacées au fromage, canard à l'orange,* e *glace maison aux marrons glacés.*[61] Uma semana depois, experimentei o *boeuf à la mode, endives braisées,*[62] e de sobremesa *désir du roi*[63]. E agora a "Pulia", a velha máquina de entretenimento, estava plenamente aquecida.

Recebi um bilhete de *le prince*, Curnonsky, que tinha quebrado várias costelas ao tomar um tombo. Os médicos, segundo ele dizia, o colocaram em um *"régime terrible"* que não permitia creme, sal, molhos nem vinho. Uma dieta sem graça dessas devia ser uma tortura para o coitado do velho gastrônomo.

A saúde dominou nossos pensamentos naquela estação. No fim de semana de Páscoa, precisei ir a uma *Klinik* (clínica) particular em Bad Godesberg para fazer uma cirurgia. Dois anos antes, tinha feito uma cirurgia em Washington para remover pólipos uterinos, mas pelo jeito a cirurgia não havia removido todos.

– Estou me sentindo perfeitamente bem – disse eu, mas o médico alemão insistiu que seria melhor fazer uma operação. Sua *Klinik* ficava em uma grandiosa mansão vitoriana toda pintada de branco. A cirurgia era de rotina. Eu não estava preocupada, mas o coitado do Paul já havia se convencido de que "pólipos" queriam dizer "Julia está morrendo de câncer". Não era verdade, é claro, e ele sabia disso, mas ficou tão preocupado que mal conseguiu dormir e até teve uma ligeira febre naquela noite.

Paul pensava na morte muito mais do que eu. Em parte isso devia ser por que seu pai, sua mãe e sua irmã mais velha tinham todos morrido cedo. Paul também

---

61 Barquetes geladas de cogumelo com queijo, pato com laranja e sorvete de frutas com marrom glacê (N.T.)
62 Bife à moda (carne assada temperada com louro, salsa, pimenta e tomilho, com legumes) e endívias assadas (N.T.)
63 Bolo esponja feito sem fermento, usando apenas o ar que penetra na massa enquanto ela é batida para avolumá-lo (N.T.)

tinha ficado traumatizado pela morte de Edith "Slingsby" Kennedy, sua namorada firme antes da guerra. Ela era uma mulher mais velha, sofisticada, e eles tinham morado juntos (sem se casarem!) em Paris e em Cambridge, Massachusetts. Ela tinha morrido de câncer logo antes da guerra, coisa que o marcou muito. Além disso, nossos amigos agora estavam envelhecendo e alguns, como Bernard De Voto (que não conhecíamos muito bem), tinham morrido recentemente.

Depois da morte de Benny, Avis De Voto, que tinha dois filhos para criar, passou meses reorganizando sua vida. Depois que as coisas se normalizaram, ela tirou férias na Europa para se recuperar, na primavera de 1956. Felizmente nós havíamos combinado de tirar férias exatamente na mesma época, portanto nos encontramos com ela em Londres. Nós nos divertimos bastante por lá, caminhando, fazendo compras e amigos.

Avis era baixa, de cabelos castanho-escuros e gostava de expressar constantemente suas opiniões. Quanto mais a conhecíamos, mais gostávamos dela. Certa noite ela nos apresentou a um economista de Harvard de dois metros e pouco de altura, chamado John Kenneth Galbraith. Nós tínhamos muito em comum com ele, e, sentando-nos em um restaurante de subsolo bastante barulhento, comparamos nossas impressões sobre o tempo passado na Índia, arte e política mundial. Claramente fazia bem a Avis participar de uma roda animada de amigos. E depois das tristezas de Plittersdorf, também fez bem a nós.

Avis, Paul e eu atravessamos o Canal em um lindo dia, e nos encontramos com Simca e Jean Fischbacher em Ruão, onde a catedral, danificada pela guerra, estava finalmente sendo reconstruída. Sempre cheia de energia, Simca tinha telefonado antes do nosso encontro para organizar um almoço especial para nós no Hôtel de Dieppe, onde o *chef*, Michel Guéret, era especialista em *canard à la rouennaise*, um prato raramente preparado, de pato prensado. Que experiência!

Começamos com uma truta recheada com vairões, e um molho maravilhoso de ervas, vinho branco e manteiga. Depois passamos ao famoso, ritualizado *canard*. O pato em si é de um tipo especial, nascido de uma fêmea doméstica "coberta" por um macho selvagem, o que produz aves bonitas de penas escuras com peitos estufados e deliciosos. Estrangula-se o pato para matá-lo, de modo a manter o sangue dentro do corpo (um exemplo do ponto aonde os franceses podem chegar para preparar uma refeição especial). O *chef* Guéret assou dois patos desses no espeto para nós, regando-os o tempo todo com um maravilhoso molho de sangue de pato que tinha preparado em uma mesa auxiliar. As aves ficavam com uma cor marrom, de dar água na boca, por fora e malpassados por dentro. Quando ficaram prontas, ele cortou com muita destreza as pernas e asas delas, passou-as na mostarda e em farinha de rosca, e mandou-as de volta à cozinha para serem grelhadas.

Removeu com todo o cuidado a pele do peito e fatiou a carne, cortando-a em fatias bem finas, que salpicou com chalotas bem picadinhas. Depois escaldou as fatias de peito no seu próprio caldo, acrescentou um pouco de vinho e temperos delicados, para acentuar o sabor natural. Depois puxou uma enorme prensa de pato para a nossa mesa. Parecia um pouco com um extintor de incêndio prateado com uma manivela redonda no alto. Ele cortou a carcaça, colocou-a na vasilha da prensa, e girou a manivela grande em cima dela. À medida que a placa de prensagem ia descendo vagarosamente dentro da vasilha, ouvíamos os ossos se partindo, e um rio de caldo sanguinolento saiu pelo bico, caindo em uma panela. Acrescentando um pouco de vinho Borgonha tinto à prensa, o *chef* girou de novo a manivela, para obter um pouco mais de molho. Continuou prensando até ter removido todo o sangue da carcaça. Foi fabuloso assistir àquele ritual, e nós acompanhamos todos os gestos de Guéret com a máxima atenção.

Finalmente, chegou a hora de comer. Começamos com as fatias bem finas de peito generosamente passado no molho, depois comemos as pernas e asas bem crocantes e grelhadas, passadas na farinha de rosca. Para acompanhar essas iguarias, um esplêndido Pommerol. A seguir veio um sortimento de queijos, taças de um velhíssimo conhaque de maçã e xícaras de café. Foi um *tour de force*[64].

A Normandia estava cheia de flores de macieira, castanheiras floridas e os aromas mornos de terra do início da primavera. Dirigimos lentamente para Paris, saboreando a paisagem, explorando as ruínas de um mosteiro cisterciano, e caminhando por velhas aldeias onde as casas tinham telhados de palha.

Paris estava lindíssima, e com gente saindo pelo ladrão. Levamos Avis para tomar um drinque no Deux Magots, e jantamos em grande estilo no L'Escargot, onde estávamos cercados por americanos ricos de estolas e casacos de pele de marta azulada; terminamos a refeição com morangos perfeitamente maduros e champanhe. Dali fomos andando a esmo até Notre Dame, agora iluminada à noite por uma série enorme de holofotes, cujo efeito era bastante dramático. Terminamos

---

64 Uma verdadeira proeza (N.T.)

no Le Caveau des Oubliettes Rouges, onde cantamos velhas canções folclóricas francesas até uma da manhã. Saímos com uma sensação de pura felicidade.

Depois de Paul embarcar no trem para a Alemanha, Avis e eu passamos na Mère Michel para ver se seu famoso *beurre blanc* tinha passado no teste do tempo. A resposta foi sim, embora não nos parecesse mais gostoso que o nosso.

Enquanto eu visitava o Bugnard para matar as saudades, assim como os Baltrus e os Asches, Avis passou um dia maravilhoso em La Forêt de Rambouillet com Simca e Jean Fischbacher, voltando ao hotel naquela noite com uma braçada de lírios do vale e um sorriso radiante no rosto.

Na Alemanha estava um frio úmido de onze graus quando voltei. Paul e eu tivemos que usar nossos casacos de *tweed* ingleses para nos aquecermos. Entreolhamo-nos e suspiramos. Depois das glórias da Belle France, onde todas as nossas impressões se acentuavam e aumentavam pela companhia dos amigos, era difícil evitar a conclusão de que Plittersdorf era um fim de mundo.

No mês de julho de 1956, lemos no *Paris Herald* que o nosso velho e querido Curnonsky havia falecido. O *prince élu des gastronomes*[65] tinha caído da sua sacada. Teria sido acidente, ou suicídio?

Eu tinha ido visitá-lo em Paris, brevemente. Ele não me pareceu bem, e reclamou amargamente da estrita dieta que seus médicos haviam lhe passado. A certa altura, murmurou:

– Se ao menos eu tivesse a coragem de cortar os pulsos...

Que fim trágico e amargo. Não se pode deixar de pensar que ele agora estava mais feliz do que nos seus últimos dias, e que seu falecimento marcou o fim de uma era.

Quando completei 44 anos, em agosto, Paul estava imerso em um espetáculo monstruoso em Berlim chamado "Espaço Ilimitado" sobre o programa espacial americano. A casa vivia cheia, e foi considerado um "sucesso fenomenal." Durante semanas eu mal vi o meu marido, e me considerei uma "viúva infeliz." Ora, procurei recordar-me, *Avis é viúva de verdade, portanto, dá para imaginar como ela se sente.*

O sucesso do "Espaço Ilimitado" do Paul foi notado nos altos escalões, e no outono de 1956, "eles" já haviam decidido que precisavam que o Sr. P. Child voltasse à

---

65 Príncipe eleito dos gastrônomos (N.T.)

Washington, capital. O departamento de exposições principal da USIA estava caindo aos pedaços, e ele era o homem certo para resolver os problemas. Portanto, íamos nos mudar para os Estados Unidos outra vez, notícia que recebemos com alívio. Eu estava louca para dizer *auf Wiedersehen*[66] para o Cabeça-Oca (que tinha feito uma avaliação ruim da administração do Paul) e à vidinha medíocre de Plittersdorf.

Uma vez mais estávamos fazendo as malas e nos preparando para nos mudar, como nômades. E uma vez mais sentíamos as pontadas de apreensão e a empolgação de voltar à nossa pátria, agora a terra de "Elvis the Pelvis", dos adoradores de Nixon, e outros fenômenos estranhos. Mas dessa vez uma coisa estava nos aborrecendo: desde que tinham investigado o Paul, estávamos pouco a pouco ficando cada vez mais desencantados com o trabalho no governo americano. Paul achava que estava fazendo coisas importantes, mas não estava recebendo o devido reconhecimento por isso, e eu estava cansada de ter que mudar toda a nossa vida de tantos em tantos anos.

– Talvez – confidenciamos um para o outro – haja outra forma de viver além desta. – Mas o que mais iríamos fazer? E onde iríamos fazer isso?

II. O Sonho

Retornamos a Washington em novembro de 1956, e quase imediatamente mergulhamos na tarefa de reformar nossa casinha maravilhosa da Avenida Olive, 2706. Era uma casa de madeira construída há 150 anos, de três andares, nos arredores de Georgetown. Nós havíamos comprado a casa em 1948. Durante os últimos oito anos, ela havia estado alugada, e agora estava mostrando sinais de desgaste. Felizmente, nós tínhamos economizado dinheiro de aluguel suficiente para reformar um quarto de visitas em escritório para mim e um estúdio para o Paul no último andar, trocar a fiação, consertar um vazamento no telhado, e ampliar a cozinha. Como era divertido forrar nosso próprio ninho, o único ninho que realmente podíamos chamar de nosso!

---

66 Adeus (N.T.)

Usando uma pequena herança que havia recebido da minha mãe, comprei uma lavadora de pratos e uma pia equipada com um "porco elétrico", um triturador de lixo. (Não queria empregada!) Depois decidi que precisava de um novo fogão. Um dia estávamos visitando um amigo *gourmand*, Sherman Kent, que chamávamos de Velho Búfalo; com um gesto cerimonioso, ele me mostrou o fogão da sua cozinha. Era um fogão profissional a gás, e assim que pus os olhos nele percebi que ia precisar de um igual aquele. Aliás, o Velho Búfalo me vendeu o dele. Era um fogãozinho baixo, largo, atarracado com seis queimadores na esquerda e uma grelhazinha lisa de aço à direita. Paguei-lhe mais ou menos 412 dólares pelo fogão, e gostei tanto dele que jurei levá-lo comigo para a sepultura!

Paul, enquanto isso, tinha finalmente sido promovido de FSS-4 (Serviço Exterior Nível Quatro) para FSS-3. Agora ganhava um senhor salário de US$ 9.660,00 por ano, organizando exposições.

Nosso bairro, para todos os efeitos, ficava na cidade, mas tinha um clima provinciano agradável, por que todos faziam compras no mesmo lugar, ou então se encontravam no correio ou na barbearia. Embora eu tivesse preferido morar em Paris enquanto trabalhava no *French Cooking for the American Kitchen*, uma vantagem imensa de morar nos Estados Unidos era que podia pesquisar localmente quais os tipos de legumes, verduras e equipamentos que estariam disponíveis para nossos leitores.

"Está sendo muito divertido morar aqui de novo. Eu nunca ia poder sentir como é, apenas passando as férias aqui", relatei a Simca. "Uma das coisas que adoro é fazer compras nesses grandes supermercados onde a gente mesma escolhe as mercadorias, onde... se pega um carrinho de metal na entrada e se perambula pelo mercado inteiro olhando e pegando tudo... É ótimo ser capaz de pegar cada cogumelo a gente mesma... Parece-me que aqui há de tudo que é necessário para permitir a um bom cozinheiro francês trabalhar."

Mas os supermercados americanos também estavam cheios de produtos que os rótulos anunciavam como "*gourmet*", mas que não eram: caixas de misturas para fazer bolo, jantares prontos, legumes congelados, cogumelos enlatados, peixe empanado, saladas de frutas com gelatina, *marshmallows, chantilly* em latas de *spray*, e muitas outras dessas porcarias revoltantes. Isso me fez parar para pensar. Será que haveria lugar nos Estados Unidos para um livro como o nosso? Será que estávamos tão deslocadas assim no tempo e espaço?

Decidi não pensar nas minhas dúvidas e continuar trabalhando. Não podia fazer outra coisa. Além do mais, eu adorava *la cuisine bourgeoise*, e talvez algumas outras também.

Simca, enquanto isso, estava sofrendo de *la tension* (pressão alta e *stress*). Era um assunto difícil para mim, pois minha mãe tinha morrido jovem de pressão alta.

"Precisa cuidar da sua saúde", alertei. Simca não gostava muito de críticas, portanto tentei explicar o que queria dizer contando-lhe sobre o gêmeo do Paul, Charlie Child: "Tudo que ele faz é a todo vapor, como um foguete disparando", escrevi. Ele vive cada momento "como se fosse o supremo, exigindo cada grama de energia. Você é igual. Tem que deixar passar algumas coisas, em vez de estar sempre ligada em tudo e todos... Obrigue-se a descansar de vez em quando. Não é necessário fazer tudo como se sua vida e sua honra dependessem disso." Duvido que minhas palavras tenham surtido qualquer efeito nela.

Na primavera de 1957, comecei a dar aulas de culinária a um grupo de mulheres de Washington que se reuniam nas manhãs de segunda-feira, para fazer almoço para os maridos. Mais tarde, no mesmo ano, passei a ir a Filadélfia uma vez por mês, para dar uma aula semelhante a uma turma de oito alunas lá. Um cardápio típico incluiria *oeufs pochés duxelles, sauce béarnaise, poulet sauté portugaise, épinards au jus e pommes à la sévillane*.[67]

Eu agora era uma professora experiente. Na noite antes de cada aula, datilografava o cardápio e uma lista de ingredientes. (Em geral enviava cópias desses cardápios à Simca, que estava dando aulas a um grupo de esposas de oficiais da Força Aérea Americana em Paris.) Ensinar me dava grande satisfação, e logo meus dias passaram a ter um ritmo confortavelmente regular.

A maior parte do meu tempo passava revisando e redatilografando nosso original agora com as páginas marcadas, cheias de anotações, com manchas de manteiga e comida. Ao voltar a testar certos pratos no laboratório que era minha cozinha americana, descobri que quase ninguém usava ervas frescas ali, que a vitela americana não era tão tenra quanto a francesa, que nossos perus eram muito maiores do que as aves europeias, e que os americanos comiam muito mais brócolis do que os

---

[67] Ovos *pochê* com cogumelos, molho *béarnaise*, frango *sauté* à portuguesa, espinafre com creme *fraiche* e manteiga, maçãs à sevilhana (N.T.)

franceses. Esse relatório feito direto do local seria crucial para o sucesso do nosso livro, eu sabia, mas também era exasperante.

"POR QUE FOI QUE RESOLVEMOS FAZER ISSO, AFINAL, HEIN?", desabafei, numa carta para a Simca, depois de descobrir que meu adorado *crème fraîche* era quase impossível de se encontrar nos Estados Unidos.

Em janeiro de 1958, Simca e Jean fizeram sua primeira visita aos Estados Unidos. Jean não podia ficar muito tempo, mas Simca ficou três meses. Ela não tinha diminuído seu ritmo suicida, e continuava sendo a mesma estressada, visitando amigos e ex-alunos em Nova York, Detroit, Filadélfia e na Califórnia. Em Washington, ela e eu continuamos fazendo incursões para compras/pesquisas, e demos algumas aulas animadas juntas na minha cozinha da Avenida Olive, onde demonstramos pratos como *quiche aux fruits de mer, coq au vin* e *tarte aux pommes*[68]. Ela estava encantada com os Estados Unidos, e provou nossa comida e bebidas com um entusiasmo imenso, incluindo atum enlatado, *blinis* congelados e... seu preferido, o *bourbon*![69]

Divertimo-nos a valer juntas, mas nosso original estava longe do término. Tínhamos prometido mostrar à Houghton Mifflin o que tínhamos redigido até ali, mas estávamos meio nervosas, porque eram setecentas páginas detalhadas sobre apenas aves e sopas. Além disso, nossas receitas não eram muito adequadas para gente que gostava de usar mistura para bolo pronta em caixa e comer refeições congeladas. Tínhamos descoberto esse fato, meio chocadas, quando tentamos publicar nossas receitas em algumas das revistas de grande circulação. Nenhuma delas estava interessada em nada do que fazíamos. Os editores pareciam considerar a preocupação dos franceses com os detalhes uma perda de tempo, quando não uma forma de loucura.

Mesmo assim, eu tinha encontrado muitos americanos que tinham ido à França e se sentido inspirados pelo sabor maravilhoso da comida de lá. "Ah, mas que frango assado mais suculento!", exclamavam. "Puxa, que delícia aquele *sole normande*!" Embora alguns voltassem para os Estados Unidos convencidos de que

---

[68] Quiche de frutos do mar, galo com molho de vinho, torta de maçãs (N.T.)
[69] O bourbon é um uísque americano feito de milho e centeio, assim chamado porque é produzido no condado de Bourbon, no Kentucky (N.T.)

tais maravilhas podiam apenas ser concebidas pela magia dos que haviam nascido na França, os mais experientes perceberam que o principal ingrediente naqueles pratos suculentos era o trabalho árduo aliado a uma técnica adequada.

Infelizmente, essa não era uma mensagem à qual os editores bobos dos Estados Unidos quisessem dar ouvidos, ou tivessem o conhecimento técnico para apreciar.

A maioria das nossas alunas já viajava e cozinhava fazia anos, mas não sabia como fritar legumes na manteiga (*sauté*), nem cortar um legume rapidamente, e não tinha a menor ideia de como tratar uma gema de ovo adequadamente. Eu sabia, porque elas tinham me dito que queriam essas informações e estavam dispostas a trabalhar por elas. Por isso estava convencida de que haveria mercado para a nossa obra. Será que a editora iria concordar?

Nos dias antes de nossa reunião, ensaiei os argumentos que daria em Boston na minha correspondência com John Leggett, o revisor da editora em Nova York. Ele estava preocupado com o alcance e detalhes do *French Cooking for the American Kitchen*. "A boa comida francesa não pode ser preparada por um zumbi", disse a ele em uma carta. Para conseguir os resultados apropriados, era preciso estar disposto a suar a camisa; os preparativos deveriam ser feitos corretamente, e todos os detalhes deveriam ser observados. "O nosso livro é o único em inglês que dá instruções assim completas", expliquei. Ele "constitui um guia moderno da culinária francesa clássica, um Escoffier atualizado, digamos, para o amador americano que deseje ser "seu próprio *chef* francês".

No dia 23 de fevereiro, um dia antes de nosso compromisso na editora Houghton Mifflin, estava nevando tanto que todos os trens que iam para Boston foram cancelados. Simca e eu nos entreolhamos. Depois de tantas horas de trabalho árduo no *French Cooking for the American Kitchen*, será que uma mera nevasca iria nos deter? *Non*! Estávamos decididas a apresentar o que havíamos prometido.

Mais tarde, naquela manhã, embarcamos em um ônibus. Soltando ruídos de explosão pelo escapamento, deslizou para o norte pela neve durante horas, enquanto eu ou Simca segurávamos no colo com força a caixa de papelão que continha nosso precioso original. Mais ou menos à uma da madrugada, finalmente entramos na casa de Avis De Voto, na rua Berkeley, em Cambridge.

No dia seguinte ainda estava nevando. Simca e eu fomos para o número 2 da Park Street, em Boston, onde subimos um longo lance de escadas. Carregando nossa preciosa caixa sob meu braço, eu não fazia ideia de como seriam recebidos nossos esforços. Nos escritórios da editora, finalmente conhecemos Dorothy de Santillana, uma mulher simpática e franca, que entendia de culinária e parecia genuinamente entusiasmada com o nosso *French Cooking for the American Kitchen*. Mas não fomos muito bem recebidos por seus colegas do sexo masculino. Um deles resmungou alguma coisa parecida com: "Americanos não querem uma enciclopédia, querem cozinhar alguma coisa rápida, com uma mistura pronta de caixa".

Simca e eu deixamos nossas setecentas páginas sobre sopas e aves com eles, descemos vagarosamente o longo lance de escadas, e voltamos para a casa da Avis, enfrentando a neve. Nenhuma de nós falou muito a respeito da reunião.

Algumas semanas depois, recebemos uma carta de Dorothy de Santillana:

Nossa aplicada equipe examinou aquilo que é evidentemente o mais cuidadoso fruto de esforços feitos com o máximo carinho.... e o problema que se apresenta é complexo... Com o maior respeito pelo que vocês fizeram... precisamos declarar logo a princípio que este não é o livro que desejávamos publicar, que devia ser um único volume instruindo as mulheres americanas sobre como cozinhar à francesa.

Daqui por diante precisamos falar de publicação, não culinária. O que imaginamos que seria vendável... seria talvez uma série de pequenos livros dedicados a partes específicas da refeição. Uma série dessas teria uma sequência lógica de apresentação, tal como sopas, molhos, ovos, pratos principais, etc... Tal série deveria corresponder a um rigoroso padrão, segundo o qual o texto deve ser simples e compacto, certamente menos elaborado do que o de seus volumes atuais, o que, embora tenhamos certeza de que são exatíssimos, inegavelmente exigem uma parte excessiva do tempo e da concentração da cozinheira, que certamente também é mãe, cuida dos filhos, é motorista da família e ainda tem que limpar a casa.

Sei que esta reação será uma decepção para vocês, mas pergunto-me se já não seria hora de repensarem um projeto que se transformou em algo muito mais complexo e difícil de lidar do que o livro original.

Ai, ai, ai, coitado do nosso Gargântua. O que seria dele?

Era verdade que não tínhamos entregado o livro que a Houghton Mifflin tinha nos encomendado. Era também verdade que a tendência nos Estados Unidos era a velocidade e a eliminação do trabalho, duas coisas que nosso tratado de setecentas páginas nenhum momento levava em consideração. E também era verdade que a sugestão da editora de publicar uma série de livretos simplificados voltados para a dona de casa/cozinheira iria atrair um público bem maior. Mesmo assim, o livro que a Houghton Mifflin imaginava não era o livro em que Simca e eu estávamos interessadas. Sentimos que o público já tinha muitas revistas e livros de culinária daquele tipo. Estávamos mais interessadas em leitores que se dedicassem a cozinhar a sério e a ser criativos. Sabíamos que esse público precisava de atenção e a queria. Mas era relativamente pequeno. Além disso, a indústria editorial estava passando por uma crise.

O que devíamos fazer?

Simca e eu concordamos que, embora estivéssemos dispostas a podar um pouco o original para que ficasse de um tamanho razoável, nosso objetivo continuava sendo firme: apresentar os fundamentos da culinária francesa clássica com detalhes suficientes para que qualquer cozinheiro amador pudesse produzir uma perfeita refeição francesa. A Houghton Mifflin claramente não estava interessada nisso. E era possível, talvez até provável, que nenhuma outra editora quisesse se arriscar a publicar esse livro. Mas antes de renunciar ao nosso sonho, queríamos tentar vender a ideia.

Com Simca assistindo ao meu trabalho por cima do meu ombro, datilografei uma carta à Sra. de Santillana, sugerindo que devolvêssemos 250 dólares à Houghton Mifflin, o primeiro terço do adiantamento, e cancelássemos o contrato para publicação do *French Cooking for the American Kitchen*. "É uma pena a nossa associação precisar terminar oficialmente", escrevi. "Mas ainda temos bem uns 30 ou 40 anos de culinária e redação de livros à nossa frente, portanto pode ser que nesse período venhamos a nos encontrar novamente."

Ufa! Fui para a cama naquela noite me sentindo vazia por dentro.

No dia seguinte, amassei a carta. Inseri uma folha nova na máquina, e escrevi com outra disposição de espírito: "Decidimos deixar de lado o nosso sonho por enquanto, e propor-lhes que preparemos um livro curto e direto, dirigido a uma dona de casa/cozinheira mais sofisticada."

Tinha sido uma decisão extremamente difícil de tomar. Mas Simca e eu tínhamos finalmente resolvido dar o braço a torcer, e que fazia mais sentido comprimir nossa "enciclopédia", transformando-a em um único volume, com mais ou menos 350 páginas, de autênticas receitas francesas, desde os *hors d'oeuvres* até as sobremesas, do que procurar outra editora agora. "Tudo deve ser mais simples, mas nada insípido", escrevi. "As receitas devem parecer curtas e a ênfase deve ser sempre no como preparar de antemão, e como requentar. Poderíamos até tentar inserir um certo humor e uma certa elegância sem exageros, que seria uma mudança agradável." Como já havíamos testado nossas receitas, prometi que o novo original ficaria pronto dentro de seis meses, mais ou menos.

A Sra. de Santillana respondeu, aprovando nosso novo plano.

Sabíamos que íamos precisar enfatizar a simples *cuisine bourgeoise* em vez de *la grande cuisine*. Afinal de contas, nossos leitores não deviam ter pilões para esmagar cascas de lagosta nem vasilhas de cobre para bater claras, e não estavam acostumados a gastar o tempo necessário e ter o cuidado de fazer molhos aos quais os franceses estavam acostumados. Talvez isso viesse com o tempo. Por enquanto, eu podia enxergar claramente que nosso desafio seria eliminar o abismo cultural entre a França e os Estados Unidos. A melhor maneira de fazer isso seria enfatizar as regras básicas da culinária, e passar os conhecimentos que eu tinha aprendido com Bugnard e os outros professores da Cordon Bleu, dos quais um dos mais importantes era incluir o divertimento e o amor na preparação de uma refeição!

III. Os Oslonianos

PAUL TINHA DECIDIDO SE APOSENTAR DO SERVIÇO PÚBLICO quando fizesse 60 anos, em 1962, para dedicar-se à pintura e à fotografia. A próxima perguntar era: o que faríamos e para onde iríamos depois da aposentadoria? Não gostávamos de Washington a ponto de querermos ficar por lá, e sentíamos que a Califórnia era distante demais para nossos parentes e amigos mais próximos nos visitarem. Ficamos discutindo o assunto durante muito tempo, e depois de várias visitas a Avis De Voto em Cambridge, Massachusetts, dissemos um ao outro: "Sabe, até que este é um lugar sobre o qual podemos concordar".

Paul tinha crescido em Boston e em seus arredores, e lecionado na escola Shady Hill na década de 30, sentindo-se totalmente confortável por lá. Eu achava que Cambridge tinha um jeito especial e charmoso de Nova Inglaterra, e estava cheio de intelectuais interessantes. No feriado de Quatro de Julho de 1958, um corretor amigo de Avis nos levou pelas ruas estreitas e sinuosas atrás do *campus* de Harvard e de Radcliffe. Não vimos nada que nos atraísse, mas Avis disse que ia ficar de olho e avisar se encontrasse algo interessante.

De volta a Washington, Paul recebeu o título de "chefe executivo da divisão de exibições", o que significava que ele era o manda-chuva das maiores exposições americanas do USIA. Era um cargo temporário que ele ocupou apenas durante seis meses em 1958. Entrementes, começamos a estudar norueguês para nos prepararmos para nossa próxima missão. Iam nos mandar para Oslo, onde Paul iria se tornar adido cultural americano, a partir de 1959.

Enquanto estávamos em Washington, eu tinha conhecido John Valentine Schaffner, um agente literário de Nova York que representava James Beard e a Sra. Brown dos "Browns", entre outros. Eu lhe perguntei como Simca e eu devíamos divulgar nosso vasto potencial ao público. Ele insinuou que o mundo da culinária profissional (tanto nos Estados Unidos quanto na França) era um círculo fechado onde era difícil penetrar. Podia ser que fosse assim, mas nossa intenção era penetrar naquele grupo permanentemente. Claramente, estaríamos numa posição melhor para fazer isso depois de termos um livro de culinária pronto nas mãos. Simca e eu continuamos a trabalhar em nossos fogões e máquinas de escrever, num calor insuportável.

Em janeiro de 1959, enquanto estávamos nos preparando para partir para a Noruega, Avis ligou e disse que uma casa "especial" estava sendo vendida em Cambridge, e que devíamos largar tudo que estávamos fazendo e vir correndo vê-la. Era um dia de chuva gelada, mas entramos no trem para Boston na mesma hora e visitamos a casa imensa, revestida de telhas de ardósia cinzentas, que ela tinha descrito. Tinha sido construída em 1889 pelo filósofo Josiah Royce (californiano nativo, como eu), e ficava no número 103 da rua Irving, uma transversal arborizada atrás do Harvard Yard. A casa tinha três andares, uma cozinha comprida e uma copa dupla, um porão completo, e um jardim. Andamos por ela durante vinte minutos, e enquanto Paul bateu nas paredes e nos pisos para ver se eram firmes, eu, de pé na cozinha, imaginei-me morando ali. Uma outra família estava visitando a casa ao mesmo tempo que nós. Enquanto eles conversavam sobre o que estavam vendo, aos cochichos, decidimos que nunca iríamos encontrar coisa melhor, e a compramos na hora. Pagamos mais ou menos 48.000 dólares por ela. Precisava de reformas e modernização, mas poderíamos pagar com o aluguel dela, enquanto estávamos na Noruega. Eeeba!

Enquanto nossa balsa da Dinamarca subia o sinuoso Fiorde de Oslo em maio de 1959, nós contemplávamos os rochedos de granito e os altos despenhadeiros cobertos de pinheiros, sentíamos a maresia mesclada com o aroma dos pinheirais e dizíamos um para o outro: "A Noruega parece até o Maine!" O que era verdade, e também não era.

A pessoa pode se preparar para conhecer uma nova cultura, mas a realidade sempre exige que se leve algum tempo acostumando-se com as coisas. Naquela latitude e época do ano, o sol surpreendentemente brilhante só se punha às 22h20 e se erguia quase imediatamente depois, às 4 da madrugada, o que tornava difícil dormir. Além disso, as camas norueguesas eram revestidas de um único acolchoado de penugem, tão quente quanto um forno de padaria, mas que cobria só metade do corpo. Resolvemos esse problema puxando-o até o queixo e empilhando o cobertor do carro e várias peças de roupa nas pernas e pés.

Eles também não tinham muitos felinos, segundo notei, mas muitos cachorros e mais ruivos por metro quadrado do que qualquer outro lugar onde eu tinha estado. Todo norueguês parece bonito e sadio, com um ar de simpatia descomplicada.

Toda a equipe do USIA em Oslo consistia de apenas três americanos e uma secretária norueguesa. Quando um manda-chuva como Buckminster Fuller viesse à cidade, Paul teria que deixar de lado sua rotina para organizar palestras, providenciar coletivas de imprensa e bancar o motorista do homem. Nesse meio tempo, a Embaixada americana iria se mudar para um prédio novo muito bonito, projetado por Eero Saarinen.

Em junho apareceu uma casa linda para alugar nos subúrbios, com revestimento de tábuas, pintada de branco, de dois andares, um lugar muito parecido com as residências da Nova Inglaterra, completa, com um fogão elétrico absurdo, um piano desafinado e formigas. Eu detestava formigas, de modo que tratei logo de envenenar aquelas pragas. Havia sebes verdes e árvores frutíferas no jardim, e também rosas trepadeiras. As framboesas estavam amadurecendo depressa, e tínhamos também tanto morangos grandes quanto os pequenos *fraises des bois*[70], altamente perfumados e muito gostosos (melhores do que os da França, que tinham gosto lenhoso).

Tratei de tirar das caixas a minha *batterie de cuisine*, setenta e quatro panelas e outros utensílios, desde raladores de queijo até panelas de cobre, organizei a cozinha ao meu gosto e comecei a frequentar aulas de norueguês. Logo já falava bem

---

70 Morangos silvestres (N.T.)

a ponto de poder ler o jornal e fazer compras. O peixe e os pães eram excelentes, assim como os morangos, as framboesas e groselhas, mas ficamos mal impressionados com os cortes de carne, que incluíam quartos traseiros de alces e renas, e legumes e verduras bastante ruins.

O meu lugar preferido para compras era uma peixaria com uma vitrine estupenda: dois salmões de quase um metro, um disposto em cruz sobre o outro, cercados por trutas arco-íris, e entremeados de lagostas, cavalas, linguado e hipoglosso. Acima de tudo isso havia uma guirlanda de camarões rosados. Eu iria passar a conhecer muito bem aquela loja, com seus animados pescadores em torno de caixotes de caranguejos enormes, grandes esturjões semicortados, e bacalhau vivo nadando em longos tanques feitos de cimento. Certa tarde, passei lá quando uma inglesa estava tentando tirar uma foto de um bacalhau. Um pescador estava ajudando com toda a boa vontade, com um espécime enorme tirado do tanque nos braços, coçando-lhe a barriga, falando com ele com ternura, e o peixe correspondia, expressando a sua ternura com uns guinchos. Que cena mais pitoresca!

À parte minha pesquisa para o livro de culinária francesa, comecei a fazer experiências com frutas e legumes locais. Escolhi groselha vermelha e fiz uns potes de geleia, experimentei *gravlax*[71] para ver que gosto tinha (delicioso quando servido com molho cremoso de dill e batatas Steurder com *sour cream* e noz-moscada), e preparei um *ptarmigan*[72] e um tetraz europeu grande chamado *capercailzie*.

Como eu não conhecia quase ninguém em Oslo, trabalhei bastante no livro naquele verão. A correspondência entre Paris e Oslo processou-se a toda velocidade. Depois de quase oito anos de trabalho árduo, Simca e eu conseguimos por fim enxergar a luz no fim do túnel, e nos incentivamos mutuamente para realizarmos feitos heroicos de datilografia.

IV. Há Males que vêm para o Bem

Primeiro de setembro de 1959 foi o dia de nosso décimo-terceiro aniversário de casamento, e eu tinha acabado de completar 47 anos. Mas a notícia realmente empolgante foi que *French Recipes for American Cooks* estava por fim revisado e terminado, *ta-ram!*

Enviei o original para um amigo em Washington para que fosse datilografado como era preciso, e dali ele iria para a editora Houghton Mifflin em Boston. O livro agora era bem diferente de nossa "enciclopédia" original sobre sopas e aves. Era um guia básico para a cozinha *bourgeoise*, para cozinheiros americanos que levavam

---

71 Prato escandinavo de salmão cru defumado (N.T.)
72 Espécie de tetraz nórdico (parente da perdiz) de plumagem branca (N.T.)

essa arte a sério, tratando de tudo, desde *crudités*[73] até sobremesas. Mas mesmo assim, continuou com 750 páginas, e eu me preocupava com a reação da editora. Só iríamos poder saber quais eram seus comentários dali a um mês e enquanto isso não iríamos poder fazer nada a não ser cruzar os dedos e torcer para dar certo.

Que sensação estranha ter terminado o "Livro". Tinha pesado tanto como uma pedra durante todos aqueles anos, que eu devia estar exultante por ter me livrado dele. Mas eu me sentia como quem perdeu as raízes. Vazia, perdida. Afundei em um lamaçal de desorientação.

Ai, como desejei ter um grupo enorme de amigos fraternos com quem comemorar o acontecimento! Tínhamos bastante conhecidos em Oslo, mas, como em Plittersdorf, passávamos meses a fio sem ninguém para perturbar a não ser um ao outro. Isso era o que eu mais detestava na vida itinerante dos diplomatas.

Quando finalmente me convidaram para um almoço grande de senhoras, nos serviram frango desfiado enlatado com um molho desenxabido que mais parecia uma sopa, e bolo de chocolate feito com uma mistura de caixa, comprada no supermercado. Que horror!

Meu humor foi às nuvens quando recebi um comentário entusiástico de Dorothy de Santillana no final de setembro.

Passei quatro dias inteiros estudando seu original... o que é um tempo imenso para qualquer leitura de original... estive intensamente ocupada a cada minuto e continuo impressionada com a intensidade e o detalhismo como vocês analisaram, desmembraram e reconstituíram todos os procedimentos com todas as suas minúcias. Certamente não conheço nenhum compêndio com uma precisão tão surpreendente, assustadoramente exata nem tão abrangente, pois me parece que incluiu quase tudo, apesar de seu aviso informal de que o leitor não encontraria [pâte feuilletée]!

Essa é uma obra da maior integridade e eu sei que grande parte de seu dia a dia vocês dedicaram a ela. Isso fica claro para qualquer um.

Gostaria de acrescentar que acabei de revisar o mais recente livro da Knopf, Classic French Cuisine *de Joseph Donon, e comparado ao livro de vocês o chef Donon não só não merece a palavra clássico como nem mesmo merece a palavra "francesa", apesar da condecoração da Legião de Honra que ostenta!*

---

73 Aperitivo de legumes crus (N.T.)

Nada mais me resta a fazer senão esperar que os executivos tomem sua decisão.

Respondi imediatamente para lhe dizer como estávamos encantadas de estar um passo adiante no caminho para a publicação, e para combinar sobre os créditos das co-autoras. Louisette, segundo expliquei, estava passando por "problemas de família" (seu marido se revelou um monstro, e eles iam se divorciar), e ela não tinha participado muito do processo de redação. Mas Simca e eu concordamos que era importante manter Louisette na "equipe", tanto por respeito pelo trabalho desenvolvido por ela, e porque ela tinha muito mais contatos do que nós, tanto na França quanto nos Estados Unidos.

Quanto à Simca, quis me certificar de que ela receberia crédito à altura de seu trabalho. O livro, disse eu na carta, "é obra conjunta na mais genuína acepção da palavra, pois nenhuma de nós seria capaz de terminar essa façanha sem a colaboração da outra". Simca havia escrito todo o capítulo de sobremesas e incluiu muitos toques especiais para fazer as sobremesas tradicionais especialmente deliciosas, inclusive sua *bavarois à l'orange,* sua *mousseline au chocolat,* e sua magnífica *charlotte Malakoff* com amêndoas. Ela tinha nos fornecido molhos fora do comum, inclusive *sauce spéciale à l'ail pour gigot, sauce nénette* (redução de creme, mostarda e tomate), *chaud-froid, blanche neige* (gelatina fria de creme de leite para guarnições). Tinha sido ela que tinha descoberto o segredo de evitar que o creme talhasse no *gratin jurassien* (batatas fatiadas assadas em creme espesso, um segredo profissional do Baumanière de Les Baux) e ela tinha desenvolvido uma receita triunfante de *ratatouille,* baseada em suas muitas férias na Provença.

"É graças inteiramente à Madame Beck e ao interesse que sempre sentiu durante a vida inteira pela culinária que temos não só a coleção clássica costumeira de receitas, mas muitas pessoais e extraordinárias, profundamente francesas" escrevi. "E pelo que sabemos, até agora inéditas."

No dia 6 de novembro de 1959, recebi uma carta do Paul Brooks, editor-chefe da Houghton Mifflin, na mala diplomática. Peguei aquele envelope branco e comprido e fiquei contemplando-o por um instante. Ele representava tanto para mim que mal ousava abri-lo. Finalmente tomei coragem e o abri.

Os executivos da empresa tinham se reunido várias vezes para falar do *French Recipes for American Cooks,* dizia o missivista, e depois de muitos debates tinham chegado a uma conclusão:

Você e suas colegas foram capazes de reconstituir os processos testando-os e detalhando-os de tal forma que não resta dúvida quanto ao sucesso das instruções. Seu original é uma obra de ciência culinária, assim como de arte culinária.

Porém, embora todos nós respeitemos essa obra como um triunfo pessoal, é óbvio que a produção deste livro... sairá cara demais, e o investimento da editora será enorme. Isso significa que deve ser preciso definir antecipadamente qual será o mercado para este livro, prever um número de consumidores grande para um livro que terá de ser caro por causa de seus custos de impressão. É a respeito deste aspecto que meus colegas estão em dúvida.

Depois que o primeiro projeto cresceu a ponto de transformar-se praticamente em uma enciclopédia, vocês concordaram que o livro... devia ser bem menor... mais simples... Você... falou que o projeto, depois de revisado, seria "um livro curto e simples dirigido à dona de casa/cozinheira". Este volume jamais poderia ser descrito assim. É um livro de culinária grande, caro, com informações elaboradas, e que pode ser que seja um desafio impossível para a dona de casa americana. Ela talvez possa recortar uma receita dessas de uma revista, mas vai se assustar com o tamanho do livro apenas.

Tenho certeza de que esta reação será uma decepção para vocês, e sugiro que tentem encontrar outra editora para o livro imediatamente... Vamos sempre estar interessados em uma versão mais simples e curta. Creia-me, eu sei quanto trabalho tiveram para redigir este original. Estou lhe enviando meus votos de que, quando publicado por alguma outra casa, seja bem-sucedido.

Suspirei. Podia perfeitamente ser que o "Livro" fosse impublicável.

Não estava sentindo pena de mim mesma. Tinha feito o serviço, estava orgulhosa do resultado, e agora tinha uma série de receitas testadas e aprovadas nas mãos para usar. Além do mais, tinha me encontrado através do processo árduo de redação do livro. Mesmo que nunca conseguíssemos publicar nossa obra, eu tinha descoberto a *raison d'être*[74] da minha vida, ia continuar meu aperfeiçoamento por conta própria, e também ia continuar ensinando. Cozinha francesa era uma coisa quase inesgotável: eu ainda tinha muito que aprender sobre *pâtisserie*, e havia muitas centenas de receitas que estava ansiosa para experimentar.

---

74 Razão de ser (N.T.)

Mas senti pena da pobre Simca. Ela e Louisette tinham começado aquele projeto dez anos antes, e ainda não tinham conseguido nada com ele. "Vocês escolheram a americana errada como colaboradora", comentei, ao escrever para ela.

Quase de imediato, recebi uma carta da Avis, nossa defensora incansável, que me levantou o moral: "Nós apenas começamos a brigar."

Ela mandou junto uma carta de consolação de Dorothy de Santillana, que escreveu: "Fico triste só de pensar na decepção [de Julia e Simca]... sinto-me extremamente mal de ver essa perfeita flor de amor culinário, uma obra terminada depois de tantos anos de labuta, assim reduzida à necessidade de mendigar... Elas são autoras competentíssimas."

Continuou, relatando os verdadeiros motivos por trás da decisão da Houghton Mifflin. Baseavam-se em uma equação econômica muito conhecida: o custo da produção (muito alto) comparado às possíveis vendas do livro (desconhecidas, provavelmente poucas). Nossos concorrentes eram provavelmente livros de culinária com dicas para simplificação de pratos, como o livro de culinária texana da própria Houghton Mifflin, e nossa abordagem mais séria seria considerada muito arriscada. Muito embora nossas receitas fossem à prova de falhas, os editores tinham se convencido de que nossos pratos eram rebuscados demais.

"Todos os homens acham o livro pesado demais, exceto para cozinheiros profissionais, e a dona de casa média escolheria um concorrente exatamente por não ser tão perfeito como o seu", escreveu Dorothy. "Ela sente que quer 'atalhos para algo equivalente' em vez do perfeito procedimento para obter o absoluto, que é o que seu livro mostra... Este original é um livro de culinária soberbo. É melhor do que qualquer um que eu conheça, mas não poderia contestar a opinião dos homens de que não é adequado para uma dona de casa/cozinheira."

Será que nosso livro estava atrasado dez anos? Será que o público americano não queria outra coisa que não fosse rapidez e magia na cozinha?

Pelo jeito, sim. A receita de *coq au vin* de um livro de culinária popular, agora na terceira edição, dizia: "Corte dois frangos, doure-os na manteiga com bacon, cebolas cortadas e cogumelos fatiados. Cubra com vinho tinto e asse durante duas horas." Eu, hein.

Ora, talvez a editora estivesse certa. Afinal, não devia existir muita gente como eu, que gostava de passar horas na cozinha. Além disso poucos americanos sabiam

como era o sabor da verdadeira culinária francesa, portanto, por que iriam se dar ao trabalhão que era preparar um prato francês só para fazer uma refeição?

Quanto a mim, não estava interessada em nada a não ser culinária francesa, e se não desse para encontrar ninguém que publicasse nossa obra, iria simplesmente esquecê-la até voltarmos aos Estados Unidos.

Charlie Child escreveu nos consolando: "Acho que a Julie é uma pessoa que parece que nasceu para a televisão, com ou sem livro publicado. Mas é só a opinião de um homem." Eu ri. Eu, na televisão? Que ideia! Nós dificilmente assistíamos a qualquer programa, e nem mesmo tínhamos um aparelho de tevê.

Os editores da Houghton Mifflin tinham sugerido que mostrássemos o *French Recipes for American Cooks* para a Doubleday, uma editora enorme com seus próprios clubes de leitura. Avis, porém, teve outra ideia. Sem consultar nem a mim nem a Simca (mas com nosso total apoio, depois disso), ela tinha enviado nossas 750 páginas para um velho amigo, Bill Koshland, que era secretário da editora Alfred A. Knopf, em Nova York.

Koshland era um cozinheiro amador muito competente, que tinha lido parte do nosso original na casa da Avis, e ficado curioso a respeito dele. A Knopf era uma editora de prestígio, que não tinha nenhum livro novo de culinária na linha de produção.

Perder a Houghton Mifflin foi um verdadeiro "mal que veio para o bem", escreveu Avis, pois editoras como a Knopf eram bem mais criativas. "Pode ser que demore, mas um dia seu livro ainda vai ser publicado, eu sei, tenho certeza."

Capítulo 6
Dominando a Arte

1. Coincidência Feliz

EM MAIO DE 1948, uma editora de 24 anos da Doubleday chamada Judith Bailey foi passar férias de três semanas na Europa. Ela e uma amiga de Bennington embarcaram em um cruzeiro na classe turística de Nova York até Nápoles, e terminaram a viagem em Paris. Era a primeira visita de Judith à Europa, e ela falava apenas um francês escolar, mas ficou emocionada de poder estar lá. Sua amiga voltou para casa, mas Judith hospedou-se em um hotelzinho, o Lenox, na Rive Gauche, perto de nosso endereço na Rue de l'Université. Os dias foram passando, e quanto mais tempo ela passava em Paris, mais se apaixonava pela cidade. "Estive esperando por isso minha vida inteira", disse consigo mesma. "Estou simplesmente adorando tudo aqui."

Dois dias antes da data marcada para ela voltar ao seu emprego nos Estados Unidos, Judith sentou-se no Jardim das Tulherias para ler. Estava com a passagem de volta na bolsa. O pôr do sol estava tão lindo que ela começou a chorar. "Por que vou voltar?" ponderou. Com um suspiro, levantou-se, pegou o livro e saiu caminhando a esmo. Foi só quando dobrou a esquina que percebeu que tinha esquecido a bolsa no jardim, com todos os seus francos, cheques de viagem, passaporte e passagem de volta. Correu para procurá-la, mas não estava mais lá.

Ela foi à delegacia dar parte do roubo, e voltou para o Lenox sem um centavo no bolso. "Coisa mais estranha", refletiu. "Será que alguém está me dizendo que devo ficar?"

Quando ela voltou para o hotel, um velho amigo de Vermont (o estado natal de Judith), que estava hospedado no mesmo hotel, notou Judith sentada no seu quarto com a porta aberta.

– Judith Bailey! – exclamou ele. – O que está fazendo aqui? – Ele e seus colegas a levaram para jantar. Seria este outro sinal de que ela devia ficar? Também tinha conhecido um rapaz francês, que a escoltava a restaurantes, e era também um maravilhoso cozinheiro. Foi isso que a fez se decidir.

Depois que decidiu não voltar mais para Nova York, Judith conseguiu encontrar trabalho como assistente de Evan Jones, um americano nove anos mais velho do que ela, que era editor da *Weekend*, uma revista fotográfica americana de interesse geral. A *Weekend* passou algum tempo indo bem, mas entrou em crise depois que as grandes revistas *Life* e *Look* chegaram às bancas de Paris. Entrementes, Judith Bailey e Evan Jones já haviam se apaixonado um pelo outro.

Enquanto ele escrevia artigos como autônomo e tentava escrever um romance, Judith trabalhava para um americano misterioso que comprava e vendia carros para estrelas e astros de Hollywood e outros estrangeiros ricos que estavam viajando pela França. Ela e Evan alugaram um pequeno apartamento e aprenderam a cozinhar juntos. Embora ela não tivesse nenhum livro de culinária, nem meios para frequentar uma escola como a Cordon Bleu, Judith era curiosa por natureza e tinha talento para cozinhar. Como eu, aprendia provando coisas – o maravilhoso *entrecôte* nos restaurantes, os minúsculos *cockles*[75] da Bretanha. Ela aprendeu culinária fazendo perguntas de todos os tipos às pessoas, tais como a esposa do açougueiro, que lhe mostrou qual era a gordura perfeita para fritar *pommes frites*.

Durante essa época, Paul e eu já estávamos confortavelmente instalados no nosso apartamento na Rue de l'Université. É bem possível que tenhamos passado pela Judith e o Evan na rua, ou que tenhamos parado ao lado deles em um coquetel, pois levávamos vidas paralelas. Mas nunca nos conhecemos em Paris.

Cansada do patrão exigente, Judith encontrou outro emprego como assistente editorial para o mercado americano. Um dia, por acaso, pegou um livro largado que seu chefe planejava rejeitar. Intrigada pela foto de uma menininha na capa, abriu o livro e leu as primeiras linhas. Depois de algumas páginas, Judith ficou tão concentrada na história que não conseguiu mais largar o livro, e leu-o até o fim. Ficou tão apaixonada pelo original que implorou ao editor que reconsiderasse, e ele atendeu ao seu pedido. A Doubleday comprou o livro, e ele foi publicado nos Estados Unidos com o título de *Anne Frank: The Diary of a Young Girl* (*O diário de Anne Frank*).

---

75 Espécie de marisco (N.T.)

Por volta do mês de novembro de 1951, Judith e Evan já estavam casados e voltaram a Nova York. Quando *Anne Frank* se tornou um sucesso mundial, a Knopf, que tinha rejeitado o livro, ofereceu a Judith um emprego de editora. Seu dever era trabalhar com tradutores de livros franceses comprados pela Knopf.

No final de 1959, quando Bill Koshland mostrou nosso original aos editores da Knopf, foi Judith Jones que imediatamente entendeu nossa intenção. Ela e Evan experimentaram algumas de nossas receitas em casa, submetendo nossa obra a um teste operacional. Fizeram um *boeuf bourguignon* para um jantar. Usaram nossos métodos ultra-secretos para fazer molhos. Aprenderam a virar uma omelete como Bugnard havia me ensinado (praticaram virar a omelete usando feijões secos em uma frigideira, como tínhamos sugerido, no seu pequeno *deck*; na primavera seguinte, descobriram que tinham brotado pés de feijão no telhado). Leram avidamente nossas sugestões sobre panelas e vinho.

– "Receitas Francesas para Cozinheiros Americanos" é um título horroroso – disse Judith ao marido. – Mas o livro em si é revolucionário. Pode até vir a se tornar um clássico.

Voltando à editora, Judith declarou a seus patrões um tanto céticos:

– Temos que publicar esse livro!

Angus Cameron, um colega da Knopf que tinha ajudado a lançar o *Joy of Cooking* (Alegria de Cozinhar) na Bobbs-Merrill anos antes, concordou, e juntos eles começaram a bolar todo tipo de esquemas promocionais.

Em meados de maio de 1960, recebi uma carta da Sra. Jones, em Oslo. Uma vez mais me vi segurando um envelope de uma editora que não tinha a menor coragem de abrir. Depois de todos aqueles anos de altas esperanças e expectativas frustradas, estava preparada para o pior, mas torcia, torcia mesmo, que acontecesse um milagre. Respirei fundo, tirei a carta da Sra. Jones do envelope e a li:

Passamos meses analisando o [seu] soberbo livro de culinária... estudando-o, cozinhando conforme as receitas dele, avaliando-o e daí por diante, e chegamos à conclusão de que é um livro extraordinário que ficaríamos muito orgulhosos de ter no catálogo da Knopf... já me autorizaram a lhe fazer uma oferta... Estamos muito preocupados com o título, porque sentimos que é de importância capital que o título expresse exatamente o que distingue este livro de todos os outros livros de culinária francesa no mercado. Nós o consideramos o melhor e único livro de culinária francesa prático até hoje que fará pela culinária francesa aqui nos Estados Unidos o que The Joy of Cooking de Rombauer fez pela culinária padrão, e vamos vendê-lo assim... Certamente é um volume organizado de maneira primorosa, muitíssimo bem redigido, maravilhosamente instrutivo. Vocês já revolucionaram meus próprios esforços na culinária, e todos que deixei experimentar uma receita dele ou com quem conversei sobre o livro já estão me implorando para não fechar contrato com outro livro de culinária.

Eu pisquei e reli a carta. As palavras da página eram mais generosas e encorajadoras do que jamais tinham sido nos meus sonhos. Fiquei um pouco zonza.

Quando Avis nos ligou, dos Estados Unidos, soltou um grande "Hurra!" e nos garantiu que a Knopf iria imprimir um livro excelente, e sabia como publicá-lo da forma correta.

Quanto ao contrato, a Knopf nos ofereceu um adiantamento de 500 dólares com *royalties* de 17% sobre o preço de atacado do livro (se vendêssemos mais de vinte mil exemplares, receberíamos *royalties* de 23%). O livro teria um preço de mais ou menos dez dólares, e seria lançado no outono de 1961. Para simplificar, eu assinaria o contrato e depois trataria dos detalhes financeiros com Simca e Louisette. A Sra. Jones não gostou dos desenhos a lápis que tínhamos entregue (feitos por um amigo), e iria encomendar as ilustrações do livro ao melhor artista que pudesse encontrar. Todos esses detalhes eram aceitáveis para nós, autoras, e para o nosso advogado, e eu assinei o contrato antes que qualquer pessoa pudesse pensar duas vezes.

Pronto! Tínhamos conseguido. Hurra!

Nosso sucesso se deveu principalmente à nossa simpática Avis De Voto. Ela é que vinha torcendo, nos incentivando e esforçando-se por nós fazia tempo. Só Deus é que sabia o que teria acontecido com nosso livro se não fosse por ela... provavelmente, absolutamente nada.

Acontece que a Sra. Jones nunca tinha publicado um livro de culinária antes. Mas parecia saber exatamente do que gostava no nosso original, e onde estavam as falhas. Gostava do nosso estilo informal porém informativo, e nossa pesquisa profunda sobre assuntos esotéricos, como o modo de evitar erros em um molho *hollandaise*; deu-nos os parabéns por algumas de nossas inovações, tal como nossas anotações sobre qual a quantidade de um prato que se deve preparar com antecedência, e nossa lista de ingredientes em uma coluna no lado esquerdo da página, com o texto que indicava o seu uso na direita.

Mas achava que tínhamos subestimado muito o apetite americano. "Por exemplo, no caso do *boeuf bourguignon*, observou ela, não é suficiente ter entre dois quilos e duzentos a dois e novecentos para servir de seis a oito pessoas. Fiz essa receita uma noite dessas, e ficou magnífico, tanto que cinco pessoas famintas limparam o prato." Claro, nossas porções tinham presumido uma refeição de três pratos à francesa. Mas não era esse o estilo americano de comer, portanto tivemos que concordar.

Ela também achou que devíamos acrescentar mais pratos de carnes, pois a carne vermelha era muito consumida nos Estados Unidos. E pratos "camponeses opulentos". Senti que já tínhamos bastante pratos camponeses, *potée normande* (carne ensopada com frango, linguiça e porco), *boeuf à la mode,* carneiro guisado com feijão etc.), e que ela estava nesse ponto sendo romântica demais. Mas depois de várias conversas, incluímos uma receita de *cassoulet,* aquele prato maravilhoso de feijão cozido com carne do sudoeste da França.

Para os ouvidos desacostumados dos americanos, "*cassoulet*" parecia algum tipo de ambrosia inatingível; mas na verdade não passava de uma refeição rural super nutritiva. Como no caso da *bouillabaisse,* havia um número infinito de receitas de *cassoulet*, todas baseadas em tradições locais.

Como era meu costume, pesquisei tipos diferentes de feijões e carnes que se podiam usar, e terminei gerando uma pilha de trabalhos sobre o tema com pelo menos cinco centímetros de espessura.

– *Non!* – protestou Simca, ao ver o resultado dos meus esforços. – Nós os franceses, nunca fazemos *cassoulet* assim!

E fincou pé contra a ausência do *confit d'oie* (carne de ganso preservada na própria gordura) em nossa lista de ingredientes. Insistia que precisávamos incluí-lo, mas eu argumentei que 99% dos americanos jamais tinham ouvido falar em *confit d'oie*, e certamente não o comprariam. Queríamos que nossas instruções fossem corretas, como sempre, mas também acessíveis.

– O mais importante é o sabor, que provém principalmente do líquido onde se cozinham os feijões e as carnes – escrevi. – E, para dizer a verdade, apesar de toda a questão que se faz da carne de ganso em conserva, depois que se cozinha a carne com os feijões, acha-se até difícil distinguir ganso de porco.

Simca sacudiu o dedo para mim e insistiu:

– Só há uma forma de se preparar corretamente este prato, e é *avec confit d'oie!*

Fiquei chateada.

– De que é que me adiantou fazer essa pesquisa toda, se minha própria colega agora vem e simplesmente a despreza por completo? – retorqui.

Depois de muito drama, concordamos em colocar uma receita principal para *cassoulet* com porco ou carneiro e linguiça caseira, seguida por quatro variações incluindo uma com *confit d'oie*. No livro explicamos o prato, demos sugestões de cardápio, analisamos o tipo de feijão a ser utilizado, e fornecemos "uma observação sobre a ordem de batalha." Isso levou quase seis páginas, mas cada palavra escrita nelas era essencial.

O título do nosso livro foi o que causou as maiores dores de cabeça. Judith achava que *Receitas Francesas para Cozinheiros Americanos* "não incitava bastante curiosidade, nem era explícito o bastante." Concordei totalmente, o que iniciou uma busca por um título novo e mais interessante. Como prêmio, ofereci a amigos e à família um enorme *foie gras en bloc truffé*, direto da França. Quem poderia resistir a uma tentação dessas, de dar água na boca? Para ganhar esse prêmio era só "inventar um título curto, irresistível, informativo, inesquecível, atraente para o livro, que insinuasse que o nosso é o livro que todo americano deve comprar para aprender a cozinhar à francesa, o único, o que supera todos os outros, o livro básico de culinária francesa."

Minha sugestão foi *La Bonne Cuisine Française*.

Judith achou que isso não servia, pois um título francês seria "muito assustador" para o leitor americano.

Alguns dos primeiros concorrentes incluíram *Culinária Francesa para o Supermercado Americano*, *A Nobre Arte da Culinária Francesa*, *Cozinhe à Francesa Você Mesmo*, *Mágicos Franceses na Cozinha*, *Método da Loucura Culinária*, *A Feitiçaria da Culinária Francesa*, *O Cozinheiro Francês Apaixonado*.

Enquanto as macieiras floresciam em Oslo, e Paul e eu começávamos a fazer churrascos ao ar livre, debatemos os méritos de títulos poéticos, concorrendo com os descritivos. Quem teria previsto que *The Joy of Cooking* iria se tornar o título perfeito para esse livro em particular? Que combinação de palavras e associações funcionaria para o nosso volume? Fizemos listas e mais listas, *Companheiro do Chef Francês*; *Guia Moderno da Culinária Francesa para os Americanos*; *Como, Por que e o que Cozinhar à Francesa*; *Diversão Culinária Francesa*, mas nenhum parecia ser *le mot juste*.

Em Nova York, entrementes, Judith estava brincando com um conjunto de palavras como peças de um quebra-cabeça, tentando encaixá-las uma na outra.

Queria passar a ideia de que culinária era uma arte, e era divertida, não um saco; também que aprender como cozinhar era um processo contínuo. O título certo deveria incluir alcance, fundamentalidade, culinária e França. Judith concentrou-se em dois temas: "culinária francesa" e "domínio". Começou com "O Livro Mestre de Culinária Francesa", depois tentou variações, como "O Mestre da Culinária Francesa". Durante muito tempo, o título que liderou a lista foi "O Domínio da Culinária Francesa". (O subtítulo irônico da Judith era: *Um Livro Incomparável sobre as Técnicas e Pratos Tradicionais da Culinária Francesa Traduzidos para Termos Utilizáveis em Cozinhas Americanas com Ingredientes Americanos e Utensílios Americanos por Cozinheiros Americanos.*) As reações ao título em geral foram entusiásticas, mas o gerente de vendas da Knopf se preocupou achando que domínio é uma coisa já completa, já alcançada, e o título não dizia como chegar lá. Ora, que tal então, *Como Dominar a Culinária Francesa?* sugeriu Judith.

Finalmente, no dia 18 de novembro, ela me escreveu dizendo que tinham resolvido qual seria o título definitivo: *Mastering the Art of French Cooking* (*Dominando a Arte da Culinária Francesa*).

Adorei o verbo "dominando", que expressava uma coisa em andamento, por menos modesto que fosse, e instaneamente respondi:

– Você conseguiu um título perfeito.

Na última hora, Simca declarou que não gostava do título.

– Mas agora já é tarde demais para mudá-lo – respondi, acrescentando que apenas um ouvido americano podia perceber as sutis nuances do inglês americano. Além disso, acrescentei, a Knopf sabia muito mais sobre livros do que nós, e eles é que iam vendê-lo. Portanto, do ponto de vista prático, *tant pis!*

Sem que soubéssemos, Alfred Knopf, o chefão imperioso da editora, que se imaginava um *gourmand*, estava cético, achando que uma mulherona do Smith College e suas amigas não poderiam escrever uma obra significativa sobre *la cuisine française*. Mas estava disposto a lhes dar uma oportunidade. Depois, quando Judith anunciou que tínhamos decidido chamar o livro de *Dominando a Arte da Culinária Francesa*, Alfred abanou a cabeça e zombou:

– Duvido muito que alguém compre um livro com esse título!

Mas depois concordou.

– Muito bem, vamos dar à Sra. Jones o benefício da dúvida.

No dia 1º de setembro de 1960 foi o nosso décimo-quarto aniversário de casamento, mas Paul e eu não tivemos tempo para comemorar. Depois de dezoito anos no Serviço Exterior, ele tinha decidido que já tinha trabalhado demais para o governo e que já era hora de se aposentar. Paul podia ter ficado até completar 20 anos e poder ganhar três mil dólares por mês, se quisesse. Mas não ficou. Foi uma decisão difícil. Mas depois que a tomou, notei que a energia e o entusiasmo dele aumentaram visivelmente.

O contrato com a Knopf tinha sido o ímpeto, mas o motivo verdadeiro pelo qual ele tinha pedido aposentadoria era que depois de doze anos de trabalho exaustivo tinha sido recompensado com exatamente uma desprezível promoção e uma investigação humilhante. Tinha 58 anos, e já estava cansado de lutar contra os burocratas de mentalidade estreita de Washington enquanto fazia trabalho de vassalo no exterior sem receber nem um "muito obrigado". Além do mais, ambos sentíamos que já era hora de fincarmos raízes na nossa pátria e voltar a nos entrosar com a família e os amigos novamente.

Deixamos de trabalhar para o governo em 19 de maio de 1961, dois anos e dois dias depois de chegarmos a Oslo. Agora éramos apenas dois civis americanos comuns.

Nas semanas antes da nossa partida, trabalhei como uma moura revisando os sete quilos de provas de galé de *Dominando a Arte da Culinária Francesa*, praticamente vinte e quatro horas por dia. Era uma coisa horrorosa revisar textos. Fiquei chocada ao descobrir que tinha escrito coisas como "1/4 xícara de extrato de amêndoa", quando na verdade queria dizer "1/4 colher de chá"; ou que tinha me esquecido de dizer: "Tampe a panela quando colocar o cozido no forno." Como é que isso podia ter acontecido? Ver como o meu próprio inglês era inadequado foi uma lição de humildade.

Trabalhava devagar e metodicamente. Mas com uma conferência da OTAN se aproximando, Paul ficou ocupado até o último momento, e devido a nossa partida iminente para os Estados Unidos, a pressão causada pelo prazo de publicação da Knopf começou a me dar nos nervos. E nos da Simca também.

Ela era uma amiga muito querida, mas horrivelmente desorganizada, e muito convencida. Não se incomodou de reler o original com cuidado, o que levou a vários momentos difíceis entre nós. Nossa data de entrega da revisão era 10 de junho

de 1961. À medida que essa data ia se aproximando cada vez mais, uma torrente de cartas passionais começou a fluir entre Paris e Oslo.

Debatíamos coisas como uma receita de bolo que Simca tinha proposto em 1959, mas agora, em maio de 1961, estava querendo tirar. Notando a receita nas provas de galé, Simca declarou: *"Ce gâteau... ce n'est pas français! C'est un goût américain! On peut pas l'avoir dans notre livre!"* (Esse bolo não é francês. É um gosto americano. Não podemos permitir que seja incluído no livro).

Ela não achava que o bolo era francês mas claro que era. Passei horas verificando meus diários e anotações, e relatei os fatos a ela.

"Em 3 de junho de 1959, você me enviou esta receita. Eu a experimentei, funcionou bem, e concordamos em incluí-la no original. No dia 9 de outubro de 1960, nós nos reunimos e debatemos todas as receitas, inclusive esta. No dia 20 de fevereiro de 1961, escrevi-lhe para confirmar isso." Era tarde demais para tirar uma receita inteira do livro. "O que está lendo agora nas provas, é o que antes leu e aprovou", recordei-lhe. "Creio que a surpresa, o choque e o arrependimento são o destino dos autores quando finalmente vêem impresso o que escreveram."

Tínhamos trabalhado com tanto afinco, e estávamos tão perto da linha de chegada, que nossos desentendimentos estavam sendo realmente cansativos. Mas não podíamos simplesmente deixá-los de lado. Fizemos o melhor possível para resolver as questões. O tempo, porém, passava cada vez mais rápido.

Quando Simca objetou contra nossa seção de vinhos, respondi: "Não pode estar tão incorreto como diz, senão não teria aprovado antes!"

Já estava fora de mim de tanta frustração, por causa das confusões dela. Para mim, *Dominando a Arte da Culinária Francesa* era como meu primogênito, e como qualquer mãe, queria que fosse perfeito.

A sábia Avis me aconselhou: "Vamos encarar: nenhum relacionamento é perfeito. E um relacionamento como o seu com a Simca é, em muitos aspectos, como um casamento. Ótimo quando é bom, e péssimo quando é ruim. Mas vem funcionando bem, e no todo, é uma relação boa e produtiva. E o filho que ambas geraram vai também ter seus defeitos, mas também será, de modo geral, bom. É preciso aceitar o que se tem."

II. Camarões Levados pela Onda

Certa tarde, no final de setembro de 1961, sentei-me com um exemplar impresso e encapado de *Dominando a Arte da Culinária Francesa*, de Beck, Bertholle e Child no colo. Tinha 732 páginas, pesava uma tonelada, e tinha sido maravilhosamente ilustrado por Sidonie Coryn. Mal podia crer que o nosso velho monstro tinha mesmo sido publicado. Seria uma miragem? Ora, aquele peso nos meus joelhos devia significar alguma coisa! O livro era perfeitamente belo sob todos os aspectos.

Nossa data oficial de publicação era 16 de outubro. Simca viria de avião para Nova York para o grande dia, e Paul e eu sairíamos de Cambridge para nos encontrarmos com ela. Planejávamos ficar dez dias em Nova York para tentar conhecer pessoas do ramo da culinária e dos vinhos, e criar alguns contatos.

A Knopf tinha concordado em publicar alguns anúncios, mas a maior parte da promoção seria por nossa conta. Eu não fazia ideia como organizar uma campanha publicitária, portanto escrevi para amigos do ramo e pedi conselhos. Francamente, não esperava muita coisa. Nosso livro era diferente de tudo que havia no mercado, e Simca e eu éramos autoras totalmente desconhecidas. Duvidava que algum jornal quisesse fazer uma matéria sobre nós. Além disso, não gostava de pensar que teríamos de promover nosso próprio livro. Nós só cerramos os dentes e fizemos o máximo possível.

E como uma francesa autêntica ia vir para os Estados Unidos, achamos que devíamos fazer uma rápida viagem de promoção. Só que como se faz isso? Simca e eu decidimos ir a lugares onde conhecíamos gente que podia nos hospedar e ajudar a organizar noites de autógrafos, palestras e demonstrações culinárias. De Nova York viajamos para Detroit, depois para São Francisco, e finalmente voltamos a Los Angeles, onde nos hospedamos na casa do Big John e da Phila.

Papai já tinha 82 anos agora. Raramente adoecia, mas tinha contraído um vírus e ficado de cama por duas semanas. Por outro lado, andava ocupado levantando fundos para a campanha do Nixon e vociferando contra John F. Kennedy. "O que este país precisa é de alguns empresários de verdade em Washington para consertar tudo!", escreveu em uma carta enviada a mim. Mas eu não achava que os Republicanos fossem a resposta para nosso país. O coitado do Ike não era muito bem informado, e apesar de assistirmos aos debates presidenciais em Oslo, não podia entender como alguém podia votar naquele odioso Nixon. "Eu vou votar no Kennedy", informei ao meu pai.

Eis que nas suas primeiras semanas, logo depois de ser publicado, nosso livrinho virou febre em Nova York. A Knopf tinha esperança de estar com um *best-seller*, ainda que modesto, nas mãos. Fizeram uma segunda impressão de dez mil exemplares, e se as vendas continuassem como estavam, estavam preparados para fazer uma terceira impressão.

Simca e eu ficamos muito orgulhosas, e éramos muito sortudas. Devia ter sido por que o *Dominando* tinha sido publicado na hora certa.

Num artigo para o *New York Times*, no dia 18 de outubro, Craig Claiborne declarou:

"O que é provavelmente a obra mais abrangente, louvável e monumental sobre [culinária francesa] foi publicada esta semana... E provavelmente continuará sendo por muito tempo a obra definitiva para os amadores."

"Este não é um livro para quem tem um interesse superficial por comida. Mas para quem sente uma alegria fundamental nos prazeres da culinária, *Dominando a Arte da Culinária Francesa* pode muito bem se tornar um *vade mecum* na cozinha. Sua linguagem é a mais simples possível, mas sem condescendência nem conciliação."

"São receitas gloriosas, seja de um simples ovo em *aspic* ou um suflê de peixe. À primeira vista estima-se, conservadoramente, que haja mil ou mais receitas no livro. Todas cuidadosamente revisadas e escritas como se cada uma delas fosse uma obra-prima, e a maioria é."

Ufa! Nós mesmas não poderíamos ter escrito uma resenha melhor.

Claiborne reclamou de usarmos um espremedor de alho "dispositivo considerado em alguns círculos como apenas ligeiramente acima do sal com alho ou alho em pó", e achou nossa falta de receitas de massa folhada e *croissants* "uma omissão curiosa". Acontece que eu gosto de espremedor de alho, mas aquele comentário dele sobre massa folhada me deixou meio irritada. Simca e eu tínhamos feito mil experiências, mas sem conseguir encontrar uma receita factível para *pâte feuilletée* a tempo para a publicação. Entretanto Claiborne fez menção especial de nossas páginas sobre *cassoulet*: "Qualquer um que tenha experimentado essa receita irá, sem dúvida nenhuma, criar um prato memorável, de qualidade altíssima." Eu quase rugi quando li isso.

Alguns dias depois da resenha do *Times*, Simca e eu fomos entrevistadas no rádio pela Martha Deane, que tinha um programa matinal de notícias e comentários de grande audiência em toda a Costa Leste. Era a primeira vez que participávamos de uma entrevista assim, mas a Srta. Deane tinha um jeito natural para nos deixar à vontade. Nós conversamos informalmente com ela durante uns vinte minutos, testando perguntas e respostas, e depois ligaram o gravador e tudo que dissemos passou a ser registrado. Não nos preocupamos com o fato de nossas palavras estarem sendo divulgadas para o público, e só nos divertimos a valer falando sobre comida e culinária.

Dois dias depois, fomos até os estúdios da NBC, fazer um programa de tevê matinal chamado *Today*. Paul e eu ainda não tínhamos televisão, e nada sabíamos sobre o assunto, mas a Knopf nos informou que o programa foi ao ar das 7h às 9h da manhã com uma audiência de quatro milhões de pessoas. Era um mundo de leitores em potencial.

O *Today* quis que nós fizéssemos uma demonstração de culinária, e decidimos fazer omeletes, a coisa mais impressionante que podíamos preparar nos cinco minutos que nos foram reservados. Às cinco da manhã, no dia marcado, Simca e eu chegamos aos estúdios da NBC ainda no escuro, com nosso saco de compras preto cheio de facas, batedores, tigelas, panelas e provisões. Foi só aí que descobrimos que o fogão que eles tinham prometido não passava de uma chapa elétrica muito fraca. O diabo é que não esquentava o suficiente para fazermos omelete. Felizmente tínhamos trazido três dúzias de ovos, e tínhamos uma hora para experimentar antes do momento decisivo. Tentamos tudo que pudemos imaginar, mas não adiantou muito. Finalmente, decidimos fingir que a coisa estava sendo feita de verdade, e cruzamos os dedos.

Mais ou menos cinco minutos antes de irmos ao ar, colocamos nossa omeleteira na chapa quente e a deixamos aquecendo até estar quase vermelha de tão quente. Às 7h12, nos mandaram entrar no cenário. O entrevistador, John Chancellor, tinha o mesmo jeito da Martha Deane, e, com palavras delicadas, nos deixou à vontade, e nos incentivou tanto que Simca e eu nos divertimos muito, sem nos importar com o que pudesse acontecer. Ora, aquela última omelete acabou, por um verdadeiro milagre, saindo perfeita! Aquele *Today* saiu melhor do que esperávamos, e terminou sem que sentíssemos. Ficamos impressionadas com o clima informal e amistoso da equipe da NBC, sem mencionar seu profissionalismo perfeitamente cronometrado. A televisão era sem dúvida impressionante como novo meio de comunicação.

O velho expresso da publicidade estava agora a todo vapor. A revista *Life*, não sei como, tomou conhecimento do nosso livro, e mencionou-o em suas páginas. Aí Helen Millbank, uma velha amiga do Serviço Exterior, combinou de fotografar a Simca e eu para a *Vogue*, onde ela trabalhava! *Uh-la-lá!* E o melhor de tudo foi que a *House & Garden*, que tinha um suplemento culinário de primeira, nos pediu para escrever um artigo. Isso era uma bênção e tanto, pois era nessa revista que todas as grandes personalidades da culinária, inclusive James Beard e Dione Lucas, o *chef* e a professora ingleses, que tinham um programa de culinária na tevê, surgiam.

Certa noite, enquanto estávamos em Nova York, conhecemos James Beard, em pessoa, em sua escola de culinária/casa no número 167 da Rua Doze Oeste. Simca e eu fomos logo com a cara do Jim, como ele insistiu que o chamássemos, e ele se ofereceu para fazer o que pudesse para colocar o *Dominando* no mapa culinário. Era um homem de palavra, e nos apresentou a várias pessoas de influência na cidade inteira, como Helen McCulley, uma mulherzinha que era um verdadeiro furacão de cabelos grisalhos, editora da *House Beautiful*. Ela, por sua vez, nos apresentou a vários *chefs*, como um jovem francês chamado Jacques Pépin, ex-*chef* de de Gaulle que estava trabalhando no restaurante Le Pavillon. E também conhecemos Dione Lucas no Egg Basket, seu pequeno restaurante que tinha uma escola de culinária nos fundos. Simca e eu sentamo-nos no espaço de omeletes, onde Lucas nos brindou com uma apresentação maravilhosa enquanto nos servia o almoço e dava dicas sobre como fazer demonstrações de culinária perante uma plateia.

No início de novembro, fomos de avião de Boston, onde a temperatura era de 27 graus, para Detroit, onde estava nevando. Ficamos em Grosse Pointe, com amigos de Simca, da alta sociedade, que convidaram uma grande multidão para nossa demonstração. Embora a maior parte das pessoas lá não soubesse nada sobre *la cuisine française*, gostaram do nosso livro o suficiente (ou eram maria-vai-com-as-outras o suficiente) para que ele se esgotasse nas livrarias locais. Não fazíamos ideia se essas vendas iriam ter alguma importância a nível mais amplo, mas foi uma surpresa agradável em Detroit. Teria sido horrível se estivéssemos viajando pelo país para promovermos um livro que demonstrasse sinais de ser ou que já era um fracasso!

Depois seguimos para a Califórnia, onde nos dirigimos a São Francisco, a qual estava brilhantemente ensolarada, clara como um diamante, fresca e verde. Em um dia típico, o representante da Knopf, Sr. Russell, nos pegava às nove e quarenta e cinco na casa de Dort em Sausalito. Ele nos levou até uma entrevista no *Oakland Times*. Depois para o Palace Hotel, em São Francisco, ao meio-dia, onde fomos entrevistadas na Rádio KCBS. A essa altura já estávamos bem mais escoladas nas respostas aos entrevistadores, falando mais devagar e claramente, e sem nos sentirmos envergonhadas. Era fascinante ver os profissionais de rádio e de jornal trabalhando. Depois de um almoço rápido, Russell nos levou de volta a Sausalito, onde mal tivemos tempo para lavar as mãos, e Paul e eu embarcamos no Morris Minor da Dort e seguimos para Berkeley. Ali tomamos um chá "diplomático" com a Sra. Jackson, autora de livros infantis e esposa de um famoso editor de livros. Depois voltamos para a casa da Dort, para nos encontrar com a Simca, e fomos para São

Francisco para um coquetel com um grupo de acadêmicos de nível universitário. Depois jantamos com uma mulher que ia organizar uma noite de autógrafos para nós em Washington, capital, e tentar persuadir o *Washington Post* a publicar um artigo sobre *Dominando a Arte da Culinária Francesa*. Depois do jantar, visitamos uma amiga já idosa, tão vigorosa quanto um pirata, e finalmente voltamos para casa, às onze e meia. Ufa!

No outro dia, Simca e eu montamos um fogão no quinto andar de uma enorme loja de departamentos chamada City of Paris, e ficamos das dez da manhã até as quatro da tarde fazendo omeletes, quiches e *madeleines*, sem parar. Berrando a plenos pulmões para que as pessoas nos ouvissem, trabalhamos praticamente sem intervalos, e comemos o que fizemos. Foi divertido, embora nos sentíssemos impotentes como camarões levados pela onda.

Levamos esse tipo de vida muito bem durante seis semanas, mas eu não gostaria de ser obrigada a passar o resto da minha existência assim. Não sobrava nenhum tempo para trabalhar.

Quando finalmente nos desligamos do Serviço Exterior, Paul e eu tínhamos dito: "Ah... finalmente estamos livres! Corre-corre, nunca mais!" Porém, agora viajávamos de um lugar para outro, cumprindo compromissos em cima da risca. Paul, com seus anos de experiência em mostras e apresentações, nos ajudou imensamente. Não que Simca e eu não pudéssemos fazer aquilo sozinhas, mas ter alguém junto de nós que não precisava pensar em cozinhar e falar, que podia se dedicar inteiramente a lidar com microfones, refletores, mesas, fornos etc., permitia que nos dedicássemos à tarefa que tínhamos pela frente.

Como se não bastasse isso, ficamos doentes, a Simca com um inchaço nas pernas, Paul com uma dor de dente horrível, e eu com uma leve cistite.

– Uma coisa que separa nós, os cidadãos de terceira idade, dos jovens, é aprender como sofrer – observou Paul. – É uma coisa que se aprende, exatamente como se aprende a escrever.

Quando chegamos a Los Angeles, papai já havia se recuperado de sua gripe o suficiente para nos atacar com alguns absurdos. Nos alfinetou, como sempre, criticando "aquele povo" (ou seja, os franceses), "os sindicatos socialistas" (ele odiava todos os sindicatos), e a "Sociedade Fabiana de Cambridge" (desdenhava as tendências políticas de sua filha mais velha e seu cunhado). Suas opiniões e ignorância em geral, não eram incomuns em Pasadena.

– Nunca ouvi falar no Mercado Comum; o que é? – indagou uma amiga simpática e muito bem educada dos meus pais, uma declaração que me chocou. Talvez nós tivéssemos passado tempo demais fora dos Estados Unidos. Mas muitos dos nossos concidadãos pareciam estar totalmente alienados da política e da cultura mundial, sem a menor consciência disso, e exclusivamente interessados em negócios e no seu próprio conforto.

Comecei a sentir saudades da Noruega, com aquele povo tão vigoroso e bondoso, um excelente sistema educacional, natureza intocada, falta de propaganda e ritmo de vida lento.

Em uma demonstração de culinária para um grupo de mulheres em Los Angeles, havia dois fornos, um fogão, uma geladeira e uma mesa, acima da qual havia um espelho grande inclinado a um ângulo de quarenta e cinco graus, de forma que o público pudesse ver nossas mãos e ver o interior das panelas enquanto Simca e eu cozinhávamos. Infelizmente, a líder do clube não se incomodou de comprar nem um dos ingredientes da lista que tínhamos lhe enviado com semanas de antecedência. Já desconfiadas disso, chegamos ao teatro uma hora e meia antes, o que nos deu tempo suficiente para levar para cima as três latas de lixo, cinco mesas, a toalha alugada, baldes de água gelada, sabão, toalhas, implementos e outros itens de que necessitávamos para nossa demonstração. E foi bom, também, porque mais ou menos 350 mulheres compareceram ao programa matinal, e mais trezentas vieram à tarde. Simca e eu demonstramos como fazer *quiche au Roquefort, filets de sole bonne femme* e bolo *reine de Saba*. Tudo correu na maior tranquilidade. Entre as demonstrações, assinamos livros, sentamo-nos para dar entrevistas, e falamos com a devida deferência para dezenas de Vips. Enquanto isso, meu estimado ex-adido cultural americano para a Noruega estava agachado atrás de algumas velhas peças de cenário tentando lavar nossas tigelas sujas de ovo e chocolate em um balde de água fria.

Dia 15 de dezembro já estávamos de volta à Nova York, onde o generoso Jim Beard deu uma festa para nós no restaurante da Dione Lucas, o Egg Basket. Convidamos trinta pessoas, a maioria delas tinha sido fundamental para nosso sucesso, inclusive Avis De Voto, Bill Koshland e Judith e Evan Jones. Jim procurou garantir que um grupo pequeno porém influente de editores de culinária e *chefs* fossem convidados: Jeanne Owen, secretária executiva da Wine and Food Society; June Platt, autora de livros de culinária; e Marya Mannes, colunista do *The New Yorker*.

Dione Lucas tinha administrado a escola Cordon Bleu em Londres, mas não

Simca e eu sendo entrevistadas por Rhea Case no *Cavalcade of Books* em Los Angeles.

nos pareceu uma pessoa muito séria nem organizada. Alguns dias antes da festa, o cardápio ainda não tinha sido finalizado, e as providências para a entrega do vinho ainda não tinham sido tomadas. Paul e eu marcamos um dia para discutir os detalhes com a Sra. Lucas, mas quando chegamos, o Egg Basket já estava fechado e todas as luzes estavam apagadas. Preso à porta trancada estava o seguinte bilhete: "Sinto muitíssimo por ter deixado de comparecer, meu filho está doente, muito doente..." Pois sim. Quando Judith Jones tinha almoçado no restaurante, duas semanas antes, Lucas estava ausente devido a uma "enxaqueca."

Não importava. Simca e eu resolvemos tomar a iniciativa, e preparamos um assado de carneiro no apartamento da minha sobrinha, a alguns quarteirões dali. Dione Lucas finalmente apareceu, e fez um bom linguado com molho de vinho branco, *salade verte*, e *bavarois aux fraises*. O vinho chegou intacto de Julius Wile, o famoso taberneiro, que era uma presença bastante animada. E Avis declarou que tinha sido um evento "moderno".

O ponto alto da noite foi quando Jim Beard se levantou e fez um brinde à minha saúde e à da Simca, fazendo-nos o mais elevado dos elogios:

– Adorei seu livro... Desejaria até que o autor tivesse sido eu!

III. Andei Lendo

PAPAI ESTAVA MORRENDO. Ele nunca se recuperou totalmente da gripe, e, em janeiro de 1962, foi internado, com uma doença misteriosa e grave: o baço estava inchado, a contagem de células brancas do sangue estava alta, talvez uma pneumonia. Muitos exames revelaram pouco, embora os médicos desconfiassem que havia um pequeno tumor na parte inferior dos pulmões. Phila, uma das suas filhas e Dort revezavam-se, velando por ele no hospital. Se as coisas fossem de mal a pior, eu já tinha feito as malas e estava pronta para ir à Pasadena imediatamente.

Nesse meio tempo, o *Dominando* estava em sua terceira impressão de dez mil exemplares, e eu já havia recebido o primeiro pagamento dos royalties, um cheque de 2.610,85 dólares. Viva! Eu fiz uns cálculos rápidos, e descobri que estavam faltando apenas 632,12 dólares para terminarmos de pagar todas as despesas que tivemos com o livro. Logo seríamos capazes de mandar uma parte dos lucros para *ma chérie* Simca.

John Glenn tinha dado a volta ao mundo em sua pequena cápsula espacial (ainda não tínhamos tevê, portanto Paul vivia de ouvido colado ao rádio o dia inteiro), e eu tinha sido convidada para ir a um programa de tevê intelectual em Boston para falar de comida e de *Dominando a Arte da Culinária Francesa*.

O programa se chamava *I've Been Reading* (Andei Lendo), tendo como mestre de cerimônias o professor universitário Albert Duhamel, na WGBH, canal 2, a estação de tevê pública local. (Esse golpe de sorte foi graças a nossa amiga Beatrice Braude, que tinha trabalhado na USIA em Paris, foi alvejada pelos gorilas do McCarthy e agora trabalhava como pesquisadora na WGBH). Disseram-me que era incomum o professor Duhamel convidar alguém do campo da culinária para o *I've Been Reading*, portanto minhas expectativas não eram lá muito altas. Mas a entrevista correu extremamente bem. Em vez dos cinco minutos costumeiros, deram-nos uma meia-hora inteira. Eu não sabia sobre o que íamos falar durante tanto tempo assim, portanto cheguei com bastante equipamentos. Eles não tinham cozinha para demonstrações, e ficaram um pouco surpresos quando tirei da cartola uma chapa elétrica (decente), uma tigela de cobre, um batedor de arame, um avental, cogumelos e uma dúzia de ovos. Quando percebi, já estávamos no cenário profusamente iluminado, e no ar! O Sr. Duhamel era tranquilo, claro e profissional; como ele adorava culinária e comer e tinha lido o nosso livro, tudo correu às mil maravilhas. Depois de bater papo com ele durante algum tempo, demonstrei a técnica adequada para cortar e picar, como fazer o *tourné* no chapéu do cogumelo, bater claras de ovo e fazer uma omelete. Uma imagem ampliada da capa do *Dominando* estava projetada em uma tela atrás de mim, mas eu estava tão concentrada em demonstrar a técnica correta para se cortar os cogumelos que me esqueci completamente de mencionar nosso livro.

Ai, ai, ai, tinha tanto a aprender!

Em reação àquele curto programinha sobre o livro, a WGBH teve um aumento de 27 por cento nas cartas de telespectadores. Acho que nenhuma delas mencionou nosso livro, mas disseram coisas do tipo: "Mostrem essa mulher de novo na tevê. Queremos ver mais lições de culinária!"

Lá pelo fim de fevereiro, a reforma da nossa cozinha da 103 Irving já havia terminado, e ela estava transformada em um belo local de trabalho. Tínhamos elevado os balcões para 96 centímetros em toda a volta, criado mais espaço para armazenagem e acrescentado luzes acima das superfícies de trabalho. Paul escolheu uma combinação de cores atraente de azul-claro com verde e preto. Eu detestava pisos de lajota, que me machucavam os pés, portanto revestimos os pisos de vinil resistente, do tipo que usam nos aeroportos. Havia um balcão com uma tábua de cortar carne bem grossa, como a dos açougues, e uma pia de aço inox. Tínhamos um forno elétrico embutido na parede e perto dele um fogão profissional, em um canto próximo da porta. Acima do fogão, instalamos uma coifa especial com dois exaustores e uma prateleira para utensílios.

Finalmente, organizei todas as minhas panelas e frigideiras no chão, do jeito que eu gostava, e Paul desenhou os contornos delas em um painel grande, para eu saber onde era o lugar de cada uma das panelas. Depois pendurou o painel na parede, o que fez minha reluzente *batterie de cuisine* parecer especialmente bonita.

A cozinha era a alma da nossa casa. Esta, a nona que Paul e eu tínhamos planejado juntos, era especialmente esplêndida, um espaço muito funcional onde se trabalhava com prazer.

Enquanto eu preparava receitas adequadas para uma festa em Washington da revista *House & Garden*, Paul dedicava um dia inteiro a reformar um armário do porão para ser nossa adega. Ele até desenhou um mapa elaborado mostrando exatamente quantas garrafas de cada safra tinha em estoque. Mas quando ele abriu as caixas que tínhamos enviado da Noruega, descobriu que cinco garrafas estavam quebradas, inclusive um ótimo Terrantez Madeira de 1835, um prejuízo que realmente doeu.

– Por que essa é que tinha que quebrar, e não uma das garrafas do *marc* caseiro do Jean Fischbacher, uma aguardente que eu detesto! – lamentou-se ele. – Mas que injustiça!

Dominando a Arte da Culinária Francesa continuou vendendo bem. Com nosso primeiro cheque de pagamento dos *royalties*, compramos um livro sobre como não deixar plantas morrerem (para mim), uma prensa de montagem de quadros (para o Paul) e a mais recente edição do dicionário Webster (para nós dois), o que nos levou a um bate-boca sobre o uso adequado da linguagem. Ele era do tipo que aceita a linguagem conforme ela é usada pelos falantes, enquanto eu era do tipo contra a prostituição da língua. Também compramos nossa primeira televisão, uma caixa pequena de plástico e metal que era tão feia que a escondíamos em uma lareira sem uso.

Incentivados pela reação à minha pequena demonstração de culinária no *I've Been Reading*, os chefões da WGBH me pediram, assim como o diretor do programa, Russell Morash, de 28 anos, que eu preparasse três pilotos de meia hora sobre culinária. A estação nunca havia feito nada assim antes. Mas se estavam dispostos a me dar essa chance, eu ia aceitar.

Meu pai faleceu no dia 20 de maio de 1962. Nas semanas anteriores, tinha perdido mais de vinte quilos e ficado pálido e frágil; era um fantasma da pessoa que antes costumava ser. O diagnóstico foi leucemia linfática. Dort, John e eu chegamos à Los Angeles pouco antes de ele morrer.

Eu gostava do papai, a meu modo. Ele tinha sido incrivelmente generoso do ponto de vista financeiro, mas não tínhamos nada em comum do ponto de vista espiritual, e tínhamos nos afastado muito um do outro. Ele nunca fez nenhum comentário sobre meus anos de experiências culinárias e preparação do livro, nem sobre meus programas na tevê. Sentia que eu tinha rejeitado seu modo de vida, e com ele a sua pessoa, e ficou magoado com isso. Ficou amargamente decepcionado por eu não ter me casado com um empresário republicano honesto e viril, e sentia que minhas opções na vida eram simplesmente ignóbeis. Já eu só o rejeitei quando não podia expressar sinceramente minhas opiniões e pensamentos íntimos a ele, principalmente no que dizia respeito à política. Pensando bem no assunto, acho que essa ruptura, o "divórcio" entre mim e meu pai, começou quando eu e Paul nos mudamos para Paris.

Eu adorava minha mãe, Caro, e sentia saudades dela. Era uma pessoa calorosa e muito humana, embora não fosse intelectual. Morreu quando eu ainda estava na pré-adolescência. Mesmo assim, ela, e tantas outras pessoas boas de Pasadena, inclusive Phila, simplesmente adoravam papai, portanto ele deve ter sido cativante sob algum aspecto. Tinha muitos amigos excelentes, ajudava muita gente, passava horas levantando fundos para o Hospital de Pasadena, e outras instituições beneficentes. Mas não se comunicava bem com os filhos. Assim como no meu caso, ele também não era compreensivo nem justo com o John e a Dort.

Sei que houve vezes em que eu poderia ter me comportado melhor, sido mais generosa e bondosa com ele, etc. Mas francamente, a morte do meu pai foi mais uma libertação do que um choque. De repente senti que podia ir para a Califórnia sempre que quisesse, sem restrições nem problemas com a família.

O Big John não frequentava a igreja, portanto fizemos uma cerimônia fúnebre em casa em Pasadena. Mais ou menos duzentas pessoas compareceram, e o caixão estava lá. Phila permaneceu forte e controlada durante todo o tempo. Fizeram uma curta leitura, cantaram um ou dois hinos religiosos, ninguém fez um elogio fúnebre. O corpo foi cremado. Tínhamos encontrado as cinzas do pai dele em uma caixa de papelão atrás do sofá da sala de estar. Em um dia sossegado e fulgurante, levamos as cinzas do meu pai, da minha mãe e do meu avô em um veleiro, até o litoral da ilha Catalina, e as espalhamos no mar. Meu irmão leu um trecho da cerimônia religiosa episcopal para funerais no mar. Enxugaram-se algumas lágrimas. *Eh bien, l'affaire conclue.*

IV. THE FRENCH CHEF

EU NADA SABIA SOBRE TELEVISÃO, a não ser a piada que circulava sobre como esse maravilhoso novo meio de comunicação parecia basear-se principalmente em programas sobre como fazer as coisas e pornografia, mas em junho de 1962, gravei os três programas experimentais de meia hora, nossos pilotos, que a WGBH tinha sugerido.

WGBH, canal 2, era a televisão pública nova de Boston, sem muito dinheiro, e funcionava principalmente movida à boa vontade de alguns voluntários, mas tinham conseguido angariar algumas centenas de dólares para comprar alguns videoteipes. Russell (Russ) Morash, produtor do *Science Report*, seria nosso produtor-diretor, e Ruthie Lockwood, que tinha trabalhado em uma série sobre Eleanor Roosevelt, seria nossa assistente de produção. Ruthie arranjou uma musiquinha animada para usar como nosso tema. E depois de analisarem dezenas de títulos, decidimos chamar o nosso pequeno experimento de *The French Chef* (A Chef Francesa) até pensarmos em coisa melhor.

Agora, qual seria o público lá fora na terra da tevê para um programa de culinária cuja apresentadora era uma certa Julia McWilliams Child?

Não tínhamos muita probabilidade de ter sucesso. Jim Beard tinha feito alguns programas experimentais sobre culinária patrocinados pela Borden e sua mascote, Elsie a Vaquinha, mas embora ele tivesse formação como ator e cantor de ópera, na tevê passava uma imagem de tímido. Ele ficava longos períodos calado, olhando para a comida e não para a câmera; ou dizia: "cortem aqui", sem explicação, em vez de "corte no ombro, na articulação com a parte superior da perna". Infelizmente, os programas dele nunca atraíram uma grande audiência. Dione Lucas também tinha feito uma série na tevê, mas infelizmente também não tinha se sentido à vontade diante das câmeras. O seu programa também gorou.

Nosso plano era mostrar uma visão geral variada da culinária francesa, porém não complicada demais, em três programas de meia hora. Nós sabíamos que essa era uma excelente oportunidade para alguma coisa, que nenhum de nós sabia bem o que era.

Devido a algum tipo de acidente horrível, o estúdio da WGBH tinha pegado fogo pouco antes de irmos gravar *The French Chef* (meu exemplar de *Dominando* também virou fumaça). Mas a Boston Gas Company veio em nosso auxílio, emprestando-nos uma cozinha para demonstrações onde poderíamos filmar nosso programa. Para podermos ensaiar, Paul fez um esquema de montagem com o fogão isolado e o balcão de trabalho ao lado (que trouxemos de casa) e simulamos vagamente a nossa cozinha. Dividimos as receitas em sequências lógicas e eu pratiquei fazer cada prato como se estivesse no ar. Anotamos tudo à medida que fazí-

Com Russ Morash no set de *The French Chef*.

amos as coisas, com lembretes sobre o que eu devia dizer e fazer e onde meu equipamento devia estar: "água em fervura lenta em panela grande de alumínio, panela no queimador direito superior; esponja molhada na gaveta superior esquerda".

Meu *sous-chef*/lavador de tigelas de confiança, Paul, tinha suas próprias anotações, pois seria uma parte essencial da coreografia atrás da câmera: "Quando J. começar a passar manteiga, remover as formas empilháveis".

Pronto. Tínhamos nos preparado tanto quanto podíamos. Agora já era hora de experimentar ser apresentadora de tevê.

Na manhã de 18 de junho de 1962, Paul e eu enchemos nossa caminhonete de equipamentos de cozinha e fomos para a Boston Gas Company no centro de Boston. Chegamos lá bem antes da equipe da WGBH, e rapidamente tiramos tudo do carro. Enquanto Paul ia estacionar, eu fiquei na portaria bastante formal do prédio tomando conta do nosso monte de panelas, tigelas, ovos e acessórios. Executivos de ternos cinzentos e secretárias passavam correndo na portaria, entrando ou saindo, e me olhando com desaprovação. Um ascensorista uniformizado falou: "Ei, tira isso tudo aí da portaria!".

Mas como é que nós iríamos levar todas as nossas coisas para a cozinha de demonstração no porão? Paul, sempre cheio de recursos, encontrou um zelador com um carrinho que enchemos com nossos acessórios domésticos e levamos até a cozinha, descendo a escada com grande estardalhaço. Ali montamos tudo segundo nosso plano geral.

Nosso primeiro programa seria "A Omelete Francesa". Ruthie Lockwood chegou, nós repassamos nossas anotações e montamos uma "sala de jantar" para a cena final, onde eu apareceria comendo a omelete. Russ e a equipe de filmagem chegaram, e fizemos um ensaio rápido para verificar a iluminação e os ângulos das câmeras. Ele ia usar duas câmeras enormes, interligadas por cabos pretos grossos que subiam as escadas e saíam do prédio, entrando em um velho ônibus Trailways equipado com um gerador.

Estava fora de cogitação fazer um programa ao vivo, em parte por causa das limitações de equipamentos e espaço e em parte porque eu era uma amadora completa. Mas decidimos gravar em fita o programa inteiro em um só *take* de trinta minutos, como se fosse ao vivo. A menos que as câmeras quebrassem, ou as luzes se apagassem, não paramos nem faríamos correções. Era como andar na corda bamba, mas eu até que gostei. Depois de começar, não gostava de parar e perder o senso de drama e empolgação de uma apresentação ao vivo. Além do mais, nossos telespectadores aprenderiam muito mais se nós deixássemos tudo acontecer como acontece na vida real: a *mousse* de chocolate se recusa a soltar da forma, a *charlotte* de maçã afunda. Um dos segredos e prazeres da culinária é aprender a corrigir as coisas se elas desandarem; e uma das lições é sorrir e aguentar firme se não houver jeito.

Quando estávamos mais ou menos prontos, Russ disse:
— Vamos rodar!

Fiquei inclinando-me sobre o fogão durante os 28 minutos da filmagem, brandindo batedores de arame e manuseando tigelas, e meio ofegante por causa dos refletores quentes. A omelete saiu perfeita. E com isso a WGBH deu início a sua série de programas educacionais sobre culinária, pioneira na tevê.

O segundo e o terceiro programas, "Coq au Vin" e "Soufflés", foram gravados no dia 25, para economizar. Tivemos mais tempo para ensaiar, de modo que saíram menos atabalhoados que o primeiro. Depois das gravações, nossos técnicos caíram em cima do *coq au vin* como urubus esfomeados.

Na noite de 26 de julho, depois de um senhor jantar de bife, às 20h30, tiramos nossa televisão horrorosa do esconderijo e a sintonizamos no Canal 2. Então me vi naquela caixinha em preto e branco, uma mulherona batendo ovos rápido demais num instante, devagar demais no outro, arquejando, olhando para a câmera errada ao falar alto demais, e daí por diante. Paul disse que eu parecia exatamente eu mesma, mas para mim era difícil ser objetiva. Estava tomando nota de todos os defeitos, e achei que podia ser que eu começasse a ter uma vaga noção do que devia fazer depois de mais vinte gravações. Mas tinha me divertido.

A reação aos nossos programas foi entusiástica o suficiente para indicar que realmente havia público para um programa de culinária na tevê, e mais americanos estavam viajando para lugares como a França e estavam curiosos sobre sua culinária. Além disso, os Kennedy tinham contratado um *chef* francês, René Verdon, na Casa Branca. Nosso livro continuava a vender bem, e a televisão estava se tornando um meio de comunicação imensamente popular e poderoso.

A WGBH fez a ousada sugestão de que tentássemos uma série de vinte e seis programas de culinária. Devíamos começar a gravar em janeiro, e o primeiro programa iria ao ar em fevereiro de 1963. E assim começou o programa *The French Chef*, baseado nas ideias que havíamos expressado em *Mastering the Art of French Cooking* (*Dominando a Arte da Culinária Francesa*).

V. LA PEETCH

EM 1963, ESTAVA GRAVANDO QUATRO EPISÓDIOS de *The French Chef* por semana enquanto escrevia uma coluna de culinária semanal para o *Boston Globe*. No outono, íamos tirar férias das gravações e tínhamos planejado ir visitar Simca e Jean na sua fazenda da Provença. Mas quando novembro foi se aproximando, começamos a nos arrepender desses planos. A areia movediça que era meu trabalho de culinária, as pinturas e fotos do Paul e a manutenção e melhorias exigidas pela casa da 103 Irving Street estavam nos sugando todas as forças.

– Não sei se teremos tempo para uma viagem a França agora – suspirei. Paul concordou.

Só que então nos entreolhamos e repetimos uma frase predileta da nossa época de diplomatas: "Lembre-se: 'ninguém é mais importante do que as pessoas!'" Em outras palavras, a amizade é o mais importante, não a carreira, nem o trabalho doméstico, nem o cansaço da gente. E precisa ser nutrida e conservada. Então fizemos as malas e partimos. E graças a Deus que tomamos essa decisão!

Jean e Simca andavam passando cada vez mais tempo na sua casa de fazenda de pedra do início do século XVIII, chamada Le Mas Vieux, em um terreno da família Fischbacher conhecido como Bramafam ("o grito de fome"). Ficava no final de uma estradinha de terra com marcas de rodas, na encosta de um morro seco e coberto de capim, nos arredores de uma cidadezinha chamada Plascassier, acima de Cannes. Diante da casa ficava um terraço lindo, sombreado por árvores, com vista o vale de campos floridos e ciprestes altos e oscilantes de Grasse, uma região famosa por seus perfumes.

Le Mas Vieux tinha sido habitada durante 29 anos por Marcelle Challiol, prima de Jean e Hett Kwiatkowska, duas pintoras que tinham falecido, e a casa estava

No terraço em Bramafam.

caindo aos pedaços. Era extremamente rústica, e Simca não gostava muito dela. Mas Jean adorava-a, pois para ele representava um refúgio das pressões da perfumaria de Paris. Toda manhã ele ia trabalhar no jardim vestido com um roupão azul, assobiando e falando com as flores. À medida que eles foram vagarosamente reformando a fazenda, acrescentando novos cômodos, luzes e aquecimento, e modernizando os banheiros, a velha residência começou vagarosamente a conquistar o coração de Simca. Enquanto supervisionava as reformas, ela descobriu uma sacolinha de couro escondida sob as escadas, na qual estavam algumas moedas de prata do tempo de Luís XV, datando de 1725, "o que prova sua idade", gostava de dizer. Depois que as obras terminaram, Simca descobriu que Le Mas Vieux era o

A construção de La Pitchoune.

lugar perfeito para ela cozinhar, dar aulas e receber amigos. De repente, começou a parecer que as reformas tinham sido ideia dela.

Bramafam era linda em novembro, com pés de lavanda e mimosa florindo em toda parte. Certa tarde, nós quatro tivemos um almoço idílico no terraço com um suflê de linguado de Dover acompanhado de uma garrafa gelada de Meursault. Enquanto estávamos ali sentados alegremente ao sol, respirando aquelas fragrâncias florais suaves, Paul e eu brincamos que podíamos comprar "uma casinha para nós" ali perto. Até demos uma olhada em algumas propriedades do lugar, mas nada nos agradou, nem tinha preço acessível. Aí Jean sugeriu que construíssemos uma casinha em uma parte da sua propriedade. Que ideia magnífica!

Quanto mais falávamos nisso, mais animados ficávamos. Como já mencionei, Paul e eu estávamos há muito tempo pensando em termos um *pied-à-terre* em Paris, ou em construir uma casinha de campo em algum lugar, talvez no Maine (perto de Charlie e Freddie) ou na Califórnia (perto da Dort), ou até mesmo na Noruega (que ainda víamos com certo romantismo). Mas estar na Provença perto da Simca seria um sonho transformado em realidade. Eu já podia me imaginar passando o inverno ali, curtindo as azeitonas tiradas das nossas próprias oliveiras, e cozinhando *à la provençale*, com alho, tomates e ervas silvestres.

Le Mas Vieux ficava em um terreno de mais ou menos cinco hectares. Jean não queria vender nenhuma parte da propriedade da família, portanto Paul e eu concordamos em pagar aluguel a eles pelo que antes era uma plantação de batatas, mais ou menos a cem metros de Le Mas Vieux, para construir ali uma casa. Quando morrêssemos, a propriedade da casa passaria para a família Fischbacher, sem nenhuma restrição. O contrato foi selado com um aperto de mão. Seria uma casa construída com base na amizade.

Paul e eu imaginamos uma construção muito simples, de acordo com a arquitetura local: térrea, paredes de alvenaria revestidas de estuque e telhado de telhas de cerâmica. Simca e Jean ofereceram-se para supervisionar a construção enquanto nós estivéssemos nos Estados Unidos, e Paul abriu uma linha de crédito para eles em um banco próximo. Descobrimos um empreiteiro local muito bom, embora Paul precisasse usar todas as suas manhas de diplomata para convencer o homem de que não queríamos um *palazzo*, mas uma casa simples, modesta, e tão fácil de conservar quanto possível.

Decidimos chamá-la de La Pitchoune, ou seja, "A Pequenina".

Por volta de 1964, a sexta edição de *Dominando a Arte da Culinária Francesa* (ou MTAFC, abreviatura de *Mastering the Art of French Cooking*) estava para sair, ao passo que *The French Chef* estava sendo exibido em mais de cinquenta cidades americanas, de Los Angeles até Nova York. No calor do momento, eu tinha resolvido terminar todo programa com a frase "Bon Appétit!" que os garçons usam na França ao servirem as refeições aos clientes. Parecia a coisa natural a se dizer, e nosso público gostava dela. Aliás, vim a descobrir que eu gostava muito de ser apresentadora e aos poucos estava pegando o jeito.

A combinação de livro e trabalho na tevê, junto com um artigo ou receita ocasionais tinham me transformado praticamente em uma pessoa famosa. A toda hora saíam matérias nos periódicos sobre nosso programa, sobre a cozinha da nossa casa, como e onde fazíamos compras, e daí por diante. Minhas demonstrações de culinária atraíam multidões cada vez maiores. Os "Telespectadores da Julia" começaram a me reconhecer na rua, ou a ligar para a nossa casa, e a nos escrever cartas. A princípio esse tipo de atenção era estranho, mas logo me adaptei (embora Paul não gostasse dela). Aprendi a evitar os olhos dos desconhecidos que me olhavam boquiabertos, o que apenas os incentivava. Sempre fui má atriz, mas de qualquer maneira, não gostava muito de ser famosa.

Quase ninguém na França tinha ouvido falar de *The French Chef*, nem sabia nada a meu respeito. Eu nunca comentava o sucesso do meu programa com a Simca; não me parecia importante, e eu não queria que ela se sentisse ofuscada. Achava que ela tinha uma personalidade tão pitoresca e sabia tanto sobre culinária, que se fosse americana em vez de francesa, seria imensamente famosa.

No mês de fevereiro de 1964, fomos de avião para Paris, e fui assistir a umas aulas na L'École des Trois Gourmandes, fui jantar e almoçar fora com os amigos e visitei Bugnard – que estava tão animado como sempre, embora a artrite estivesse deixando-o debilitado. Aí eu e o Paul alugamos um carro e fomos para o sul, para verificar como ia a construção da La Pitchoune. Eu não me preocupava com a qualidade da obra, pois sabia que a Simca rondava o canteiro de obras como se fosse uma galinha tomando conta do ninho, e estava vigiando o horário e os gastos com toda a sua atenção de normanda.

A casa ainda estava começando a subir quando chegamos lá, mas fiquei apaixonada por "La Peetch" na hora. Tomamos umas decisões sobre o interior: os pisos seriam de cerâmica vermelha, com uma lareira na sala de estar/jantar comprida e um quarto de hóspedes, sendo o quarto do Paul à direita (às vezes ele tinha insônia e todos sabiam que eu roncava). Decidimos que seria melhor dormirmos em quartos separados, mas poríamos uma cama de casal no quarto do Paul para podermos nos deitar juntos e namorar de manhã. Meu quarto teria uma escrivaninha e uma estante; o dele teria uma pequena lareira e portas envidraçadas, dando para um terraço de pedra e concreto.

"Até mesmo inacabada" comentei, numa carta para Avis, "a casa é uma joia."

O ano de 1965 foi ainda mais corrido do que o ano anterior. Paul e eu passávamos muitas horas com nossa equipe de produção em Boston, trabalhando no roteiro e gravando programas para o *The French Chef* na WGBH. Nesse período de trabalho intenso, pude sentir que estava lentamente melhorando meu desempenho como apresentadora. Mas no fim do ano, Paul e eu estávamos loucos para deixar de lado nossa rotina imutável. No calor do momento, decidimos passar o Natal na França. "La Belle F.", como a chamávamos, a França era nossa estrela-guia, nosso lar espiritual. Charlie e Freddie resolveram ir conosco, e fomos todos de navio de Nova York para Le Havre, depois de Paris para Nice. No final, alugamos um carrinho bem vagabundo e vagarosamente seguimos para Bramafam.

Quando dobramos a curva que dava no portão e subimos a estrada poeirenta, cheia de calombos, vimos, com cada vez mais empolgação, uma casa nova do lado direito do morro. La Pitchoune estava terminada!

A casinha era exatamente o que sonhávamos que ia ser: paredes marrom-claras de estuque, telhado de telhas de cerâmica vermelha, duas chaminés, venezianas nas janelas, e um terraço de pedra. As luzes estavam todas acesas. A geladeira estava cheia de provisões. As janelas tinham cortinas. A sala de estar tinha cadeiras confortáveis. As camas tinham sido arrumadas com lençóis novos em folha. Estava frio do lado de fora, mas a casa era bem aquecida e tinha água quente. O melhor de tudo era que uma maravilhosa *potée normande*[76] estava à nossa espera, no fogão. Só precisamos entrar.

Simca e Jean tinham sido extremamente gentis.

Uma semana depois, Les Child e Fischbacher comemoraram o ano novo juntos em La Peetch, com um banquete de lagostas, *foie gras* e Dom Pérignon. A essa altura Paul e Charlie já haviam pendurado um painel na parede da cozinha, desenhado o contorno das minhas panelas e frigideiras e pendurado a *batterie de cuisine*. Fez bem ao meu coração ver fileiras de facas reluzentes e panelas de cobre prontas para uso. Eu mal podia esperar para ir para o fogão.

Paul e eu ficamos na nossa casinha maravilhosa durante três meses, vagarosamente nos acostumando aos ritmos lentos da Provença. La Peetch ficava em um morro que tinha sido escavado com bermas de pedras baixas e crivado de oliveiras, amendoeiras e pés de lavanda. No alto da estradinha que dava na casa havia espaço suficiente para se manobrar um carrinho francês compacto. Nossa água vinha de um grande tanque de concreto atrás da casa. Uma amoreira em expansão pendia sobre o terraço. Antes que Charlie e Freddie voltassem para Lumberville, eles nos ajudaram a plantar oliveiras e mimosas ao redor do terraço. E fizemos uma reforma parcial em uma pequena e bucólica casinhola de pastor feita de pedra, o

---

76 Também chamado *pot au feu*, é um cozido de músculo com legumes (N.T.)

cabanon, para usá-la como uma combinação de adega/estúdio de pintura/quarto de hóspedes.

Simca e Jean tinham voltado para Paris no início de janeiro, mas ela e eu nos correspondíamos constantemente, trocando receitas e comparando anotações. Já era hora, decidimos, de escrever *Mastering the Art of French Cooking*, volume II (*Dominando a Arte da Culinária Francesa*, volume II).

Capítulo 7

O Filho do Dominando

1. A Boulangerie da Irving Street

O *Dominando* foi uma ampla introdução à culinária francesa, um resultado natural de nossas aulas que abrangia as técnicas fundamentais de *la cuisine bourgeoise*; o Volume II ampliaria esse repertório, mas de forma mais aplicada. Em fevereiro de 1966, Simca e eu preparamos um resumo detalhado do nosso novo livro, também conhecido em casa como "Filho do *Dominando*". Estávamos decididas a não repetir receitas que tinham aparecido no primeiro livro, mas ocasionalmente pediríamos aos leitores que consultassem o primeiro volume para verificar as receitas principais. Como já tínhamos em mãos muitas ideias perfeitamente boas que não faziam muito sentido no volume I, calculamos que o volume II não levaria mais de dois anos para ser escrito.

(Louisette não entrou como colaboradora no volume II. Agora casada pela segunda vez, com o Conde Henri de Nalèche, morava em uma bela região de caça perto de Bourges, e tinha mencionado que talvez resolvesse escrever seu próprio livro de culinária.)

Esperávamos que nosso público do volume II fosse abrangente, de amadores a cozinheiros experientes, e até profissionais. Ao contrário do volume I, o novo livro iria incluir avanços recentes da tecnologia culinária. Em retrospectiva, tínhamos resolvido abordar de forma mais respeitosa e vitoriana as virtudes do extremo esforço físico no *Dominando*, deixando entrever que "apenas os caminhos de espinhos levam à glória", etc. Mas a essa altura a França já tinha se adaptado à vida contemporânea, e também nós, como professoras que pretendiam atingir um público mais amplo. Se mostrássemos que aprender a cozinhar era uma coisa difícil, por exemplo, insistindo que a única forma de bater claras era à mão, em uma tigela de cobre, automaticamente perderíamos grande parte do nosso público em potencial. Isso não fazia sentido nenhum. E então tratamos de desenvolver nossas próprias maneiras de usar aparelhos que facilitassem a vida da cozinheira, como bater claras ou fazer tortas com uma máquina, digamos. E por que não? Se pudéssemos mostrar aos leitores como fazer uma *mousse* de damasco perfeitamente deliciosa com o auxílio de uma batedeira elétrica, tanto melhor!

Quando o *Dominando* foi lançado, minha opinião era que, por uma questão de "boa educação", o nome de uma pessoa jamais deveria ser publicado. Mas agora que tinha aprendido um pouco mais sobre como o mundo era, se alguém quisesse continuar trabalhando como escritora e personalidade da tevê, era preciso continuar com o nome em circulação. E consequentemente, estava disposta agora a me expor sem nenhum recato, assim como falar da Simca, coisas que teriam me deixado horrorizada apenas alguns anos atrás.

No Dia de Ação de Graças, em 1966, meu rosto apareceu na capa da revista *Time* (em uma pintura de Boris Chaliapin), para uma matéria chamada "Todos estão na Cozinha." Era uma matéria muito boa, bem longa, sobre a crescente popularidade da culinária nos Estados Unidos, embora eu ficasse desanimada ao constatar que a revista não estava dando a devida importância às muitas contribuições da Simca para nosso livro e não publicou uma foto que tinham tirado dela dando uma aula na L'École des Trois Gourmandes. Mas a matéria exerceu um efeito positivo nas vendas do *Dominando*. Em vez dos dez mil exemplares usuais, na impressão seguinte a Knopf pediu que rodassem quarenta mil. Comemoramos essa multiplicação dos livros com um peru, na companhia do Charlie e da Freddie em Lumberville. O outro efeito da matéria do *Times*, porém, foi aumentar a pressão sobre nós para terminar o volume II o mais depressa possível. Era hora de acender o fogão e voltar ao trabalho!

Depois de passar tanto tempo viajando ao redor do mundo, eu já conseguia trabalhar na maioria dos lugares, mas em nenhum lugar era mais produtiva do que na nossa pequena cozinha da La Peetch. De meados de dezembro de 1966 a meados de junho de 67, Paul e eu nos escondemos lá, longe do barulho e das distrações dos Estados Unidos. Percorrendo a estradinha cheia de calombos, uma vez mais nos impressionamos com o que Paul chamava de "Picada de Vespa ao Contrário". Uma injeção de inspiração e renovação chocante quando chegávamos àquele nosso belo refúgio. Eram as camadas de neblina frescas de manhã bem cedo nos vales; as montanhas vulcânicas de Esterel, destacando-se do mar faiscante; o cálido sol

Eu posando para Boris Chaliapin.

e o céu muito azul da Provença; o odor da terra e de esterco de boi, e de galhos de vinhedos podados sendo queimados; as violetas, íris e mimosas multicores; as azeitonas escurecendo no pé; o som de corujas comunicando-se entre si; o gosto das ostras Belon, do fundo do mar, e a diversão barulhenta que era a feira-livre; as noites profundamente silenciosas e cintilantes com uma lua crescente pendendo acima de nós como um lustre. Que lugar! Exatamente o contrário de uma picada de vespa, mesmo.

Simca e eu tínhamos aberto uma picada através do campinho entre nossas duas cozinhas, visitando-nos mutuamente várias vezes por dia, para comparar anotações e provar pratos que estivessem sendo preparados. Nossos padrões de trabalho no volume II eram exatamente os mesmos que no primeiro *Dominando*. Simca era uma verdadeira fonte de receitas e ideias, que constantemente mudava ou refinava. Meu trabalho era ser a autoridade em hábitos e ingredientes americanos, para refazer as receitas da Simca, escrever o texto e (infelizmente), fazer a revisão.

 Simca era incrivelmente produtiva e criativa. Mas como eu tinha descoberto no nosso primeiro livro, não podia confiar nela quanto aos detalhes. As medições, a lista precisa dos ingredientes, e anotações sobre a cronometragem, tão importantes para um livro de culinária bem-sucedido, não eram o forte da Simca. No volume I havíamos incluído três receitas que eu achava que não estavam corretas, e toda vez que as via, ficava contrariada. No segundo livro, jurei que não ia haver mancadas!

 Para que o volume II fosse um sucesso, estava convencida de que precisava não só funcionar como um livro autônomo como ser melhor do que o volume I. Parte da minha preocupação era que quando uma receita deixava de produzir os efeitos desejados, era eu quem ficava na berlinda nos Estados Unidos. Simca não entendia isso, ou talvez não sentisse solidariedade por mim nesse aspecto. De qualquer forma, revisei todas as receitas do volume II sozinha, às vezes testando os pratos dez ou quinze vezes, para ter certeza de que passariam no teste operacional. Às vezes não passavam. Uma vez, por exemplo, Simca sugeriu uma receita de bolo de chocolate; eu tinha trazido um pouco de chocolate americano para usá-lo em bolos, mas ela nunca o testou inteiramente; e quando o experimentei na receita dela, não deu certo. Portanto, eu ia precisar parar de trabalhar nas minhas receitas, descobrir o que havia de errado nas dela, e reescrever as instruções. (Mais tarde, para entender o chocolate de verdade, convidei um químico da Nestlé para ir ao número 103 da Irving Street e lhe fiz perguntas sobre a composição química do chocolate americano, a melhor forma de um cozinheiro derretê-lo, e daí por diante. Foi uma aula fascinante, mas Simca não tinha interesse nenhum por esse tipo de coisa.)

 Eu sabia que minha abordagem lenta e cuidadosa deixava minha autora intuitiva maluca, mas era o único jeito de trabalhar que eu conhecia. Eu estava basicamente escrevendo aquelas receitas sozinha. E era o tipo de pessoa que queria saber tudo sobre um determinado prato, o que funcionava e o que não dava certo, por quê, e como aperfeiçoá-lo, de forma que não houvesse perguntas não esclarecidas sobre nossa receita mestra.

 "*Ne te décourages pas, chérie*", recomendei a Simca em uma carta. "Eu só estou sendo extremamente *difficile*, mas nós duas temos que ser assim."

 Começamos a entrar em conflito quando Simca continuou mandando receita, após receita, após receita, mesmo quando já estava claro que mal íamos poder usar um terço delas. Ela estava me dando tantas sugestões, que iam levar tanto tempo para testar e comprovar, que passei a testar apenas uma parte daquela produção infindável. Isso a deixava frustrada, assim como as correções que eu fazia nas receitas que usamos.

— *Non, non, non!* — gritava ela, depois de eu ter mudado alguma coisa que ela havia feito (para que a receita desse certo). — *Ce n'est pas français!*

— Mas claro, se meu método se revelar incorreto, ou se seu método for melhor, mudarei tudo sem pestanejar, para que a receita definitiva saia correta — respondia eu, com a mesma teimosia dela. — Só que todas as receitas deste livro precisam ser infalíveis!

Tentei desovar as receitas da Simca em outros lugares, para a revista *Gourmet*, por exemplo, que estava procurando autênticas receitas francesas, ou para a escola de culinária do Jim Beard, onde ela podia ensinar e fazer seus próprios contatos nos Estados Unidos, mas ela, não sei por quê, não quis levar adiante essas tentativas. Paul ficou cada vez mais irritado com aquele comportamento às vezes imperioso dela, e começou a referir-se a ela como Beck, "a Chiadeira". Mas eu a valorizava com uma *force de la nature* criativa, e não permitia que ele a criticasse.

Finalmente, quando ela propôs usar suas dezenas de receitas rejeitadas em um futuro livro do *Dominando*, volume III, precisei falar com franqueza: "Não tenho o menor desejo de redigir um livro tão grande quanto o Volume II, nem agora, nem tão cedo, talvez nunca. Estou trabalhando demais. Não consigo fazer mais nada, e estou morrendo de vontade de voltar a dar aulas na tevê e sair desse quartinho, onde passo o tempo todo curvada diante desta máquina."

Foi bem no meio do turbilhão de experimentos, rascunhos de receitas e conversas espirituosas que a Judith Jones sugeriu, naquele seu jeito manso, porém convincente, que nós realmente devíamos aos nossos leitores uma receita de pão francês. Só que esse não era um assunto que Simca e eu tínhamos planejado abordar. Mas Judith, naturalmente, estava certa. Não se pode pensar em uma refeição à francesa sem os brioches e *croissants* apropriados no café da manhã, ou um sanduíche de pão simetricamente assado, de granulação fina, maravilhosamente texturizado no *hors d'oeuvres*, ou uma *baguette* para se passar no molho que ficou no prato na hora do jantar.

— O pão é tão quintessencialmente francês, nenhuma refeição está completa sem uma *baguette* – observou Judith. – E não se consegue comprar um pão francês que preste aqui nos Estados Unidos. Por que não ensina às pessoas como fazer seu próprio pão francês?

Ouf! Como é que íamos criar um pão francês com sabor autêntico em uma cozinha tipicamente doméstica? Estávamos diante de dois obstáculos de bom tamanho: primeiro, a farinha americana era diferente da francesa; e nós íamos precisar adaptá-la à técnicas tradicionais de assar pão; em segundo lugar os *boulangers* (padeiros) usavam fornos de pão tradicionais para assar os pães, e nós tínhamos que simular um forno de padeiro para a cozinha doméstica típica, sabia-se lá como.

E foi aí que teve início o Grande Experimento do Pão Francês, um dos desafios mais difíceis, complicados, frustrantes e satisfatórios que já tive que enfrentar.

Eu estava na época imersa no nosso capítulo de sobremesas, e deleguei os primeiros experimentos com pão ao Paul. Ele fazia o seu próprio pão quando era mais moço, e logo transformou nossa cozinha na *Boulangerie* da Irving Street. Os ingredientes para fazer pão sempre foram os mesmos: farinha de trigo, fermento, água e sal. Mas a dificuldade era que havia dez mil formas diferentes de combinar esses simples ingredientes. Cada pequeno detalhe era importante, segundo aprendemos: a frescura do fermento, o tipo da farinha, o tempo de crescimento da massa, a forma de trabalhá-la, a quantidade de calor e umidade no forno, e até mesmo o clima.

Paul pendurava as *baguettes* que estavam crescendo em toalhas de prato presas em gavetas fechadas na cozinha. Para simular vapor, espirrava água nelas com uma garrafinha de borracha com bico de *spray*. No outono de 1967, ele e eu estávamos assando pães (e outras coisas, como *croissants*), lado a lado diariamente, e dando-os aos vizinhos, para que os provassem. Enviamos amostras de *baguettes* embrulhadas em papel pardo para a Judith, em Nova York. Ela mais tarde admitiu que elas pareciam "os pobres galhos retorcidos de uma velha oliveira, irregulares e nodosos". O gosto era bom, mas não pareciam nada com o verdadeiro pão francês.

Íamos levar uns dois anos e mais de 120 quilos de farinha de trigo para experimentar todas as receitas de pão francês domésticas que pudemos encontrar. Usamos dois livros franceses sobre assados e aprendemos sozinhas tudo sobre farinhas e fermentos, mas mesmo nos esforçando ao máximo nossos resultados ainda eram ruins.

Simca não manifestou o menor interesse pela preparação de pão, e não participou de nada. Mas eu não me importava se ela ou qualquer outra pessoa não estivesse interessada. Simplesmente fiquei fascinada pelo pão, e estava decidida a aprender como assá-lo sozinha. É preciso praticar muito para que se consigam bons resultados.

Um dia li um artigo no jornal sobre o Professor Raymond Calvel, eminente padeiro e professor da École Française de Meunerie. Quando lhe enviei uma carta, ele me incentivou a vir até Paris. Paul e eu levamos uma das nossas *baguettes* para ele, assim como os ingredientes que usamos, farinha americana para todos os fins, fermento e sal. Assim que entramos na sua escola, e vimos fileira após fileira de pães perfeitamente assados, senti-me mortificada e tentei jogar fora nossos pães amadores.

Em uma só tarde, o Professor Calvel nos mostrou o que tínhamos feito de errado, e nos ensinou tudo sobre como fazer pão francês da maneira correta. Cada passo do seu processo era diferente de tudo que já tínhamos ouvido falar, lido ou visto. Sua massa era macia e grudenta; ele a deixava crescer devagar em um lugar ventilado, duas vezes, para triplicar seu volume original, porque a massa do pão precisa amadurecer para desenvolver seu sabor natural e textura adequada. Era muito importante trabalhar e modelar a massa de forma certa, afirmou Calvel, assim como era importante o teor de glúten na farinha, porque, na confecção de pães, uma casca de glúten envolve o pão e mantém o formato adequado.

Anotei a forma que devia ter a massa e sua consistência ao tato, com copiosos detalhes, bem como a posição das mãos do padeiro, a cada passo. Paul tirou fotos.

Calvel usou uma lâmina reta para fazer cortes diagonais na parte superior dos pães já crescidos antes de colocá-los no forno. Isso abria a camada de glúten e permitia que uma saliência decorativa de massa inchasse, passando pela crosta.

Lá pelo fim do dia, nossos pães já estavam ficando perfeitos, e eu estava me sentindo eufórica. Era como se o sol, em todo o seu esplendor, tivesse de repente rompido as trevas!

Empolgados, Paul e eu corremos para Cambridge, e começamos a assar pães, enquanto as palavras do Professor Calvel ainda ressoavam nos nossos ouvidos.

Mas só restava um problema a resolver.

Em primeiro lugar, que tipo de farinha americana (que tem um teor de glúten muito mais alto que a francesa) podia ser usada em vez da farinha francesa, que não é branqueada e é muito mais macia? Realizamos vários experimentos, e

Minha vida na França

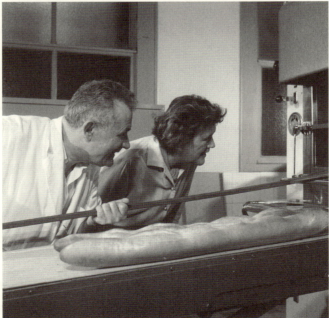

Fazendo *baguettes* com o professor Calvel.

embora Calvel detestasse farinhas branqueadas, descobrimos que a típica farinha americana *all-purpose*[77]

funcionava perfeitamente bem.

Depois, veio o desafio de transformar um forno doméstico em um forno de padaria, com uma superfície quente para assar o pão, e algum tipo de dispositivo gerador de vapor simples, porém eficiente. Esses elementos eram necessários para se conseguir exatamente o crescimento certo e produzir a casca crocante do verdadeiro pão francês. A engenhosidade ianque do Paul acabou resolvendo o primeiro problema, quando ele inseriu uma placa de cimento de amianto na prateleira do forno, para que se aquecesse juntamente com o forno: uma superfície perfeita e acessível para assar pães. Mas criar a erupção de vapor importantíssima que forma a casca era mais difícil. Terminamos descobrindo que, colocando-se uma panela ou forma com água fria no fundo do forno, e jogando-se um tijolo bem quente (ou pedra, ou lâmina de machado) dentro dela, era possível produzir uma perfeita explosão de vapor.

Et voilà! Tínhamos criado a primeira receita bem-sucedida de *baguette* francês (aquele pão comprido, crocante, com bastante fermento, dourado, que não se compara a nenhum outro em textura e sabor), com farinha americana, em um forno doméstico. Que triunfo!

A Knopf estava na esperança de que fôssemos terminar nosso original do Dominando II até dezembro de 1967. Mas, com nossos muitos desvios e demoras, não havia como cumprirmos este prazo. Eu queria fazer esse livro direito, e não queria terminá-lo às pressas, sem razão. Não era só a redação que tomava tempo. Eu queria explorar e explicar cada ingrediente, e cometer todos os erros possíveis, de forma que toda receita pudesse ser perfeitamente executada na cozinha doméstica.

– Quando é que o segundo volume do *Dominando* vai ficar pronto? – perguntavam as pessoas.

– Quando ficar – respondia eu.

---

[77] É uma mistura de farinhas moídas a partir de grãos com teor mais alto ou baixo de glúten. Equivale à farinha tipo 1 (N.T.)

II. Pitchounianos

No vôo noturno de Boston a Paris, em dezembro de 1968, o avião estremecia, rangia e pulava, subindo e descendo como um pesqueiro de lagosta em uma tormenta. Meu corpanzil de um metro e oitenta e oito estava todo espremido em uma poltrona apertada demais, não preguei o olho, e estava de péssimo humor quando aterrissamos numa Paris nublada e cinzenta. Ali entramos em um avião menor, cheio de velhos camponeses que seguiam para casa para passar férias, e fomos para Nice. As nuvens abaixo de nós ficaram espessas durante toda a nossa jornada sobre a França. Mas à medida que fomos nos aproximando do Mediterrâneo, os Alpes suíços nevados erguiam-se majestosamente, e pudemos enxergar um trecho dos campos lá embaixo; primeiro branco sobre branco, com neve, depois marrons com uma leve camada de neve esparzida sobre eles, depois todos verdes. Finalmente, começamos a passar sobre as rochas vulcânicas avermelhadas e águas azul-turquesa do litoral, à medida que fomos descrevendo círculos e perdendo altitude.

Ao aterrissarmos no aeroporto ensolarado de Nice, fomos recebidos por amores-perfeitos coloridos, palmeiras oscilantes e por Simca. Ela começou a tagarelar, ra-ta-ta-tá, assim que descemos do avião. Entramos todos no restaurante do aeroporto, para nosso almoço ritual de ostras, *filet de sole*, e Riesling espumante. Os charmosos garçons vieram correndo até nossa mesa e apertaram-nos as mãos como velhos amigos.

— Ahhhh, voltamos a França! — disse Paul, enquanto dirigíamos por estradas rurais até La Pitchoune. Eu já estava sentindo os meus ombros se descontraindo.

Na noite seguinte, nós, insignificantes seres humanos, vimos, hipnotizados, através da nossa tevê, como era nosso planeta terra visto do espaço, pela primeira vez, conforme imagens captadas por uma cápsula espacial americana lançada na direção da lua. Foi estranho e emocionante estarmos sentados na nossa sala de estar provençal e aconchegante, escutando os astronautas falarem alto e claro, como se a Apollo 8 estivesse na casa ao lado. No outro extremo na escala de técnica e eficiência, entrementes, estavam os operários locais. Em abril, um soldador tinha vindo medir nosso terraço para construir um uma *canisse*, ou seja, um toldo armado sobre uma estrutura de metal. Ele era um sujeito extremamente encantador, que bufava, suava e falava muito, e depois desapareceu. Quando Paul tentou

Eu com Jeanne Villa.

encontrar o homem em junho, não recebeu resposta. Agora já era fim de ano e o soldador e nosso toldo ainda estavam desaparecidos em combate. O que podíamos fazer, senão dar de ombros? Foi irritante, mas não era uma emergência, como a de Le Mas Vieux.

Lá, os encanamentos mal instalados, tinham congelado durante a noite de inverno e Jean precisou ir de carro até a fazenda dos Rancurel para encher barris de lixo com água e poder dar descarga nos vasos sanitários. Ele e Simca, além disso, estavam furiosos porque sua reforma, que devia ter terminado em setembro, ainda estava se arrastando. Os operários finalmente aplicaram a última camada de tinta branca nas paredes da cozinha, na véspera do Ano Novo.

Uma das melhores coisas em Bramafam era Jeanne Villa, a rechonchuda e minúscula ajudante, cozinheira e companheira que vinha fielmente servindo Simca fazia quarenta anos. Era uma camponesa provençal típica, que andava arrastando os pés calçados com tênis rasgados e tinha na cabeça um chapéu de sol grande, seguida por animais os mais variados. Jeanne não sabia ler nem escrever, mas era capaz de se comunicar com frangos, gatos, pombos e cachorros. Tinha um papagaio do Gabão, que gostava de gritar *Bonjour, grosse mémère!* (Bom dia, sua gorda!). Jeanne era uma mulher bastante resistente que fazia a maior parte das compras e da manutenção de Le Mas Vieux. Adorava comida, era uma cozinheira nata, e uma grande fonte de receitas populares.

Laurent era o jardineiro, também um personagem velho e encarquilhado que adorava falar e trabalhava como um boi. Simca encomendava sacos de sementes que encontrava em catálogos, e plantava como louca, mas nem ela nem Jean gostavam de arrancar ervas daninhas, nem de regar a horta. Jeanne e Laurent é que faziam a velha e antiga propriedade funcionar como devia.

Logo após o Natal comprei flores no mercado em Mouans para enfeitar um pouco La Peetch, pois a *Vogue* ia até lá fazer uma reportagem sobre nós, as especialistas em livros de culinárias, em ação. A repórter, Mary Henry, era uma americana loura e dinâmica de 45 anos, que entrevistou Simca, Paul e eu, e escreveu páginas e mais páginas à mão. O fotógrafo, Marc Riboud, francês baixo, de quarenta anos, olhinhos brilhantes, tirou mais ou menos duzentas fotos nossas com suas quatro câmeras Pentax e um saco de lentes e filmes que Paul examinou com inveja. Depois, descobri que a Simca tinha ficado magoada porque os jornalistas aparentemente tinham se concentrado mais em mim do que em nós duas. Eu não notei nada disso durante a entrevista. Mas quando conversamos em particular, Paul disse, "Eu te avisei". (Ele nunca ralhava comigo, mas sempre deixava claro o que queria dizer.) Alegava que eu tinha protegido Simca da popularidade alcançada pelo *The French Chef*, e agora ela ia ficar sabendo de tudo o que eu não tinha querido lhe contar antes. Eu devia tê-la avisado antes da *Vogue* bater à nossa porta, disse ele.

Talvez ele tivesse razão. Mas Simca era autora de cinquenta por cento do livro, uma francesa orgulhosa, e uma boa amiga minha. Eu não tinha a menor intenção de fazê-la se sentir menos importante do que eu.

No dia 30 de dezembro, Jim Beard veio para nossa quente e brilhante Provença, da úmida Londres, e assim que saiu do avião, pareceu expandir-se como um girassol gigantesco. Nós já havíamos nos tornado muito bons amigos. Um Pitchouniano familiar, ele saiu farejando a casa, e notando pequenas mudanças desde a sua última visita no ano anterior. Depois nós nos sentamos e fizemos uma lista de coisas que devíamos fazer durante a visita dele: cozinhar juntos, visitar restaurantes, ver o Museu Maeght em Saint-Paul-de-Vence, e ir a Monte Carlo.

Às sete e meia da manhã seguinte, no último dia do ano, Paul escancarou as grandes venezianas de madeira e soltou um grito de susto: "Ih, gente!" Nossa paisagem marrom-avermelhada estava coberta de cerca de cinco centímetros de neve branca e cintilante. Acúmulos de neve derretiam-se nas oliveiras enquanto o sol se erguia e aquecia nossa encosta. Na casa dos nossos vizinhos, Jean produziu uma barulheira girando as rodinhas do seu carrinho durante dez minutos até finalmente obter tração e deslizar pela saída de carros rápido demais, olhando para nós, com uma expressão vitoriosa no rosto.

Naquela noite, abrimos o ano de 1969 com *pâté de foie gras* recém-preparado e champanhe na Le Mas Vieux, e só fomos para a cama à 1h30 da madrugada. O ar frio, as estrelas cintilantes e a paisagem semiesbranquiçada combinavam perfeitamente com a ocasião.

Quando Jim e eu cozinhávamos juntos, as pessoas nos chamavam de "Gigi", por causa dos nossos nomes, Jim e Julie, pronunciando o "J" à francesa. Nós os Gigis, passamos o Dia de Ano Novo cozinhando *le dîner de la Nouvelle Année*[78] para sete pessoas, incluindo Les Fischbacher e uma turma de amigos locais. O tempo

---

78 Ceia de Ano Novo (N.T.)

ajudou muito, de modo que começamos às duas da tarde com coquetéis Americanos no nosso terraço. Passando para dentro, comemos *foie gras panné à l'anglaise et sauté au beurre*, com um Chassagne-Montrachet de 1959. Depois veio um *filet de boeuf* recheado com uma mistura catalã de cebola, alho, presunto, azeitonas pretas, tomilho e alecrim, tudo ligado com ovos. Saboreamos esse prato com um Pommard 1964, soberbo. Depois veio a *salade verte, une tarte aux pommes,* mais queijo e frutas e mais vinho. A conversa foi a altas vozes, divertida, e principalmente sobre comida. Foi uma refeição relaxante, quase perfeita, e só fomos terminar às cinco e meia da tarde. Jeanne Villa ajudou-nos a cozinhar, servir os pratos e a lavá-los. E depois passeamos devagar pela estrada enquanto o sol se punha atrás do morro e o ar gelado invadia o vale.

Dois dias depois, fomos de carro a Monte Carlo para almoçar em um dos meus lugares prediletos, o Hôtel de Paris, ao lado do cassino. Entrar no hotel era um fascinante mergulho na Grande Époque, desde a porta barroca até o serviço perfeito. Mas minhas expectativas tinham sido tão altas que a experiência do lugar em si foi um anticlímax. A clientela era em sua maioria antiquíssima e rica, e a comida era apenas razoável.

Mais tarde descobrimos que o hotel tinha acrescentado um novo último andar, com vista deslumbrante da cidade e do porto, e um ambiente bem mais revigorante. *Zut*[79]! Que oportunidade perdida! Depois do jantar entramos no cassino. Enquanto Paul e eu caminhávamos a esmo, da Roulette até o Chemin de Fer, olhando as pessoas e as enormes e maliciosas pinturas de mulheres nuas, Jim jogava nos caçaníqueis. Ele havia declarado que tinha sorte nos cassinos. E batata, ganhou cinquenta e cinco francos. Depois perdeu tudo. Lá pelo fim da noite, estava com apenas dois francos a mais no bolso do que o dinheiro com o qual havia começado.

– Melhor do que ter menos dois francos! – disse ele, radiante.

Voltamos para Cambridge em fevereiro, e eu mergulhei em uma profunda pesquisa sobre os mistérios do *couscous*. Originalmente um prato do norte da África, ele havia, como o espaguete italiano, o peru americano e o *pouding* inglês, se tornado "francês" durante os últimos quarenta e poucos anos. (Paul lembrou-se de que comia montanhas de *couscous* no Mosquée de Paris na década de 20). Como no caso de outros pratos tradicionais de países, como *bouillabaisse*, *curry* ou *paella*, todo especialista alegava conhecer a receita "verdadeira", mas não havia lista de ingredientes definitiva. Basicamente, o *couscous* era semolina cozida no vapor e servida com o que o cozinheiro tivesse à mão: carneiro, frango, berinjela, cebolas etc.; sempre era servido com algum tipo de *sauce au piment bien fort*[80] mais açafrão, cominho, cravo etc. Depois de uma semana lidando com várias receitas, enchendo a "Cobaia Número Um" até a tampa com minhas tentativas, e criando um monte de páginas datilografadas sobre o assunto, concluí que não devíamos incluir o *couscous* no nosso livro. Não foi um esforço desperdiçado: eu sabia que iria usar aquele prato algum dia, mas não no *Dominando* volume II.

Entrementes, Paul e eu passamos horas tirando fotos que mostravam como fazer *boudin blanc*. Tentamos dois métodos: um usando intestinos de porco, outro usando *cheesecloth* (pano fino semelhante a um tecido de fralda). Depois tiramos fotos das minhas mãos fazendo um *saucisson en brioche*, um prato maravilhoso que comemos com um esplêndido Borgonha tinto. Nós nos divertíamos, os dois sozinhos, brincando com comida e câmeras.

Essas linguiças foram o resultado de outra das sugestões úteis de Judith Jones: "Por que vocês não incluem um capítulo sobre *charcuterie*?" Isso, como sua suges-

---

79 Droga! (N.T.)
80 Molho bem apimentado (N.T.)

Paul tirando fotos para o ilustrador.

tão sobre pão, tinha saído da paixão da própria Judith por linguiças caseiras e sua frustração por não encontrá-las em lojas americanas. *Charcuterie* é um sabor essencial da vida francesa, recordou-me Judith. "Lembro-me de ver as pessoas em Paris no fim da década de 40 na fila, de chinelos em vez de sapatos, os artelhos de fora, mas ainda assim querendo comprar linguiças fresquinhas na *charcuterie*. Seria um perfeito acréscimo ao livro.

Chair cuite significa carne cozida, e a *charcuterie* tradicional baseava-se na carne de porco em todas as suas formas, de *terrines* até *pâtés* e presuntos curados. Mas poucas donas-de-casa francesas ainda faziam sua própria *charcuterie*, porque era facílimo ir até as lojas especializadas e comprar todo tipo de *terrines*, carne de ganso em conserva, formas de presunto com salsinha, *pâté* de fígado fresco e daí por diante. As *charcuteries* haviam se diversificado, vendendo de tudo, desde pratos de lagosta prontos para requentar até saladas, alimentos enlatados e licores. Nós, nos Estados Unidos, não tínhamos uma *charcuterie* em cada esquina, portanto parti para pesquisar receitas e fazer experimentos com linguiças de alho.

Eu nunca tinha feito minhas próprias linguiças antes, e fiquei assombrada ao ver como valia a pena fazer linguiças caseiras. É só carne de porco recém-moída com sal e temperos, mas tinha o gosto que alguém sonha que linguiça devia ter. E como eu é que estava confeccionando-as, sabia exatamente o que tinha posto dentro delas. Logo já tinha gomos de linguiça pendurados em ganchos acima do fogão e da porta da cozinha.

O capítulo da linguiça resultou de um esforço bastante concentrado, refeições esplêndidas e uma crise de fígado a meio caminho. Quando datilografei o período final e recostei-me no espaldar da cadeira, Paul declarou:

– Bravo! Você merece uma medalha de honra feita de tripas de porco douradas!

III. *Loup en Croûte*

Na primavera de 1969, Paul e eu estávamos indo de Paris a La Pitchoune quando tomamos um desvio e fomos a Vouzeron, na Sologne, a cidadezinha onde Louisette (ex-Bertholle) de Nalèche e seu segundo marido, Henri, moravam. A região, no

Departamento de Cher, é famosa por suas grandiosas florestas verdejantes repletas de vida animal. A caça ao cervo ainda era popular ali, e feita da maneira clássica, estabelecida na era medieval. Os trajes, protocolos, o jargão, os cachorros, os toques especiais de trombeta, e gestos elaborados continuavam os mesmos que eram no tempo dos Louis (XIII, XIV, XV, XVI). Dezesseis caçadas ao cervo distintas eram realizadas naquela parte da França todo ano, e para os participantes era quase um ritual religioso. Henri, também conhecido como Conde de Nalèche, marido de Louisette, era organizador de uma das caçadas. Seus oitenta e seis cães de caça ao cervo eram famosos no mundo inteiro por serem tão cuidadosamente criados que todos se pareciam muito entre si. E o dono deles, surpreendentemente, conhecia cada cachorro, chamando-os pelo nome. Henri nos levou para visitar o canil e o estábulo dos cavalos e explicou o sistema cerimonial de se matar um cervo selvagem com base nas trombetas *cor de chasse*, muito semelhantes porém mais belas do que as trombetas inglesas. Havia mais ou menos vinte toques de trombeta diferentes, cada qual indicando um estágio da caça; os cães estão circulando; o cervo está na água; perderam o faro; o cervo sai correndo da floresta, etc. Era uma atividade estranha e fascinante. Enquanto Henri a descrevia, fui capaz de sentir a vida da corte, a separação entre cortesãos e cidadãos comuns, as imensas somas que deviam ser gastas para sustentar esta antiga tradição de caça.

Louisette parecia estar imensamente feliz. Sua casa era maravilhosa, com um imenso gramado nos fundos que tinha um cedro-japonês de 150 anos, com um clima agradável de interior francês. Combinava com ela.

Fomos dirigindo e fazendo piqueniques até Sancerre, na parte superior do Loire, região campestre agradável, com vinícolas excelentes. Continuando rumo ao sudoeste, ao longo de minúsculas estradas, ora sob sol, ora sob chuva, fomos até o Auvergne, no Massif Central. Ficamos assombrados ao descobrir que essas estradas secundárias pareciam tão vazias quanto eram em 1949.

Chegamos a La Peetch um dia antes do planejado, pois a viagem foi rápida, o que nos permitiu jantar com Les Fischbacher e nos informar sobre seus problemas.

Simca, enquanto levava uma garrafa de vinho quebrada e cacos de vidro na mão direita, tinha tropeçado, e um caco tinha penetrado entre seu polegar e indicador, cortando nesse ponto os tendões, que haviam se retraído para dentro de sua mão. Foi preciso fazer uma cirurgia para encontrar os tendões e suturá-los. Uma coisa horrenda. Mas o médico não recomendou nenhum cuidado especial, de modo que ela continuou fazendo tudo que fazia antes quase no mesmo ritmo de sempre. A sutura, é claro, rompeu-se, e ela precisou passar por nova cirurgia para voltar a suturar os tendões. Dessa vez colocaram gesso no braço dela, para impedi-la de se movimentar muito, mas quando tiraram o gesso ela ficou desanimada ao ver que mal podia mexer o polegar e o indicador. Ia precisar de meses de fisioterapia e reeducação, sem garantia de que iria poder recuperar totalmente o uso dos dedos na sua mão dominante. Só que com sua prodigiosa energia e vontade férrea, eu tinha certeza de que La Super-Française iria superar qualquer obstáculo.

Havia vezes em que Simca era ativa até demais. Antes de cortar a mão, ela havia plantado todo tipo de arbusto e árvore que podia crescer em Bramafam (e alguns que não se dariam bem por lá). Agora estava incapacitada, e Laurent estava doente. E por isso, eu e Paul fomos obrigados a passar preciosas horas de férias regando o jardim para o sol não torrar tudo.

Uma gatinha cinzenta chamada Minimouche, filha da Minimère, reiniciou sua vida conosco assim que chegamos. Era definitivamente uma gata que gostava de ficar ao ar livre e que usava os humanos apenas para obter comida e abrigo. Mas achei que tinha sorte por ter companhia de um gato, pelo menos. Como Thérèse Asche costumava dizer em Paris, *Une maison sans chat, c'est la vie sans soleil!* (Uma casa sem gato é como uma vida sem sol!) Toda manhã, Minimouche entrava na casa como um raio no instante em que se abria uma veneziana e miava alto, pedindo o desjejum. Devorava tudo, miava pedindo para sair, e partia para um dia de caça aos lagartos. À noite, sentava-se no colo do Paul enquanto ouvíamos o noticiário no rádio e eu preparava o jantar. Certa tarde, Minimouche nos trouxe um rato-do-campo vivo, e ficou dando-lhe patadas pelo chão da cozinha. Mas ele conseguiu fugir, e testemunhamos um drama à altura de uma caçada ao cervo. Precisaríamos de um *cor de chasse* para anunciar cada novo lance: o rato foge das garras do gato! O rato escondeu-se sob o fogão! O rato foi expulso com um cabide! etc. *Mon dieu, quel drame!*

Em junho, Patricia Simon, redatora da revista *McCall's*, veio nos visitar de avião para escrever um artigo sobre como Simca e eu estávamos redigindo o volume II juntas. Seria uma matéria de capa com três partes, mostrando várias receitas mais recentes, e que estava programada para sair ao mesmo tempo que o lançamento do livro. Contrataram o Paul para nos fotografar. Para que as coisas corressem sem problemas, Simca, Paul e eu nos sentamos e planejamos o que iríamos cozinhar, quando fazer as compras e o que devia ser fotografado, para não perdermos tempo. Os dias seguintes seriam meio espetáculo, claro, mas também um passo importante na colaboração Simca-Julia.

Patricia era baixinha, tinha mais ou menos 32 anos, pele parda, e falava bem baixo, sendo às vezes difícil escutá-la. Gostava de cozinhar, e fez um monte de anotações sobre mim e Simca, os nomes de flores locais, ingredientes de vários pratos nos quais estávamos trabalhando, e até o que continham nossas geladeiras. Paul percorria a cozinha inteira sem parar, fotografando-nos enquanto trabalhávamos. Em uma tarde flagrante, ele tirou alguns retratos meus segurando uma colher e uma tigela diante de uma oliveira, e ficou bem satisfeito com os resultados. Mas quando chegou a hora de fotografar a Simca, ficou nervoso.

— Ela fica toda rígida e envergonhada quando a enquadro com a câmera – disse depois. — Fez só poses artificiais ou simplesmente ficou paralisada como uma estátua. Tenho medo que essas fotos saiam uma porcaria.

Alguns dias depois, Simca, Paul, Patricia e eu fomos para La Napoule de carro para almoçar no L'Oasis, duas estrelas, restaurante de Louis Outhier. Entramos em seu belo pátio e nos sentamos a uma mesinha branca sob uma treliça com trepadeiras, cercada de gerânios, palmeiras e um olmo. Foi um almoço esplêndido, passando de *apéritifs* ao patê de fígado de pato fresco e trufas, fatias finas de *pain brioche*, um *timbale*, tomates e uma salada verde. Mas o verdadeiro motivo pelo qual estávamos ali era comer a *loup de mer en croûte*: um robalo (peixe grande, de carne branca e macia) recheado com ervas e assado em uma casca de brioche magnífica no formato de um peixe, servido com *sauce suprême* (molho feito com manteiga e caldo de galinha). Este prato tinha sido originariamente concebido pelo *chef* Paul Bocuse, mas a primeira vez em que o experimentei foi no nosso almoço no L'Oasis.

No momento em que ele saiu da cozinha, gigantesco, corado, cintilante, vimos que aquele prato era algo especial. O *maître* cortou as bordas com um movimento ágil de vaivém e ergueu a casca, revelando o *loup* inteiro, que soltava vapores aromáticos. A cada porção de peixe que comíamos, recebíamos uma fatia da casca, uma colherada generosa de molho cremoso e amanteigado, e mais outra de tomates frescos muito bem temperados com chalotas e ervas. A casca era fina e suavemente crocante, e o peixe era maravilhosamente suculento, tenro e ligeiramente temperado com erva-doce.

Se a pessoa cozinha faz tempo, pode em geral adivinhar como se prepara um prato. Simca e eu estudamos cada detalhe daquele notável *loup*, e tentamos deduzir seus segredos. O garçom apareceu, e eu lhe fiz algumas perguntas, que ele respondeu com a maior boa vontade.

– É delicioso – concordamos, enquanto devorávamos os pratos. – E não deve ser muito difícil de preparar.

No dia seguinte tentamos reproduzir, na medida do possível, o *loup de mer en croûte* na minha cozinha. Separei um robalo de quase um quilo e meio e polvilhei com farinha uma forma de rocambole. Simca escamou e limpou o peixe e besuntou-o de óleo, depois recheou-o com uma mistura de salsa, limão, sal, pimenta e erva-doce. Usando tesouras, cortei uma silhueta de peixe em papel pardo e tirei um pouco de massa de brioche da geladeira. Abri rapidamente a massa gelada formando um retângulo de fina espessura, coloquei o molde por cima dela e cortei a massa ao longo do molde, para formar o peixe. Depois colocamos um pedaço de massa ligeiramente maior sobre o peixe, e enfiamos as beiradas por baixo dele, em toda a sua volta. Finalmente, fizemos barbatanas, olhos, sobrancelhas e boca de restos de massa e desenhamos escamas sobre a massa inteira com o lado maior de um bico para decoração de bolos.

Simca e eu discutimos se devíamos ou não passar gema de ovo sobre a casca de brioche. Quando Paul sugeriu que nós o "submetêssemos ao teste operacional!" decidimos pincelar metade da massa e deixar metade sem pincelar, para testar a diferença.

O *loup* foi imediatamente ao forno, a uma temperatura de 230 graus, e depois de vinte minutos a casca começou a ficar com uma cor bonita. Colocamos uma folha de papel de alumínio sobre o peixe e baixamos a temperatura para 220 graus. Depois de mais ou menos 45 minutos assando, nosso peixe saiu tão delicioso quanto o do L'Oasis. Valeu a pena também pincelar a massa com gema de ovo, unanimemente concordamos. (Não fizemos o *sauce suprême*, embora seja fácil de fazer).

Simca e eu nos alegramos e ficamos emocionadas. Que prato simples, saboroso e formidável de se fazer, exatamente a pedida para uma festa informal de gente que gostava de culinária. Enquanto nos sentamos para discutir como a casca mantém a carne suculenta e extremamente saborosa, percebemos que se pode envolver todo tipo de coisa com massa de brioche e assar o prato sem que ficasse empapado. Isso exigiria mais experiências!

Patricia ficaria conosco durante uma semana, e o plano era que eu e Simca preparássemos várias refeições juntas usando receitas que iam sair no volume II, para lhe mostrar e também aos leitores da *McCall's*, como nós colaborávamos uma com a outra. Paul iria tirar fotos de nós enquanto Patricia observava nosso trabalho. Para a primeira dessas refeições, convidamos alguns de nossos ex-colegas da embaixada americana, para um almoço no qual incluímos quatro tipos de *hors d'oeuvres* experimentais e um novo tipo de suflê de cereja. Mas enquanto tomávamos café da manhã, naquele dia, Simca de repente resolveu ligar pelo interfone para anunciar que ela e Jean haviam decidido ir a Paris votar na eleição nacional. Isso significava que ela não iria poder cozinhar comigo, nem viria ao almoço. Aliás, só iria voltar a Bramafam depois de Patricia ter retornado aos Estados Unidos. Que maçada!

— Ela vai aonde? — indagou Paul, arregalando os olhos. — Mas que loucura! Patricia vem dos Estados Unidos para redigir uma matéria importante sobre vocês, e a Simca joga tudo para os ares como se não tivesse importância nenhuma? Inacreditável!

Foi difícil discordar do meu marido, mas eu sabia por experiência que contestar qualquer decisão da Simca só a faria indignar-se tremendamente e ficar com o orgulho ferido. Seria um escândalo daqueles. Pelo que eu sabia, a coisa mais importante a fazer seria preservar minha amizade com a Simca. E a melhor forma de fazer isso seria deixá-la ir para Paris, sem entrar em confronto direto.

Paul continuou sem se deixar convencer:

— Você está deixando ela te fazer de gato e sapato — resmungou.

Se a Simca ia estar ausente, eu sabia que não valeria a pena fazer os pratos experimentais sozinha. Não só o livro era uma obra escrita em colaboração com ela, como também Simca não iria confiar nas minhas descobertas se não estivesse presente para observá-las. Ia insistir para prepararmos tudo de novo, o que seria uma perda de tempo. Portanto, preparei outros pratos para o almoço. A comida ficou muito boa, e torci para a Patricia não notar a profunda ruga de aborrecimento na minha testa.

— Chega de convidados! — dissemos eu e o Paul um ao outro, jogando-nos nas nossas poltronas, depois que Patricia partiu. – Precisamos de paz e sossego. Mas o solstício de verão estava se aproximando, e quando imaginamos os noruegueses enchendo a cara e acendendo fogueiras ao longo das margens dos fiordes, decidimos comemorar à nossa moda. Convidamos mais dois casais, ambos apreciadores da boa comida e dos bons vinhos, para jantar em La Peetch, e eu me concedi alguns dias para criar uma refeição, na maior parte tirada das receitas programadas para o volume II.

Começamos a noite com champanhe Clos des Goisses, que Paul serviu nas taças grandes de vidro com bolhas que tínhamos comprado em Biot, a cidade local que produzia peças de vidro. O primeiro prato foi tomates *farcies à la pistouille*: tomates recheados com berinjela picada, polpa de tomate fresco, manjericão e alho. Um ovo pochê vinha sobre cada um deles, como uma rainha sentada no trono. Sob eles, uma folha de alface, e o prato era cercado por maionese recém-preparada. Junto servimos um maravilhoso Chablis, Fourchaume 1964. (Paul havia descoberto este vinho no supermercado de Cannes, o menos provável dos lugares, e era melhor do que qualquer Chablis que já havíamos tomado antes.)

Depois passamos para un *feuilleton de boeuf en croûte*, um filé envolto por uma casca de pão. Inspirado por nosso *loup en croûte*, este prato era como um bife à Wellington, só que com a casca de brioche mais bonita, deliciosa e sem umidade, para fazer o papel de massa de torta. O filé era fatiado em mais ou menos quinze fatias e temperado com uma mistura celestial de *duxelle* de cogumelos, presunto, *foie gras*, chalotas e Madeira; depois se cobria tudo com massa de brioche e se levava o prato ao forno. Cada fatia era servida com um pouco de casca e recheio, e uma colher de molho. Um prato importante, nosso *boeuf* era servido com as nada distrativas *pommes Anna fromagées* e *pointes d'asperges sautées à la chinoise*[81]. Isso tudo acompanhado por um aveludado Château Haut-Brion, Premier Grand Cru Classé, 1964.

Como sobremesa, tivemos *pouding pélerin*, feito de amêndoas moídas e tostadas, *kirsch*[82] e damascos com *crème anglaise* em uma forma forrada de biscoitos champanhe torrados com manteiga e açúcar, tudo coberto com *sauce purée aux fraises et framboises* (o nome da sobremesa é uma referência aos pélerins, os anti-

---

81 Bolo de batata com queijo e pontas de aspargos fritos na manteiga (N.T.)
82 Aguardente de cereja (N.T.)

gos peregrinos que enchiam os bolsos de comidas não-perecíveis como damascos secos e amêndoas). Nosso *pouding* foi acompanhado por um Château d'Yquem 1962, semelhante a um néctar. E terminamos com charutos de Havana, conhaque, licores e café. Três das senhoras presentes dividiram os charutos, e os rostos de todos estavam corados. Mais ou menos à 1h30 da madrugada, todos se despediram. Uma noite esplêndida!

Paul estava extremamente satisfeito com as 191 fotos que havia tirado de mim e de Simca para a *McCall's* – trabalhando na nossa cozinha; fazendo compras nos mercados de Grasse e Saint-Paul-de-Vence; almoçando no terraço de um restaurante em Plascassier que tem vista para uma paisagem maravilhosa de vales e montanhas, com o mar faiscante à distância. E pelo que sabíamos, Patricia ia escrever um maravilhoso retrato falado de nós trabalhando em harmonia fraternal no volume II.

Só que eu, pessoalmente, já havia atingido um nível de frustração que estava beirando as raias do desespero: Simca simplesmente não queria prestar atenção em nada que eu tinha a dizer. Mais do que nunca, fingia que não estava vendo minhas infinitamente cuidadosas medições, contestava minhas descobertas feitas a grande custo, e continuava a me obrigar a passar horas trabalhando em receitas que ela alegava ter experimentado, para acabar descobrindo que elas não davam certo. Foi um triste momento aquele em que percebi que colaborar com ela me fazia perder mais tempo e me causava mais nervosismo do que trabalhar sozinha. Isso me deixou perplexa e deprimida. E, pela primeira vez na vida, fiquei ansiosa por sair de La Peetch e voltar para os Estados Unidos.

Em julho de 1969, Judith Jones atravessou uma chuva pesada até o número 103 da Irving Street onde ela e eu começamos a trabalhar no original do volume II. Simca e eu tínhamos trabalhado no livro durante três anos e escrito só três de nossos onze capítulos. A Knopf estava decidida a publicar o volume II no outono de 1970, e portanto Judith havia marcado a data de entrega de maneira firme e irrevogável para o dia 15 de março de 1970. Isso dava a impressão de que era depois de amanhã. Será que íamos conseguir cumprir o prazo?

A França me atraía, mas não tínhamos tempo para viajar no momento. Ansiávamos por ir nos encontrar com Charlie e Freddie no Maine, mas simplesmente não era possível. Claqueti-claque, fazia minha máquina de escrever, enquanto eu trabalhava, curvada sobre ela.

Escrevi sobre todas as coisas que um cozinheiro pode fazer com caranguejos. Paul fez esboços de partes de caranguejos. E comemos montanhas de maravilhosa sopa cremosa de caranguejo. Depois passamos para a berinjela, e depois de um pouco de pesquisa intensiva perguntei-me se nossa pele não estaria ficando meio arroxeada por causa de todas as berinjelas que havíamos consumido. Em dezembro, Paul e eu nos sentamos lado a lado à comprida mesa norueguesa da nossa cozinha e examinamos centenas de envelopes e pastas de papel manilha cheias de ilustrações de Sidonie Coryn. Havia esboços, fotos de ideias, e desenhos completos. Tentamos estabelecer o fluxo adequado de ideias, e certificamo-nos de que cada desenho contava a história certa. Mas Sidonie não era cozinheira, e, pelo jeito, não tinha lido o original; tinha ligado muitos dos desenhos às fotos, não ao texto.

– Sinto pena dela como ilustradora – disse Paul. – Nós exigimos demais.

Ele fez correções em papel de seda para mostrar a Sidonie como os desenhos deveriam ser. Quanto a si mesmo, Paul tinha feito dez desenhos de lagosta, vários caranguejos, e estava afiando o bico de pena para desenhar sela de cordeiro, um frango meio desossado, vários diagramas de carne, e um passo a passo de como trinchar um leitão à moda francesa.

O livro avançava muito lentamente, e a natureza solitária do ato de escrever estava me deixando neurótica.

"Estou trancafiada aqui com esse cansativo volume II", escrevi numa carta à Simca. "Acho que este é o último livro que irei escrever, pois é trabalho demais e nenhuma folga."

Judith Jones voltou a Cambridge para outra reunião editorial no início de janeiro de 1970. Deu-me um apoio imenso. Mais ou menos com um metro e sessenta de altura, cabelos louros até os ombros, e olhos vivos em um rosto expressivo, Judith me parecia uma pessoa com quem eu trabalhava de forma descontraída. Era gentil, perspicaz, meio tímida, mas totalmente profissional e firme quando era preciso. Tinha uma intuição excelente, e uma certeza total de quem era, o que era, e onde estava. Paul disse que Judith lembrava uma bela rainha das fadas irlandesa. Durante três longos dias, ela e eu tomamos todo tipo de decisão importante sobre o livro, desde os tamanhos de fontes até a principal decisão de reduzir o planejado número de capítulos, de onze para sete.

Simca e eu começamos a ficar com medo. Soubemos que uma versão falsa do *Dominando* estava sendo vendida em Taiwan por um dólar e meio, e nos preocu-

Trabalhando com minha editora, Judith Jones.

pamos com todas as apropriações indébitas que acontecem no mundo da culinária. Será que alguém tentaria roubar nossa principal descoberta, que era como fazer um pão francês legítimo na cozinha doméstica? Não havia mesmo nada que pudéssemos fazer para evitar isso. E também, havia algumas receitas que tínhamos escrito cinco anos antes; tínhamos modificado nossos métodos desde aquela época, e queríamos reescrever vastas partes do livro. Uma pena!

— Precisaria de pelo menos mais cinco anos para corrigir esse livro — lamentei-me, mas Judith apenas sorriu e não me deu nem mais um minuto além do prazo. Não haveria mais acréscimos, nem mais fotos do Paul nem mais desenhos da Sidonie Coryn, nem mais receitas de Simca.

Quando Simca, uma vez mais, começou a reclamar de coisas na última hora, eu lhe escrevi:

— Esse livro pode não sair tão perfeito quanto você poderia desejar, *ma chérie*, mas vai ser terminado.

Quando faltavam dois dias para esgotar-se o prazo, eu ainda estava fazendo experiências na cozinha, tomando notas, e datilografando correções no original. Estava tão ocupada que não tinha tempo sequer para ir fazer xixi!

Então, chegou o dia 15 de março de 1970, e eu me obriguei a entregar o original mais ou menos completo. Ufa!

CAPÍTULO 8

The French Chef na França

I. Documentários

EM 1970, PARTIMOS PARA CRIAR nossa mais ambiciosa série do *French Chef* até o momento. Com um orçamento maior do que antes (graças ao feliz fato de que a Polaroid e a Hills Brothers Coffee tinham se oferecido para patrocinar o nosso programa), íamos rodar trinta e nove novos programas, que, pela primeira vez, seriam todos a cores. Como estávamos fazendo as coisas diferentes dessa vez, achei que poderia ser divertido registrar como a comida francesa realmente é feita e vendida na França, mostrar os açougueiros tradicionais, as fábricas de azeite, os confeiteiros, *triperies,* e adegas que tinham sido minha inspiração original. Para isso iríamos gravar uma série de minidocumentários em filme de trinta e cinco milímetros, que mais tarde iríamos inserir nos nossos programas normais de tevê. Portanto, ao fazermos um programa sobre, digamos, "como fazer pão francês", inseriríamos nele uma sequência mostrando um *boulanger* francês genuíno fazendo *baguettes* em um forno autêntico em Paris.

Embora eu nunca mencionasse isso ostensivamente, estava convencida de que nossas gravações provariam ser um documento histórico importante. A mecanização estava tomando conta do campo da culinária, até mesmo em Paris, e parecia-me evidente que muitas atividades artesanais que íamos registrar, como a confecção de frutas glaçadas, corte à mão de carnes, decoração feita por *pâtissiers* tradicionais, iriam desaparecer dentro de uma ou duas gerações. Naturalmente, o filme em si pode desbotar ou romper-se. Mas se nossos curtos documentários resistissem, podiam ser algumas das poucas gravações mostrando como se preparavam alimentos quase inteiramente por mãos humanas em vez de máquinas.

Eu mal podia esperar para começar. Só que era mais fácil dizer do que fazer.

Em meados de maio de 1970, uma equipe de mais ou menos dez pessoas reuniu-se em La Pitchoune para programar as gravações. O plano era começar na Provença, depois passar para Paris e terminar na Normandia. Como só tínhamos algumas semanas para fazer tudo, e não havia chance de voltarmos à França com um orçamento tão generoso, montamos um horário detalhado para cada dia, com todas as atividades, hora a hora, e às vezes minuto a minuto, para garantir que tudo aconteceria tão organizadamente quanto possível.

Começamos nosso primeiro dia de gravações no mercado, na Place aux Aires, em Grasse. Peter, nosso entusiasmado câmera holandês, queria me filmar comprando frutas, legumes, flores e *crème fraîche*. Tudo foi muito bem até nossos refletores e cabos elétricos se arrastando pelo chão incomodarem uma das feirantes. Ela começou a agitar os braços e fazer caretas exageradas, enquanto berrava: "Não, não! Agora já basta!" Uma grande multidão reuniu-se em torno de nós. "Como é que vou poder vender minhas cenouras e ser estrela de cinema também?" ralhou ela conosco. "Estou aqui cercada de Hollywood, com só duas horas para vender minha mercadoria! Como é que meus fregueses vão conseguir se aproximar para comprar alguma coisa? Digam-me, Hollywood! Agora vou terminar a manhã com pilhas de cenouras na minha banca. Não! Chega! Chega!"

Ela tinha razão, portanto nos afastamos para filmar outras coisas.

Produção de tevê é bem mais tedioso do que as pessoas imaginam. Cada gravação levava segundos para ser assistida na tevê, e minutos para ser filmada, mas exigia horas de preparação. Quando nosso grupo passou para um restaurante, por exemplo, precisaram montar tripés, inclinar refletores, direcionar holofotes, e desenrolar carretéis de cabos elétricos cor de laranja. Aí ensaiávamos a cena e começávamos a filmar, mas de repente, o meu penteado ia precisar ser ajeitado, ou íamos precisar esperar que uma nuvem passasse. Finalmente, terminávamos de fazer a gravação desejada, mas então todo o equipamento precisava ser desmontado para podermos passar à próxima cena.

O fato de eu e Paul sermos fluentes em francês e termos um relacionamento amistoso com vários feirantes ajudou muito. Como o *chef* Bugnard havia me ensinado, era importante não se apressar, não fazer pressão além da medida, ou achar que as pessoas tinham obrigação de ter boa vontade conosco.

Na manhã em que invadimos Les Oliviers, um restaurante em uma encosta perto de Saint-Paul-de-Vence, Alex, o animado *maître*, tinha disposto a famosa "avalanche" de quarenta *hors d'oeuvres* da casa. Era uma vista deslumbrante: aperitivos quentes, frios, cozidos, crus, mistos, simples, salgados, oleosos, de peixes, carne, legumes, e daí por diante. Mas a comida estava sob enormes para-sóis amarelos, e nosso diretor, David, resmungou:

– Não dá para filmar isso!

– Mas a gente precisa – gritou Peter, o câmera. – Os fregueses do restaurante vão chegar a qualquer momento, e aí já vai ser tarde demais!

– Não! Não com essa luz amarelada!

– Muito bem, então vamos fechar os pára-sóis e filmar com sol direto.

– Espera aí, não faça isso, a maionese vai derreter! – interferiu Ruthie Lockwood, nosso produtor.

– Afasta as moscas, a mesa parece até um monte de lixo!

Fecharam os pára-sóis, a câmera começou a rodar no ombro de Peter, as moscas foram enxotadas, e filmamos a cena. Várias vezes.

– Willie, seus pés estavam aparecendo – gritou Peter para o sonoplasta, que estava escondido embaixo da mesa, com o microfone, enquanto Paul e eu comíamos diante da câmera.

– Vamos filmar essa sequência de novo – suspirou David.

Por volta das três e meia, tínhamos terminado, e nossa equipe caiu de boca na "avalanche" como uma alcateia de lobos esfomeados.

Um dia a equipe me filmou dirigindo por Plascassier e visitando o açougueiro local, Mounsieur Boussageon. Ele administrava uma lojinha muito bem montada com a esposa e a sogra, um trio que, ao contrário da tradição alardeada, trabalhava muito bem em conjunto. Nós tínhamos marcado de filmar os Boussageon fazendo *pâté pantin* juntos, mas naquela manhã, bem cedo, a esposa dele tinha dado à luz uma menininha, duas semanas antes da data esperada. Ai, ai, ai. Precisamos improvisar ali na hora. Estando a esposa e a sogra no hospital, Boussageon nos mostrou como fazer um *pantin*: usou quase dois quilos e novecentos gramas de porco, vitela e *foie gras* com trufas, preparou *pâté à croûte*, decorou tudo com "folhas" de massa pincelada com gema de ovo, e assou durante duas horas. A demonstração foi fabulosa, mas no meio de uma sequência particularmente boa, dois fregueses locais entraram na loja, fazendo o maior alarde ao defender seu direito de comprar chouriço. No fim do dia, nós, agradecidos, oferecemos uma garrafa de champanhe ao nosso maravilhosamente generoso Boussageon.

Em Marselha filmamos como fazer *bouillabaisse*, e depois levamos as câmeras até o mercado de peixe Criée aux Poissons, às quatro da madrugada, o que foi visualmente esplêndido. Dali passamos para Paris. Agora era junho, e, em uma sequência muito rápida, filmamos documentários sobre pernas de rã no Prunier, queijos na cave encantadora de Mounsieur Androuet, carne trinchada à mão no supermercado Paridoc, decoração de doces na *pâtisserie* do Monsieur Deblieux, e, naturalmente, potes e panelas na loja Dehillerin.

Havíamos planejado filmar todo o processo de preparação de *beurre blanc* no Chez la Mère Michel, mas quando passamos lá para jantar, sofremos uma profunda decepção e tristemente riscamos o bistrô da lista. Em outra noite, Paul e eu comemos no nosso velho preferido, o Le Grande Véfour. Queríamos usar o venerável *sommelier* do estabelecimento, Monsieur Hénocq, para um programa sobre "Os Vinhos e como Preservá-los". Aos 87 anos, Hénocq continuava gracioso e charmoso, mas já estava ficando surdo, e tinha pegado a mania de passar muito tempo filosofando. Quando saímos, abracei-o com muita ternura, mas era óbvio que ele não iria causar boa impressão na tevê.

Mesmo se tratando de um amigo querido, não podia permitir que o sentimentalismo toldasse nossos padrões profissionais.

E portanto... o que fazer para obter um documentário sobre vinhos?

A meio caminho de uma ladeira imensamente antiga e íngreme, chamada Rue de la Montagne-Sainte-Geneviève, ficava uma adega que pertencia a um certo Monsieur Besse. Ele era muito animado, com uma boina marinheira muito batida, um avental cinzento e um espaço no lugar onde os dentes da frente estavam antes. As famosas caves do Mounsieur Besse tinham figurado em vários artigos, mas ninguém jamais havia tentado gravar imagens delas. E por um bom motivo. As caves penetravam bem fundo na terra, cada nível mais úmido e mais mofado que o anterior, como uma série de masmorras interligadas por túneis estreitos e escadas apodrecidas. Pó, cera de velas, teias de aranha e *la patine des âges* depositavam-se em grossas camadas sobre tudo. Era um lugar horrível, porém fascinante de se explorar. Graças a Deus não sofríamos de claustrofobia! Devia haver de trinta a quarenta mil garrafas de vinho armazenadas naquelas profundezas estígias, embora "armazenadas" não fosse bem o termo correto, pois não havia prateleiras, e as garrafas se encontravam empilhadas de ambos os lados nos túneis estreitos até o alto dos arcos de pedra. As bordas irregulares de garrafas quebradas quase nos cortavam no escuro. Muitas não tinham rótulos. Mal havia espaço para virar-se, e se alguém esbarrasse em alguma coisa, aquele precário labirinto provavelmente desmoronaria.

Paul e eu especulamos que Monsieur Besse era um "pão-duro dos vinhos", que nem bebia nem vendia a maior parte de sua coleção, mas vivia colecionando garrafas para satisfazer um gosto pessoal. As catacumbas pareciam ser um símbolo exterior de algum aspecto deturpado do cérebro de Besse.

Filmar o interior das caves do Monsieur Besse exigia uma câmera pequena, portátil, e refletores alimentados a bateria. Em uma loja especializada, alugamos a câmera e os refletores, e começamos a guardá-los na nossa caminhonete. Quando nosso diretor, David, pediu o recibo ao caixa, o homem lhe entregou um cartão de visitas.

– Não, senhor, preciso de um recibo para mostrar quanto paguei – disse David.

As faces do homem ficaram vermelhas como fogo e ele berrou:

– Será que devo ser acusado de enganar por todos? Se não confia em mim, então me recuso a fazer negócio consigo! – E ele e a esposa agarraram as câmeras e luzes, e correram com elas para dentro da loja.

– Não! Não! – gritou Daniel, nosso guia local. – Nós acabamos de pagar por isso. Devolva tudo! – e trouxe o equipamento de novo para fora.

– Toma o seu dinheiro nojento! – berrou o dono da loja. – Não queremos essa porcaria. – A esposa dele meteu o dinheiro nos bolsos dos membros da nossa equipe outra vez, enquanto ele passava a mão no equipamento, batia a porta, e a trancava. E pronto, nada feito. As famosas caves do Mounsieur Besse continuam até hoje sem ter sido filmadas, pelo menos por nós.

Em meados de junho, o tempo em Paris ficou quente e úmido. Ficamos esperando que uma tempestade violenta caísse e esfriasse um pouco as coisas, mas o tempo só passou a esquentar cada vez mais. E agora estávamos mergulhando no que eu considerava a parte mais importante de toda a expedição: como fazer pão francês.

O calor era quase insuportável dentro da padaria minúscula em estilo medieval de Poilâne, onde trabalhamos de 8 da manhã até as 7 da noite. Filmamos cada etapa do processo de preparação dos pães, desde o desenvolvimento do *levain*, até a colocação dos pães no forno sobre grandes espátulas de madeira, depois a retirada deles, e o esfriamento dos pães dourados soltando aromas deliciosos. Pelo que eu sabia, esse passo a passo da confecção de um pão francês jamais tinha sido filmado.

Alguns dias depois, nosso grande professor de pães, Raymond Calvel, *Professeur de Boulangerie* da École Française de Meunerie, me deu uma aula semelhante, passo a passo, sobre a confecção de *baguettes*. Passamos a tarde inteira no seu laboratório de ensino, enquanto lá fora o céu roncava e relampejava, despejando pesadas gotas de chuva. Calvel trabalhou a massa, enrolou-a, fez cortes em cima do rolo. Eu também trabalhei a massa, enrolei-a e fiz os cortes. Foi um momento importante, triunfal, a passagem às gerações seguintes de uma das tradições humanas mais antigas para o sustento da vida, e rezei para podermos ter capturado a essência desse processo no filme.

De Paris dirigimos até Ruão, para filmar mais um dos meus rituais prediletos, a preparação de pato prensado no La Couronne, o restaurante que sempre me faria recordar da minha primeira refeição na França. Avisamos ao dono, Monsieur Dorin, que, depois que começássemos a filmar, não pararíamos, fosse por que motivo fosse. Ele deu de ombros, ofereceu-se para reter a equipe da cozinha até mais tarde, e disse:

– Fico com vocês até o meio-dia de amanhã, se necessário.

O plano era jantar no restaurante, e começar a filmar depois que o último cliente tivesse saído, por volta da meia-noite.

Naquela tarde, Peter, nosso câmera, anunciou que estava sentindo uma dor excruciante na perna esquerda. Admitiu que vinha sofrendo daquela dor durante toda a viagem, mas não havia mencionado o fato. Agora ia precisar ser internado! Ficamos apavorados. Sem ele, não haveria programa. O que fazer?

Decidimos não dizer nada a Dorin e ir jantar no La Couronne, às nove e meia, conforme o planejado. Enquanto comíamos e apreciávamos as fascinantes etapas da apresentação do pato prensado, nossos ouvidos estavam atentos para ouvirmos se o telefone tocava. Finalmente tocou. Os médicos haviam descoberto que uma das vértebras do Peter tinha se deslocado (provavelmente por estar segurando aquela câmera pesada no ombro), e isso tinha lhe pressionado o nervo ciático. Ele estava recebendo injeções e comprimidos, e estavam lhe recomendando que mudasse de profissão.

Temporariamente aliviado, Peter veio assumir o posto. Montou os refletores e a câmera e empurrou os móveis para um lado e para outro, como um atleta.

Para acrescentarmos um clima dramático, resolvemos acender a lareira medieval, onde três patos *à Rouennaise* iriam ser assados no espeto. (Dorin servia trinta patos por dia, e no espeto eles levavam tanto tempo para assar que a maioria era assada na cozinha mesmo.) À medida que o fogo aumentava na lareira, acionavam-se as pás de um aparelho semelhante a um ventilador, dentro da chaminé; ele era

Na padaria de Poilâne.

ligado por uma corrente ao espeto, que vagarosamente girava para oferecer todos os lados dos patos ao fogo. Sob os patos havia uma canaleta de metal que recolhia o líquido que pingava deles, o qual seria depois usado para regar o assado.

Por volta da meia-noite e meia, os patos estavam prontos, e nós começamos a demonstração. Dorin estava maravilhosamente tranquilo e foi muito objetivo na sua apresentação, como se fosse um apresentador veterano. Eu lhe fazia perguntas, para orientá-lo, e ele me respondia em um inglês com sotaque carregado, enquanto removia os membros de um pato com destreza. Peter nos filmou de vários ângulos e distâncias. Willie gravou todos os ruídos, desde os estalidos do fogo até o chiado da carne do pato e o jorro do sangue e do vinho enquanto a prensa prateada esmagava a carcaça. Quando terminamos, o grande e antigo *horloge* marcava cinco da manhã. O céu a leste estava clareando. Os galos começaram a cantar. Uma leve brisa refrescou nossos rostos suados e corados. Todos nos sentíamos jubilosos, pois sabíamos que tínhamos acabado de gravar uma das nossas mais bem-sucedidas sequências até o momento.

Depois de um cochilo, Paul, Ruthie e eu fomos até a cidadezinha de Thury-Harcourt, perto de Caen, onde gravaríamos "Tudo sobre Bucho", em um restaurante especializado nesse interessante prato. Dali em diante, continuaríamos até uma antiga abadia em Aulnay, onde gravaríamos um breve documentário sobre queijo Camembert, e concluiríamos com uma festa em Caen. E depois disso, a expedição do *French Chef* à França estaria encerrada.

Ao chegarmos a Thury-Harcourt, recebemos uma mensagem: "Liguem para o Hôtel de la Grande Horloge em Ruão, imediatamente." Tentando nos lembrar do que poderíamos ter esquecido, discamos o número. David, nosso diretor, atendeu:

— O Peter teve uma recaída e não pode continuar. Os comprimidos e injeções não estão mais surtindo efeito. Daniel vai levá-lo para Paris agora mesmo. Ele vai pegar um avião para os Estados Unidos em Amsterdã e ir direto para um hospital.

Puf! Pronto. Nada de bucho. Nada de Camembert. Nada de festa em Caen.

Dentro de minutos, a equipe do *French Chef* espalhou-se para todos os lados. Enquanto isso, Paul e eu nos sentimos como um casal de papagaios que acabou de sair da gaiola.

— E agora, o que fazer?

II. Contretemps

Eu achei quase impossível escrever a introdução ao volume II no meio daquela azáfama das filmagens, de modo que, quando a revista *McCall's* perguntou se podia fotografar Simca e eu cozinhando juntas, eu tinha dito que não. Simplesmente não tinha tempo nem energia para isso.

Contudo, enquanto estivemos fora, filmando os nossos documentários, uma equipe da *McCall's* apareceu em La Pitchoune. A revista contratou uma redatora francesa especializada em culinária para supervisionar a preparação de pratos do volume II e contratou Arnold Newman para fotografá-los. Conheci a mulher no apartamento da Simca em Paris. Ela era um charme, mas eu não arredei o pé.

— Já terminei de escrever o livro. Meu tempo e as minhas energias agora se encontram dedicados inteiramente à televisão. Eu não vou cozinhar nada para a *McCall's*. Além disso meu marido já tirou fotos perfeitamente boas de Simca e de mim, e não vejo necessidade de tirar mais.

Não era uma situação fácil. A Knopf queria gerar publicidade para vender nosso livro, naturalmente, e a *McCall's* estava oferecendo uma matéria de capa, que iria nos dar uma boa ajuda. Eu me sentia muito leal para com a nossa editora e a Simca. Mas estava exausta. Paul também, chateado por seu excelente trabalho ter sido rejeitado por motivos que não podíamos imaginar quais fossem (para começar, tinha havido grandes mudanças na redação da *McCall's*, e os editores que tinham contratado Paul não trabalhavam mais lá).

— Por que não evitamos ir à La Peetch, e passamos as próximas duas semanas percorrendo o Massif Central bem devagarzinho? – sugeriu ele.

— Não vou deixar um bando de repórteres de revista me expulsarem da minha casa! – retruquei.

E seguimos vagarosamente para o litoral por estradas secundárias.

Era domingo em La Pitchoune. Nossas chaves do carro alugado tinham desaparecido, e nós devíamos levar Simca e Jean até a estação de trem de Cannes. Estava preocupada com a Simca, ela tinha acabado de ir ao médico pela primeira vez em oito anos, e tinha ficado sabendo que estava com um problema em uma válvula cardíaca e estava perdendo a audição. O médico tinha lhe aconselhado a mudar seu estilo de vida "completamente". Era difícil imaginá-la fazendo isso. Mas minha amiga, em geral vigorosa, estava visivelmente desanimada e vagarosa. Enquanto isso, nossa casinha estava coberta de cabos, caixas, refletores, e outras parafernálias fotográficas (em algum ponto, ali no meio, eu sabia, estavam nossas chaves do carro). Arnold Newman e um bando de gente da *McCall's* estavam aglomerados na sala de estar, achando que tinham finalmente conseguido me obrigar a posar para outra sessão fotográfica para a capa da revista.

— Não! – disse eu.

Paul olhou para Patrick O'Higgins, um dos editores da revista, e recordou-lhe:

— Julia já se expressou de forma bem clara a respeito, desde o início.

Com um lamento, Simca irrompeu em lágrimas. Olhando-me de soslaio, com uma expressão de mágoa no rosto, exclamou:

— Eu *queria tanto* tirar essa foto sua e minha juntas na capa da revista, e agora você não quer mais fotos! Como pode me tratar assim?

Fiquei muda. Essa tinha sido a primeira vez, em vinte anos de colaboração, que ela tinha me dito algo assim. Talvez aquele desabafo fosse uma reação emocional por causa do seu coração e do problema de audição. Fossem quais fossem seus motivos, eu estava agora em uma situação da qual não podia fugir. Passei vários minutos furiosa, mas finalmente me acalmei. Durante o resto da tarde, Simca e eu posamos, de pé e sentadas em várias posições, enquanto Newman tirava 175 retratos formais nossos.

No dia seguinte, a velha e espevitada Jeanne Villa levou Patrick O'Higgins até o Marché aux Fleurs de Grasse, e ele encheu o carro de flores, legumes e verduras. Eram para decorar a sala de estar do restaurante de Rancurel, do outro lado do rio. A ideia era criar um "fête champêtre"[83] bem entusiástico, como fundo para os pratos do volume II que Rancurel e Boussageon iriam preparar e Arnold Newman iria fotografar. Para gerar o clima certo, eles convidaram uma dúzia de habitantes locais para participarem da refeição. Jeanne e Laurent fizeram o papel de um "casal", e a eles se juntaram Cantan o empreiteiro, Lerda o carpinteiro, Ceranta o eletricista, suas esposas, e mais outras pessoas. Todos ficaram nervosos, deram altas risadas, contaram piadas sujas, comeram até não poder mais, e cantaram a plenos pulmões.

---

[83] Banquete campestre (N.T.)

As crianças da cozinha vieram sorrateiramente até a sala de jantar e passaram os dedos na cobertura do bolo.

III. Noite de Cinema

Dominando a Arte da Culinária Francesa, volume II, foi publicado no dia 22 de outubro de 1970, nove anos depois do volume I. A Knopf havia resolvido fazer uma primeira impressão de cem mil exemplares, e Simca e eu fizemos uma viagem rápida de promoção pelo país. Mais ou menos duas semanas depois do lançamento do livro, nossa nova série do *The French Chef* a cores estreou na tevê, apresentando os documentários que tínhamos filmado na França, nas estações PBS de todo o país. O primeiro programa foi sobre *bouillabaisse*, e as críticas foram as mais favoráveis possíveis. Que maneira espetacular de lançar o nosso livro!

O primeiro indício de problemas surgiu numa noite de janeiro de 1971, quando Judith Jones foi a um jantar em Manhattan. Ela sentou-se ao lado de um médico do Hospital Mount Sinai, que mencionou que fazia parte de uma equipe que estava pesquisando a possibilidade de que o amianto causasse câncer. Foi aí que Judith se lembrou de alguma coisa. "Amianto... hummm... A Julia recomenda usar uma placa de cimento de amianto para criar uma superfície própria para assar pães no seu forno simulado, no volume II!"

E tínhamos mesmo recomendado isso. No dia seguinte, Judith telefonou para o hospital e localizou o médico que estava encarregado da pesquisa sobre o amianto. Sem lhe contar exatamente por que estava interessada no assunto, fez perguntas sobre o resultado das pesquisas. O médico disse mais ou menos:

– Temos motivos para acreditar que pode haver uma relação entre certos tipos de câncer e o amianto, e recomendamos que não seja usado em nenhuma forma de preparação de alimentos. O cimento de amianto pode ser menos prejudicial do que o amianto puro, por que está compactado com cimento, mas não queremos elaborar teorias sobre o assunto até nosso trabalho estar encerrado.

– Mais ou menos quanto tempo vai demorar essa pesquisa? – indagou Judith.

– Ah, uns cinco anos – respondeu ele.

– Obrigada – disse Judith. Desligou e imediatamente ligou para nós, em Cambridge.

Quel désastre! Já havíamos recomendado usar uma placa de cimento de amianto no livro, e agora só restavam alguns dias antes da gravação de nossos dois programas sobre pão para a tevê. Só que não podíamos recomendar o uso de uma placa potencialmente carcinogênica no nosso forno simulado de padaria! O que fazer?

Tínhamos oito dias para encontrar um substituto. Qualquer placa nova que fosse recomendada teria que ser acessível para o americano médio; precisava ser capaz de aquecer-se bastante e não rachar quando se jogasse água fria sobre ela; precisava adaptar-se a pães e fornos de vários tamanhos; e não podia pesar muito; e sua cobertura vitrificada deveria ser "a alta temperatura" (cozida a 1232 graus), de modo a evitar envenenamento por chumbo.

Na rua 103 da Irving Street, Paul passou horas pesquisando todo tipo de lajotas, de vários tamanhos, espessuras, e preços: carbureto de silício, por 19 dólares cada, chapas de Pyrex por 14,50 dólares, e ardósia, por 5,15. As duas primeiras eram caras demais, e quando testamos uma placa de ardósia ela se partiu ao meio no calor do forno.

Na noite de quinta-feira, fiz pão em três placas diferentes, lajota de pedra, lajota vitrificada e meios tijolos refratários. Todas as três opções produziram excelentes pães. Nenhuma rachou. Viva!

Aí tivemos uma longa conversa com o Dr. Rothschild, especialista em envenenamento por chumbo no Hospital Sloan-Kettering. Não só era um cientista cuidadoso e encantador, como ele e a esposa já haviam lido o volume II, comprado uma placa de cimento de amianto e conseguido fazer um pão francês excelente. Ele disse que não achava que houvesse muito risco, se é que havia algum, em se usar cimento de amianto, mas que iria fazer testes mesmo assim.

Ao gravarmos o primeiro programa sobre pão, decidimos não mencionar a placa de cimento de amianto no ar; iríamos simplesmente sugerir que as pessoas usassem lajotas de cerâmica vermelha comuns, dessas para pisos. Judith chegou exatamente à mesma conclusão que nós a respeito do livro. Estava vendendo bem, e em impressões seguintes do volume II, ela fez várias correções, sendo uma delas uma alteração de placa de amianto para lajota de piso de cerâmica vermelha ou lajota de pedra, para simular um forno de padaria. Nunca recebe-

mos nenhuma carta sobre o assunto, e nem sei se alguém notou a mudança, mas desconfio que o pão francês foi a receita na qual mais trabalhei e que as pessoas menos quiseram experimentar!

A gravação dos nossos programas sobre pão correu muito bem, embora houvesse um último problema a superar. Pendendo sobre o cenário havia sessenta e cinco luzes muito fortes que queimavam como o sol do deserto do Saara. Diante de mim havia várias tigelas de massa de pão crescendo, de modo que eu pudesse mostrar como a massa do pão é em estágios diferentes. Mas o calor dos refletores ativava o fermento, e como dizem, "o tempo e uma massa posta para crescer não esperam ninguém!" Depois eu perdi meus óculos de leitura, na frente da câmera, e não consegui ler os rótulos das tigelas. Fiquei falando sem parar, mas peguei a tigela errada de massa para fazer minha demonstração. Quando comecei a trabalhar a massa, ela não reagiu como era esperado, mas eu já estava embalada, e consegui terminar a cena, assim mesmo. *À la fin*, os pães cresceram perfeitamente, um pouco antes de serem levados ao forno, e tudo saiu conforme o previsto, exatamente em 28,57 minutos.

Ufa!

Só que eu não tinha tempo para descansar. Estávamos no programa seguinte, e no seguinte, "Variações da Pizza", "Bolo de Chocolate", "Pato Prensado", "Como trabalhar com Chocolate", etc. Foi uma primavera frenética, inteiramente tomada por ensaios e filmagens de dois programas do *The French Chef* por semana, revisões de nossos filmes na França e daí por diante.

Em maio de 1971, Paul e eu escapulimos da roda-viva que era a televisão para a paz e a quietude de La Pitchoune. Depois de aterrissarmos em Nice, comemoramos com nosso almoço tradicional no aeroporto. A comida estava perfeita, o vinho perfeito, e o serviço foi perfeito. Ahhh! Em que outro lugar do mundo se encontraria comida dessa qualidade no aeroporto? Como sempre, essa refeição ritual significou uma mudança de ritmos interior: era um lembrete não só para andarmos mais devagar, mas apurar nossos sentidos. Pareceu nos dizer: "Vocês não estão mais nos Estados Unidos, pessoal. Estão aqui na Belle France! *Faites Attention!*[84]

A princípio, achamos que poderíamos passar uma semana ou duas passeando pela Côte d'Azur, mas depois de nos instalarmos na nossa satisfatória casinha, não havia dúvida de que iríamos nos acomodar por lá. Nosso interesse pela vida estava meio desgastado. Precisávamos ficar incógnitos, não fazer nada a não ser dormir até mais tarde, comer bem e apreciar o canto dos cucos e os aromas do campo. Só que estávamos tão acelerados, que levamos uma semana para nos adaptarmos à paz do nosso ambiente.

La Peetch estava tão fria e escura quanto uma masmorra. Levamos horas para fazer os aquecedores começarem a irradiar calor, eliminar as teias de aranha, e substituir as lâmpadas queimadas. O carpinteiro e o pedreiro tinham feito o seu

---

84 Prestem atenção! (N.T.)

trabalho, mas o encanador e o eletricista ainda não haviam aparecido, e quando apareceram descobriram que nossa lavadora de louças era para uma voltagem diferente e que estavam faltando algumas peças dela. Com os feriados da Ascensão e Pentecostes chegando, não se poderia fazer a obra durante dias. Demos de ombros. O novo estacionamento grande no alto da entrada de carros parecia magnífico, e atrás do muro de pedra via-se que estava brotando uma fileira de pés de alecrim. O inverno tinha sido incomumente frio na nossa parte da Provença, e todas as mimosas e várias outras plantas tinham morrido ou ficado atrofiadas. Agora as sobreviventes estavam cheias de brotos de um verde bem vivo, e havia uma profusão de enormes botões de rosa cor de laranja e amarelos.

Antes de chegarmos, O *International Herald Tribune* tinha publicado um artigo de um colega de embaixada do Paul, no qual afirmava ter nos conhecido nos tempos de outrora e como encontrar La Pitchoune. Isso nos irritou, principalmente depois de dois grupos de turistas americanos e uma família canadense em um miniônibus subirem direto pela nossa entrada de carros e perguntarem por nós. Conforme nossas instruções, Jeanne e Laurent lhes disseram: "Os Child não estão aqui." E isso pareceu persuadi-los.

Dois de nossos programas, "Gêmeos do Espinafre" (gravado em La Pitchoune) e "Bolo de Carne" (gravado na casa de Boussageon, o açougueiro), produziram filmes de dezesseis milímetros coloridos, com som. Certa noite, convidamos um grupo de habitantes locais para vir assistir ao filme. Foram uma dúzia de pessoas, inclusive Jeanne Villa, os Boussageon, os Lerda, Umberto, Gina, Les Fischbacher e daí por diante. Às nove horas, logo antes de as luzes se apagarem, houve um ligeiro nervosismo no ar: nossos convidados não estavam acostumados a visitar uma casa de americanos e provavelmente nunca haviam se visto em um filme antes. Todos sorriam, tensos, sentados retos como uma tábua nas cadeiras. As luzes enfraqueceram, e enquanto eles assistiam ao filme, no qual eu, Simca e eles apareciam, feito ali mesmo, ninguém mexeu sequer um músculo.

As luzes acenderam-se, e servimos champanhe. De repente todos começaram a fazer comentários a altos brados. Era interessante notar que as mulheres mal molharam os lábios, enquanto os homens beberam pelo menos três ou quatro taças de champanhe cada.

Por volta das onze e quarenta e cinco daquela noite, já estávamos prontos para ir para a cama, como tenho certeza de que os habitantes locais, madrugadores que eram, também estavam. Só que eles não sabiam qual era o protocolo para saírem educadamente, portanto ficaram sentados esperando por algum tipo de sinal misterioso. Nós também não sabíamos qual seria esse sinal. Finalmente Paul puxou Jean Fischbacher para a cozinha e aos cochichos pediu-lhe que saísse primeiro. Ao entrar na sala de estar, Jean disse bem alto:

– Bom, muito obrigado, foi uma reunião ótima! – E depois que ele conduziu Simca até a porta, todos os demais convidados se levantaram das cadeiras ao mesmo tempo, saíram com grande estardalhaço, numa alegre confusão.

CAPÍTULO 9

Da Cozinha de Julia Child

I. Ma Chérie

Em junho de 1971, a revista *Réalités* enviou uma equipe de escritores-fotógrafos para me entrevistar em La Pitchoune e, lembrando-me de como Simca havia ficado sentida com as histórias da *Vogue* e da *McCall's*, insisti para que a incluíssemos no almoço. Achei que era importante mostrar nós duas trabalhando juntas, em equipe.

— Simca vai se comportar como um tanque do General Patton nessa entrevista; inocente, é claro, mas com um egocentrismo total — avisou Paul. — Ela nem sequer experimentou suas receitas, nem mesmo a de pão francês. É incrível!

— Não é bem isso — respondi — mas ela nunca me considerou mesmo uma cozinheira com a qual devesse se preocupar.

Suspirei. Simca era a minha "irmã francesa". Eu reagia com tremendo ardor à sua verve e talento criativo, e me sentia grata por sua generosidade, cedendo-me o terreno para a casa e cuidando de La Pitchoune. Porém, não restava dúvida de que ela e eu cada vez estávamos nos afastando mais uma da outra. Talvez fosse inevitável. Eu a chamava de La Super-Française, em parte porque era muito velha guarda: suas opiniões eram imutáveis; ela não queria escutar os outros; *ela* dizia a *você* o que era o quê, sem deixar espaço para um debate de ideias ou para uma conversa de verdade.

Alguns meses mais tarde, eu estava em minha cozinha de Cambridge com Judith Jones, quando abri uma carta da Simca. Nela, ela criticava uma receita do *Dominando*, volume II, dizendo mais ou menos ou seguinte: *"C'est pas français!"* Vocês americanos não conseguem, de modo nenhum, compreender que nós, franceses, *nunca* aproveitaríamos caldo produzido pela carne enquanto assa para regar nada na cozinha!

Durante anos eu tinha procurado fingir que não via o menosprezo e os insultos de Simca, mas agora não aguentava mais. Aquela carta tinha sido a última gota. Fiquei tão zangada que joguei as páginas no chão e pisei nelas.

– Chega! – jurei. – Ela nunca mais vai me tratar assim.

Judith levantou as sobrancelhas, admirada.

– É isso aí, – declarei. – Fim da colaboração!

Simca e eu nunca tivemos uma discussão franca sobre os nossos *contretemps*[85]. Não era preciso. Depois de tantos anos trabalhando juntas, já nos conhecíamos por fora e por dentro. Agora estávamos nos despedindo uma da outra e seguindo caminhos separados – eu, para as minhas aulas da televisão e os meus livros, ela para sua vida particular e aulas de culinária. No entanto, ela para sempre seria minha *"adorable grande chérie bien aimée."*

Simca tinha sessenta e seis anos e, depois de vinte e dois anos de cozinha profissional, ela disse que "queria descansar". Porém, ela não era do tipo que descansa. Num golpe de sorte, Judith Jones fez um contrato com ela para escrever o seu próprio livro. Simca's Cuisine (*A cozinha de Simca*) seria uma combinação de histórias sobre a sua vida com cardápios e receitas das suas regiões favoritas da França – A Normandia (seu *terroir* nativo), Alsácia (de onde era Jean) e Provença (onde moravam juntos). Seu livro, Simca escreveu no prefácio, era para aqueles que "já não são mais exatamente principiantes, que adoram cozinhar e partilhar *"la véritable cuisine à la française* – a verdadeira cozinha francesa." Era também um bom depósito para algumas de suas muitas receitas que não tínhamos podido incluir nos nossos dois livros do *Dominando*.

Escrever um livro inteiro revelou ser difícil para Simca. Parte do problema era porque ia ser escrito em inglês, para o mercado americano, e Simca não dominava tanto a língua quanto pensava. Eu ajudei a fazer a revisão e a traduzir alguns termos, na medida do possível, porém não me envolvi de modo significativo. Por fim, Patricia Simon – a americana que tinha escrito sobre nós na *McCall's* – foi contratada para ajudar a parir o *Simca's Cuisine*. Com uma boa dose de incentivo da parte de Judith (a quem o livro foi dedicado), conseguiram terminar. Era um livro muito francês, com menus ambiciosos que exigiam muito da cozinheira americana. Mas

---

[85] Desentendimentos (N.T.)

era atraente e transbordante da criatividade de Simca. Cheguei mesmo a reconhecer, no conteúdo, alguns toques práticos de Jeanne Villa.

Simca's Cuisine foi publicado em 1971. As vendas foram boas mas não tão estimulantes como Simca havia esperado. A publicação de um livro é um negócio complicado e, por bem ou por mal, as vendas estão condicionadas à celebridade do autor. Tentei consolá-la, lembrando que até mesmo o livro *Beard on Food*, do famoso Jim Beard, não tinha vendido tão bem assim.

Agora Jim era cliente habitual em La Pitchoune. Era calvo, com um metro e oitenta e nove de altura e devia pesar pelo menos uns 117 quilos. Era um homem engraçado e bondoso e com um paladar incrível. Toda vez que eu ficava confusa com uma pergunta sobre culinária, telefonava para Jim, que sabia a maior parte das respostas de cor, ou então indicava alguém que soubesse.

Quando Jim Beard chegou em La Pitchoune em janeiro de 1971, parecia mais pesado e mais cansado do que de costume. Tinha estado viajando praticamente sem parar durante meses, fazendo demonstrações culinárias, dando aulas e escrevendo artigos sobre culinária por toda a América. Tinha vindo nos visitar na França para ter uma folga e esperar que, após alguns dias de descanso em La Peetch, voltasse a ter todo o seu vigor. Porém, desta vez, ele não parecia estar muito bem. Preocupados, Paul e eu o levamos de carro para Grasse, onde o Dr. Pathé disse, assim na bucha:

– Monsieur Beard. O senhor está com peso excessivo e super-estressado. Precisa fazer mudanças radicais em seu estilo de vida *immédiatement*, ou certamente sofrerá *une crise cardiaque!*

Isso assustou-o demais e, dentro de seis meses, Jim tinha conseguido, com dieta, se livrar de mais ou menos vinte e sete quilos.

Naquele mês de outubro, tínhamos programado um almoço com ele em Nova York, mas às quatro e meia da manhã, Jim acordou com fortes dores no peito. Ficou deitado na cama, respirando com dificuldade, com medo de se virar. Finalmente, um amigo obrigou-o a chamar um médico e o levaram rapidamente para o hospital. Lá, ligaram-no a uma máquina, o que, provavelmente, salvou a sua vida.

Escapou por pouco. Estávamos agora na idade em que alguns de nossos melhores amigos mais velhos estavam "batendo as botas" e partindo para o além. Paul Mowrer, nosso querido amigo dos dias em Paris, tinha falecido durante o verão.

Para tentar evitar o inevitável, Paul e eu fomos fazer nosso exame médico anual. Eu estava com cinquenta e nove anos e o doutor disse que eu estava bem de saúde. Paul estava com sessenta e nove e o médico disse a ele:

– Seu eletrocardiograma devia constar de um livro de medicina... Fisicamente, você está que é uma maravilha. (Esse sim que era um bom médico!)

Em junho de 1972, Jim Beard tornou a pegar um avião e veio descansar em La Peetch. Estava voltando da Noruega, por onde havia viajado aconselhando os noruegueses como agradar ao paladar americano. Ele se hospedou em Le Mas Vieux, em parte porque os quartos eram mais espaçosos, mais de acordo com o seu tamanho do que a nossa casa e, em parte, para fazer companhia a Simca.

Ela tinha quebrado a perna direita, e por isso estava confinada ao lar, tendo que usar uma cadeira de rodas durante quarenta dias. Estava de baixo astral e desesperada para sair ao ar livre e receber visitas.

Na noite em que Jim chegou, o tempo estava lindo e o coro dos sapos era como um fundo musical a todo volume. Jeanne preparou um delicioso frango com estragão, tivemos uma conversa divertida à mesa do jantar, a maior parte sobre comida. Durante o passar da noite, a sisuda e enérgica Simca de repente se transformou, agindo com a *joie-de-vivre*[86] de uma mocinha.

Toda manhã, Jim, como se fosse levado pelo vento, atravessava vagarosamente o campo até La Peetch, vestido num enorme e flutuante quimono japonês, para o desjejum. Sentávamos no terraço à sombra da oliveira, bebendo chá chinês e comendo frutas, enquanto tagarelávamos sobre cozinha, restaurantes e vinho. Jim sabia o que todos do mundo da culinária estavam fazendo e contava a nós, os caipiras, todas as fofocas da cidade grande.

No meio de uma manhã, entramos no nosso pequeno carro francês de aluguel – Paul na direção, Jim sentado ao seu lado, como um Buda, e eu, toda dobrada feito uma sanfona, no banco de trás. Depois descemos nossa estrada velha e cheia de calombos – o tipo de caminho que durante a guerra todos chamariam de "acessível para jipes", e subimos o morro até Plascassier. Enquanto Paul esvaziava nossos grandes sacos de papel cheios de lixo no depósito sanitário local, eu comprei dois coelhos do Boussageon e Jim bateu papo com os Plascassianos que

---

86 Alegria de viver, entusiasmo (N.T.)

passavam, muitos dos quais ele reconheceu de suas visitas anteriores. De lá, fomos para Grasse.

Que cidade fabulosa! Jim e eu compramos frutas no Place Aux Aires, enquanto Paul tirava fotos com a sua confiável Rolleiflex, e depois fomos passeando devagar pelas ruas medievais cheias de gente, absorvendo as camadas de história, aromas e sons. Voltamos para o carro carregados com sacolas abarrotadas de compras e transferimos o que era perecível para a nossa "geladeira de viagem", uma caixa grande de isopor, cheia de sacos com cubos de gelo, um sistema excelente para conservar coisas como peixe fresco ou verduras, no calor. Naquela tarde nós, os Gigis, fizemos experiências na cozinha, usando uma massa de cerveja e farinha, onde passamos as grandes flores cor de laranja de abobrinha verde que tínhamos comprado, para fritá-las. Ficaram super crocantes, deliciosas.

II. Chef

Uma vez por ano, havia na cidade de Paris um concurso fascinante de arte culinária: o vencedor teria o direito vitalício de colocar as iniciais "MOF" depois do próprio nome. Essas letras mágicas significavam *Meilleur Ouvrier de France* – que, basicamente traduzindo, seria "Melhor Chef da França". E, no competitivo e rigidamente hierárquico mundo de *la cuisine française,* não havia, absolutamente, uma glória maior. O desafio era o de cozinhar uma refeição inteira tirada do repertório clássico. Todo mundo cozinhava os mesmos pratos e o menu era anunciado com uma semana de antecedência, de forma a não haver nenhuma surpresa. A competição durava quase um dia inteiro e era aberta a qualquer *chef* que ousasse comparar suas habilidades com as dos melhores da França. O grupo de juízes era formado por ex-ganhadores do concurso e cozinheiros respeitados. Eles observavam cada passo dos competidores na preparação dos pratos e os julgavam tanto pela apresentação como pelo paladar. O concurso era avidamente acompanhado pelo público e amplamente divulgado. Dizia-se que triunfar no MOF dava mais prestígio do que obter um doutorado, porque, na competição culinária, só podia haver um vencedor.

Naquele ano de 1972 havia quarenta e oito competidores e, no fim do dia, o vencedor acabou sendo nada mais, nada menos do que Roger Vergé, *chef* do Le Moulin de Mougins. Que sorte a dele – e nossa! O Moulin era o nosso restaurante favorito em toda a Côte d'Azur, ou talvez em toda a França, e ficava logo ali perto, descendo um pouco a estrada.

Astro da culinária, o *chef* Vergé tinha passado algum tempo nos Estados Unidos e sabia tudo sobre James Beard (ele havia até visto um ou dois episódios do *The French Chef*, do qual quase ninguém na França havia ouvido falar). Quando soube que Jim estava na cidade, pediu-nos para que não deixássemos de passar para visitá-lo. Portanto, um dia, Paul, Jim e eu fomos ao seu restaurante em Mougins, uma pequena cidade montanhosa muito procurada pelos artistas.

O *chef* Vergé e sua mulher, Denise, eram um casal encantador, e ele era um dos mais bem-conceituados *chefs* que tínhamos conhecido. Estava com quarenta e poucos anos, tinha uma cabeleira farta, bigode espesso que estava se tornando prematuramente grisalho e uma voz melodiosa. Sem ser exatamente alto ou de compleição robusta, o *chef* Vergé era muito carismático. Sua personalidade sobressaía-se em toda parte do Moulin: sua grande habilidade na cozinha, sua escolha apurada da lista de vinhos, a equipe de rapazes treinados pessoalmente, a concepção bem estudada de como deveria ser um salão de jantar de primeira classe, e sua capacidade de corresponder a esse ideal no dia a dia. (Um fato pouco conhecido sobre esse "*chef* das estrelas e dos artistas" era que ele julgava as pessoas pelas mãos: talvez por alguma superstição pessoal, ele evitava as que tinham mãos pequenas – alguma coisa com a qual eu não tinha que me preocupar.)

Madame Vergé, baixinha e bela, sempre fazia com que as pessoas se sentissem bem-vindas ao salão de jantar, mesmo quando o *chef* estava ausente. Sempre ativa, ela fornecia as flores do restaurante e administrava uma butique em Mougins, onde vendia objetos antigos, decorações para centro de mesa e os produtos *gourmet* de Vergé. Em cima da loja, Vergé tinha um segundo restaurante, L'Amandier, e uma escola de culinária. O Moulin era uma experiência extraordinária e extremamente satisfatória, e eu perguntei a Vergé como ele havia criado um lugar assim.

O *chef* disse que, durante mais de um ano, tinha procurado e tornado a procurar o prédio certo, na cidade certa e na região certa para ali fundar o seu restaurante. Depois de quase se resolver por um lugar em Aix-en-Provence, e passar alguns meses lá, verificando os mercados, os meios de transporte e o tipo de clientela que poderia esperar, acabou se decidindo pelo local do Le Moulin de Mougins, em 1968. Durante muitos anos, o prédio tinha sido um moinho de óleo de oliva, antes de se tornar um lugar que era conhecido como *un cinq à sept* (uma espécie de motel para onde os homens levavam suas namoradas das cinco às sete da noite). Agora, claro, os Vergé tinham reformado completamente o prédio e o mobiliado com bom gosto. Tinha dois grandes salões de jantar na parte de dentro, um amplo bar, e alguns quartos em cima (que não se podia mais alugar por hora!). Os dois terraços eram lugares maravilhosos para se comer, com mesas brancas bem espaçadas, recobertas com toalhas de linho cor-de-rosa e protegidas por grandes guarda-sóis. Atrás do restaurante, havia várias oliveiras muito altas e muito antigas. No sopé da montanha havia um denso vale isolado, com salgueiros e um airoso riacho.

No almoço comemos um prato de lagosta com um molho reduzido de vinho tinto. Quando terminamos o nosso café, o *chef* Vergé surgiu da cozinha e nos acompanhou tomando conosco uma taça de champanhe. Apresentamos Jim e daí partimos direto para conversar sobre comida – os desafios de conseguir estrelas do Michelin (ele tinha duas e estava indo para a terceira), as satisfações e os riscos de se administrar um restaurante de sucesso, o equilíbrio do orçamento levando-se em consideração o pessoal, os utensílios e equipamentos de cozinha, a decoração do salão de jantar, e daí por diante. A certa altura, mencionei algo que vinha me preocupando ultimamente:

– Sabe, *Chef*, ao longo de mais ou menos cinco anos, sinto que seus famosos frangos franceses, os *poulets de Bresse*, já não têm sido tão bons como costumavam ser.

– *Oui*, é verdade – ele respondeu – mas encontrei um lugarzinho em L'Allier que ainda produz bons frangos. – Quando nos conduziu até a cozinha e nos apresentou ao seu sorridente pessoal, Vergé abriu a porta de um refrigerador do tamanho de um quarto, retirou de lá um frango de L'Allier, embrulhado numa folha de alumínio, e nos mostrou. Num gesto final de gentileza, recusou-se a deixar-nos pagar a conta.

Paul e eu começamos a visitar constantemente o *chef* Vergé e, quanto mais o conhecíamos, mais eu o achava um exemplo fundamental do que um verdadeiro *chef* devia ser. Ele era um elo vivo com os grandes *chefs* do passado, um tipo de cozinheiro dedicado que tanto havia inspirado meu amor pela França e sua comida. E, exatamente como Curnonsky, Vergé não podia ter vindo de nenhum outro lugar a não ser da França.

Com o *chef* Vergé em seu restaurante.

Numa tarde, às cinco e meia, o *chef* e sua mulher uniram-se a nós para tomarmos coquetéis no terraço de La Pitchoune. Tínhamos trazido dos Estados Unidos um presunto grande da Virginia e esperávamos que ficassem interessados por esse tipo de carne. Eu havia usado um pouco dele para fazer uma *jalousie au fromage et jambom de Virginie,* uma torta de queijo e presunto de massa folhada, que servimos com uma garrafa de Dom Pérignon 1964 que Jim Beard tinha deixado para nós.

Há muito tempo que havia decidido não entrar no negócio de restaurantes, porque exigia uma dedicação total; além do mais, num restaurante fica-se restrita a cozinhar o que está no cardápio, e eu preferia fazer experiências com muitos pratos diferentes. No entanto, ficava sempre imaginando, "E se eu tivesse feito isso...?" Ficava sempre curiosa por saber como os outros tinham conseguido.

— Como se tornou dono de restaurante? — perguntei a Vergé.

— Sabe como é, eu nasci no Allier Department e tinha oito irmãos. E, para nós, a comida era a coisa mais importante do mundo — explicou. A aldeia em que eu morava tinha uma população típica de pessoas do campo, vinhateiros, donos de granjas, fabricantes de queijos, pomicultores, pescadores, caçadores, fazendeiros, *marchands de bétail*[87], etc. Não havia cinemas nem televisão, nem mesmo algum tipo de esporte organizado e portanto, comer e beber (e transar, evidentemente) eram as principais diversões. Um dos meus avôs se levantava às quatro da manhã, tomava uma caneca de café e comia uma galinha assada inteira. Depois, tomava uma segunda caneca de café e comia uma segunda galinha. Olhe que isso era antes do desjejum, só pra começar bem o dia... e era *todo* dia assim!

Enquanto ele dizia isso não pude deixar de observar que, tanto o *chef* Roger como sua pequenina Denise, tinham comido, cada um, duas enormes porções da *jalousie*.

Os domingos eram os verdadeiros dias de festa *chez* Vergé, quando todas as gerações da família se reuniam.

– Minha mãe e minha tia levantavam-se cedo e passavam o dia inteiro cozinhando – disse ele. – Começávamos a comer e beber lá pelas dez, domingo de manhã, e só parávamos por volta das cinco horas da tarde. A essa altura, os homens todos se reuniam e iam para o centro da aldeia, onde passavam uma ou duas horas num café, tomando aperitivos. As mulheres lavavam os pratos e começavam a preparar o jantar. Um dos meus tios, que devia ter seus setenta e cinco anos na época, ficava tão bêbado que acabava caindo no chão. Quando a comilança e a bebedeira começavam de novo, minha tia pegava uma tesoura e cortava uma veia da orelha dele. Quando já tinha perdido bastante sangue, ele se levantava e juntava-se a nós!
– Esses jantares de domingo épicos duravam até meia-noite.

– Meu tio era um homem bastante robusto e que viveu até os oitenta e quatro anos. Todo mundo da cidade era *grande* – com caras vermelhas, pessoas fortes, que trabalhavam duro. Ninguém na minha família entendia nada de dieta. Quando vejo no meu restaurante umas dessas pessoinhas magrelas beliscando a comida como se fossem pardais, fico lembrando da nossa aldeia, onde todo mundo comia montes de linguiça, patês, carnes, peixes, faisões, gansos, carne de caça e frangos. Não comiam muitos legumes, claro. A maioria era carne.

– Então, aprendeu a cozinhar observando sua mãe e sua tia?

– Elas colocavam um banco bem perto do fogão para que eu subisse nele e

---

87 Criadores de gado. (N.T.)

visse tudo que elas faziam. Algumas vezes eu mexia as panelas ou segurava uma caçarola e, claro, ficava provando tudo e ouvindo tudo que elas falavam. Daí, quanto completei dezessete anos, foi muito natural que me tornasse um aprendiz de *chef*, e foi assim que tudo começou.

III. Coração Partido

Em agosto de 1974, estava úmido e fazia 37 graus em La Pitchoune e, a despeito de tentar melhorar tomando champanhe gelado, o pobre Jim Beard não estava passando bem. Porém Paul é que acordou às quatro da manhã, tossindo e engasgando com uma golfada de sangue que tinha saído pelo seu nariz. Na manhã seguinte tornou a sentir a mesma coisa e, logo depois do almoço, teve um terceiro sangramento. Isso não era normal. Chamamos o médico local, que sugeriu que puséssemos gelo em cima do nariz de Paul, mantendo sua cabeça elevada, receitando alguns outros remédios básicos. A hemorragia passou.

Nunca tínhamos ido a La Peetch em agosto antes, mas eu estava de folga do trabalho na televisão e, enquanto isso, trabalhava no meu último livro, *From Julia Child's Kitchen* (Da cozinha de Julia Child). Naquela noite, demos uma festa no nosso terraço. Havia oito convidados, incluindo o autor americano de livros de culinária, Richard Olney, um amigo de Jim, que tinha vindo de sua casa em Solliès-Toucas. O menu incluía *oeufs en gelée*, perna de carneiro assada, *haricots panachés* (vagens e feijões rajados) e queijos. Para a sobremesa, fiz algo que já estava elaborando fazia tempo, e finalmente resolvi apresentar ao público, *tarte au citron*[88], que era maravilhosa. Paul serviu uma sucessão de magníficos vinhos. O nariz dele não sangrou.

— Bem, é claro que podemos *chamar* de um ataque do coração, se a gente quiser, porém essa frase tem muitos significados — o médico disse. — Por que aconteceu? Realmente não sabemos, mas vamos fazer todos os exames necessários.

---

88 Torta de limão (N.T.)

Já era outubro, e tínhamos regressado a Cambridge. Paul havia sofrido um enfarte, resultante de uma doença cardíaca que estava, vagarosamente, evoluindo.

Não tinha sido um senhor ataque, desses que a gente vê no cinema, ele disse. Era mais um entupimento das artérias que tinha causado o problema, o qual se enfiou nele como se fosse "um ratinho do campo, com patinhas almofadadas e macias."

Desde 1967, Paul lembrou, ele vinha sentido ligeiras dores no peito. Elas desapareciam e, quando fazia os exames cardíacos, o doutor dizia: "Parabéns, o senhor tem o coração de um atleta de trinta anos!"

Mas, depois dos sangramentos que teve pelo nariz em La Pitchoune em 1974, Paul tinha começado a sentir aquelas dores todos os dias. Ele contou isso ao nosso médico em Boston naquele outono e imediatamente o levaram para a Unidade de Tratamento Intensivo, onde descobriram duas artérias bloqueadas. Usando veias de suas pernas, os médicos fizeram uma espécie nova de operação, uma ponte de safena. Depois da cirurgia, Paul ficou entubado como se fosse *un pigeon désossé*[89], e teve que ficar de cama durante semanas. Além disso, alguma coisa durante a operação (talvez uma falta de oxigenação do cérebro) o havia deixado com problemas mentais. Confundia números e nomes e sua linda caligrafia se transformou em um monte de rabiscos.

Meu pobre marido, ele que tinha tanto orgulho em poder levantar pesadas malas, serrar árvores grandes, estava detestando estar tão debilitado e confuso assim. Eu também sofri muito com aquilo.

Ia visitar Paul no hospital todos os dias. Mas ainda tinha muita coisa a fazer no *From Julia Child's Kitchen*, graças a Deus! Como sempre, meu trabalho dava motivação a minha vida, me forçava a ser produtiva, e me equilibrava. Eu tinha mesmo muita sorte. Se não tivesse um projeto como um livro de cozinha no qual trabalhar, bem que poderia ter ficado maluca naqueles sombrios meses em que Paul esteve hospitalizado.

O meu novo livro tinha começado como uma espécie de *French Chef Cookbook*[91], volume II, e era baseado nos nossos setenta e dois shows de TV. Porém, depois que comecei a escrevê-lo, ele virou algo bem diferente: um caminho pessoal

---

89 Pombo desossado (N.T.)
90 *The French Chef Cookbook* é um livro com todas as receitas da primeira fase de seu programa (N.T.)

cheio de histórias, mudanças de receitas e comentários resumidos sobre os meus vinte e cinco anos na cozinha. Foi o meu livro mais pessoal e o mais difícil que já escrevi. Talvez por isso é que acabei considerando-o meu favorito.

De certa forma, *From Julia Child's Kitchen* representou uma grande libertação para mim. Incluiu as lições que eu havia aprendido da clássica cozinha francesa, enquanto aplicava os meus conhecimentos de culinária, ao mesmo tempo em que esse meu conhecimento me impelia em novas direções. Com o forte incentivo de Judith Jones, arrisquei-me em outras áreas, como o caril indiano, sopas de mariscos e peixes da Nova Inglaterra, biscoitos belgas, e comecei a usar novos aparelhos, como o forno de microondas. Como era do meu costume, comecei a pesquisar sobre a maneira certa de se fazer ovos cozidos e as várias formas de se fazer um suflê de batatas, esse tubérculo surpreendente e complicado.

Minha esperança era que os leitores fossem usar o livro *From Julia Child's Kitchen* como se estivessem em uma escola particular de culinária. Tentei estruturar cada receita como se fosse uma aula. E, a grande lição contida no livro é a de que ninguém é um grande cozinheiro *nato*, mas que se aprende *fazendo*. Este é o conselho invariável que dou às pessoas: Aprenda a cozinhar, experimente novas receitas, aprenda com seus erros, não tenha medo, e, acima de tudo, divirta-se!

Epílogo

Paul sempre achou que fechar La Pitchoune após uma temporada era "uma morte simbólica." Mas isso parecia lúgubre demais para mim. Eu não achava que fechar nossa casa por alguns meses fosse uma "morte", de jeito nenhum. Para mim, a vida anda para frente. Deixar La Peetch depois de uma temporada simplesmente significava que haveria um bom motivo para voltar da próxima vez. E foi mesmo o que fizemos, ano após ano.

Em 1976, Jean e Simca venderam seu pequeno apartamento em Neuilly, na periferia de Paris, e se mudaram para Le Mas Vieux definitivamente. Todo verão ela dava aulas de culinária lá, a maioria para americanos, que adoravam suas receitas acessíveis e genuinamente francesas. E, nos anos seguintes, tanto ela como Louisette escreveriam dois livros de receitas cada uma.

Depois, chegou uma época em que nossos amigos íntimos e nossos familiares começaram a partir para o Além. Charlie e Freddie morreram de ataques cardíacos. Jim Beard morreu em 1985, com oitenta e um anos. Jean Fischbacher morreu no ano seguinte, aos 79 anos. Simca, que estava morando sozinha em Le Mas Vieux, recusou-se a ir para uma casa de repouso ou contratar uma enfermeira. Eu me preocupava com *ma belle soeur*, mas, como sempre, ela estava determinada a fazer as coisas do seu jeito.

"Muitas vezes penso em nós, pessoas sem filhos, sem descendentes em quem nos apoiarmos", escrevi a Simca. "Avis, por exemplo, que evidentemente tem mais ou menos um ano de vida por causa do câncer, tem seus netos que a levam para fazer compras, etc. *Eh bien*, nós vamos cuidar de nós mesmas... no que fazemos muito bem. Mas, nessa altura da vida, compreendo a grande diferença entre nós e aquelas que tiveram filhos!" Havia momentos de melancolia nos quais eu desejava ter tido uma filha com quem pudesse compartilhar as coisas.

Porém nós, cozinheiros, somos duros na queda: Escoffier durou até os oitenta e nove anos, e o meu velho *chef* Max Bugnard viveu até os noventa e seis. Talvez Simca e eu chegássemos aos oitenta e cinco ou até mesmo aos noventa.

Simca tinha oitenta e sete anos, em junho de 1991, quando caiu em seu quarto no Le Mas Vieux e pegou um resfriado que se transformou numa terrível pneumonia. Embora ela resistisse por mais seis meses devido a sua força de vontade, a Super-Francesa finalmente sucumbiu naquele mês de dezembro. "Perdemos uma pessoa extraordinária, que foi uma irmã afetuosa e generosa para mim" escrevi, com o coração pesaroso.

Paul nunca chegou a se recuperar totalmente dos efeitos de seus problemas cardíacos e, aos poucos, tornou-se *un vieillard*. Em 1989, ele sofreu uma série de derrames que, além dos problemas de próstata, tornaram as viagens uma provação. Ele suportava tudo com coragem, mas aquele seu processo de envelhecimento era detestável. Não fazia sentido fazê-lo levantar-se às cinco da manhã para que eu pudesse fazer demonstrações culinárias e programas de tevê em lugares como Nova York e Washington. Cortei drasticamente minha agenda de viagens e trabalho.

E tomei uma decisão. Sem Paul para partilhar a casa comigo, ou minha *grande chérie*, Simca, ou todos os outros amigos favoritos e a família, era hora de renunciar a La Pitchoune.

As pessoas pareceram surpresas quando lhes disse que não tinha sido uma decisão particularmente difícil, e eu não tinha sofrido com isso. Eu nunca tinha sido mesmo muito sentimental. La Pitchoune era um lugar especial, mas para mim, faltava-lhe o coração. Era das pessoas com quem eu a partilhava, mais do que a propriedade física em si, de que ia sentir falta.

Além disso, a Provença já não era mais o refúgio tranquilo que todos nós adorávamos antes. O custo de vida tinha subido horrores (um pé de alface custava duas vezes mais em Cannes do que em Cambridge), e a orla estava cada vez mais cheia de gente do que nunca. As casas se multiplicavam nas montanhas e as sinuosas estradas do campo estavam congestionadas com filas de carros e enormes caminhões. Nossa pequena cidade de Plascassier, que sempre tivera um açougueiro, um padeiro, quitandas e eletricistas, agora não tinha mais nenhum pequeno comércio; todo mundo ia aos grandes supermercados no sopé do morro. Como Paul havia previsto com precisão, anos atrás, o lugar estava se tornando igual ao sul da Califórnia. E *disso* eu podia me afastar *sans regret*[91].

---

91 Sem me arrepender (N.T.)

Em junho de 1992, a filha de Dort, Phila, o marido e seu bebezinho se juntaram a mim para uma temporada final de um mês em La Peetch. A casa estava cheia de lembranças e aromas familiares, mas, em vez de fixar-me nelas, preferi manter-me ocupada. Apareceram amigos; joguei uma partida de golfe (meu jogo favorito); fizemos grandes caminhadas, fomos ao mercado e comemos muito bem em Cannes, Nice e Grasse. A água não tinha muita pressão na casa, de modo que tive que tomar banhos de esponja o tempo todo, mas a gente se acostuma. Toda noite eu ligava o alarme do relógio para às duas da madrugada para telefonar para Paul, que agora estava com noventa anos e vivia numa casa de repouso geriátrica, na periferia de Boston.

Devagar, Phila e eu empacotamos minha *batterie de cuisine*, as pinturas e fotos de Paul e nossos cristais de Biot. Deixamos a mobília de Simca e cuidamos de todos os detalhes legais e financeiros, para que pudéssemos devolver a casa à família de Jean – exatamente como Paul e eu havíamos prometido quase trinta anos atrás.

Quando o fim do mês estava se aproximando, eu estava otimista e fiquei surpresa quando Phila começou a chorar. Perguntei-lhe o que havia de errado.

– Ah, estou muito comovida, porque esta é a última vez que passamos uma temporada aqui – disse ela.

– É verdade, respondi. Mas terei sempre lembranças maravilhosas de La Peetch.

– Não vai sentir saudades dela?

Encolhi os ombros e disse:

– Para mim, sempre que acaba alguma coisa, simplesmente vou embora, e *fin*!

No nosso último dia em La Pitchoune, convidamos um grupo de amigos para o jantar. Acendi um fósforo e liguei o *cuisinière* de quatro bocas; o fogão fez um barulho dramático: *puf!* quando o gás acendeu, que assustou todo mundo, mas que me fez sorrir. Então cozinhei um *boeuf en daube à la provençale*, um esplêndido guisado de carne com vinho, tomates e *herbes de Provence*. Huum! Foi uma refeição deliciosa e uma forma digna de fechar a cortina.

Naquela noite, antes de ir para a cama, fiquei no terraço, na sombra mosqueada que a amoreira projetava. Uma lua pálida apareceu no céu, acima das telhas vermelhas do telhado. Uma brisa fresca acariciou meu rosto e fez barulho nas árvores da encosta do morro, do outro lado do vale. Respirei fundo o doce aroma das flores, ouvi o coro dos beija-flores e dos sapos e senti a aspereza familiar das pedras sob meus pés descalços. Que lugar encantador!

Na manhã seguinte, o dia estava classicamente provençal: ensolarado e fresco, com um límpido céu azul. Depois do desjejum, entreguei as chaves de La Pitchoune para a irmã de Jean. Depois, entramos no carro e descemos sacolejando pela empoeirada e sulcada estrada pela última vez.

Tentei apegar-me às minhas impressões, mas não tinha jeito, era como se estivesse tentando segurar um sonho. Não importa. A França era a minha pátria espiritual: tinha se tornado parte de mim, e eu dela, assim permanecendo desde então. Dali para frente eu seguiria adiante outra vez, a caminho de novas experiências, novos lugares, novas pessoas. Havia ainda tanta coisa a fazer e a aprender – artigos e livros para escrever, talvez outro show de TV ou dois, para experimentar. Eu queria ir ao Maine pescar lagostas, visitar um abatedouro em Chicago, ensinar crianças a cozinhar. Considerava as nossas receitas como um dever sagrado, um conjunto de regras sobre o modo certo ou errado de se tratar a comida, e sentia que era meu dever transmitir a outros esse conhecimento. Em suma, meu apetite não tinha diminuído!

Na Paris de 1950, tive a suprema boa sorte de estudar com um grupo notável de habilidosos *chefs*. Com eles, aprendi porque a boa comida francesa é uma arte, e porque saboreá-la é um prazer sublime; o trabalho compensa quando tudo sai como se esperava. Os bons resultados exigem que se dedique *tempo* e *atenção* às coisas. Se não se usar os ingredientes mais frescos ou não se ler a receita inteira antes de começar, e se fizermos tudo às pressas, o resultado terá um paladar e uma textura inferiores – como um bife Wellington pegajoso, vamos dizer. Porém, uma abordagem cuidadosa resultará numa magnífica explosão de sabor, numa refeição que satisfaz o apetite e poderá se transformar até numa mudança de vida.

Assim aconteceu com o *sole meunière* que comi no La Couronne, no meu primeiro dia na França, em novembro de 1948. Foi uma verdadeira revelação.

Depois de todos os anos que se passaram desde aquela suculenta refeição, ainda não esqueci a sensação de surpresa e a emoção que ela me inspirou. Quase que posso sentir o seu gosto e, ao pensar naquele momento agora, lembro de que os prazeres da mesa e da vida são infinitos... *toujours bon appétit!*

Julia Child

Mais um lançamento do selo Seoman:

Acesse nosso site para conhecer outros títulos:

www.pensamento-cultrix.com.br

Este livro foi composto em Arno Pro pelo Estúdio Sambaqui para a Editora Pensamento-Cultrix em outubro de 2009.